经济型轿车底盘
故障检修实例

许力　编著

金盾出版社

内容提要

本书简要介绍了轿车底盘系统的组成，阐述了轿车底盘各部分常见故障及其产生的原因和检修方法，最后，以国内保有量较大的桑塔纳、宝来、捷达、奇瑞、吉利等经济型轿车为例详解故障检修和排除过程。

本书内容丰富，实用性强，适于广大汽车维修人员及私家车主查阅、自学和检排故障之用，也可供大、中专院校和技工学校有关专业师生参阅。

图书在版编目(CIP)数据

经济型轿车底盘故障检修实例/许力编著. -- 北京：金盾出版社，2013.8
ISBN 978-7-5082-7787-5

Ⅰ.①经…　Ⅱ.①许…　Ⅲ.①轿车—底盘—车辆修理　Ⅳ.①U469.110.7

中国版本图书馆 CIP 数据核字(2012)第 176815 号

金盾出版社出版、总发行

北京太平路 5 号(地铁万寿路站往南)

邮政编码：100036　电话：68214039　83219215

传真：68276683　网址：www.jdcbs.cn

封面印刷：北京凌奇印刷有限责任公司

正文印刷：北京军迪印刷有限责任公司

装订：兴浩装订厂

各地新华书店经销

开本：787×1092 1/16　印张：12.5　字数：480 千字

2013 年 8 月第 1 版第 1 次印刷

印数：1～6 000 册　定价：31.00 元

前　言

随着我国汽车工业的飞速发展和机动车保有量的迅猛增加，汽车越来越多地进入了千家万户。但在车辆使用过程中遇到一般故障如何尽快迅速诊断与排除，一直困扰着很多汽车维修与驾驶人员。鉴于这种情况，我们根据多年从事汽车维修和驾驶的实践经验，并参阅大量的有关资料，编写了这本书。本书按轿车底盘的组成分成九章，内容分为三个部分，简要介绍了轿车底盘各系统的组成，阐述了轿车底盘各部分常见故障及其产生的原因和检修方法，最后，以国内保有量较大的桑塔纳、宝来，捷达、奇瑞、吉利等经济型轿车为例阐述故障检修和排除过程。这些实例是广大汽车维修技师的智慧及经验的结晶，各故障检修实例既有典型性，又有普遍性和实用性，希望能起到举一反三的作用，使读者提高故障分析与诊断的能力。

本书内容丰富，实用性强，适于广大汽车维修人员及私家车主查阅、自学和检排故障之用，也可供大、中专院校和技工学校有关专业师生参阅。

本书由许力讲师编著。另外，参加编写工作的还有孙志成、朱会田、汪时武、王远、吴政清、王军、李晓华、李洪、陆兵炎等老师。在编写过程中，得到了奇瑞集团和蚌埠市红星汽车修理厂的大力支持与帮助。同时，参阅了国内外大量的有关著作、论文及资料。在此，谨向为本书编写和出版付出辛勤劳动的同志以及参考文献的作者表示衷心的感谢。

由于编者水平所限，书中差错和不当之处在所难免，竭诚欢迎广大读者批评指正。

编　者

目　　录

概　述

汽车是由上万个零件组成的结构复杂的机动交通工具。根据其动力装置、运送对象和使用条件的不同，汽车的总体构造可以有很大差异，但它们的基本结构都由发动机、底盘、电气与电子设备和车身四大部分组成。汽车底盘是接受发动机动力，使汽车运动并按驾驶员的操纵而正常行驶的部件。

一、汽车底盘的组成

底盘是汽车的基体，发动机、车身、电气与电子设备及各种附属设备都直接或间接地安装在底盘上。底盘包括传动系统、行驶系统、转向系统及制动系统四大部分。

1. 传动系统

传动系统是发动机动力与汽车车轮负载之间的动力传递装置，并将发动机的动力传给各驱动车轮。传动系统广泛采用机械式传动和液力机械式传动。机械式传动系统包括离合器、变速器、传动轴、主减速器、差速器以及半轴等。

离合器按照需要适时地切断或接合发动机与传动系统之间的动力传递；变速器改变发动机输出转速的高低、转矩的大小及旋转方向，也可以切断发动机向驱动轮的动力传递；万向传动装置将变速器输出的动力传递给主减速器，并适应两者之间距离和轴线夹角的变化；主减速器降低转速，增大转矩，改变动力的传递方向；差速器将主减速器传来的动力分配给左右两半轴，并允许左右两半轴以不同角速度旋转，以满足左右两驱动轮在行驶过程中差速的需要；半轴将差速器传来的动力传给驱动轮，使驱动轮获得旋转的动力。对于四轮驱动的汽车，在变速器与万向传动装置之间还装有分动器，其作用是将发动机的动力分配给前后桥。

液力机械式传动系统的特点是组合运用液力传动和机械传动，以液力机械变速器取代机械式传动系统中的摩擦式离合器和普通齿轮式变速器，其他组成部件及布置形式均与机械式传动系统相同。液力机械变速器由液力传动装置和有级式机械变速器组成。液力传动装置有液力耦合器和液力变矩器两种。液力耦合器只能传递转矩，而不能改变转矩大小，可以代替离合器的部分功用。而液力变矩器除具有液力耦合器的全部功用外，还能在一定范围内实现无级变速，因此目前应用较为广泛。但是，液力变矩器的传动比变化范围还不足以满足汽车的使用要求，故一般在其后再串联一个有级式机械变速器。

2. 行驶系统

行驶系统由汽车的行路机构和承载机构组成，它包括车轮、车桥和桥壳、悬架、车架等部件。汽车发动机提供的动力，经过汽车传动系统和行驶系统，才能产生足以克服阻力的牵引力而使汽车行驶。行驶系统的功用是接受传动系统传来的动力，通过驱动轮与路面的作用产生牵引力，从而克服外界阻力使汽车正常行驶。行驶系统还支承整车质量，传递和承受路面作用于车轮的各种力和力矩，并缓和冲击、吸收振动，以保持汽车行驶的平顺性。它还与转向系统配合，共同保证汽车行驶方向的稳定性。

3. 转向系统

转向系统使汽车按驾驶员选定的方向行驶。它通过对左、右转向车轮不同转角之间的合理匹配来保证汽车沿着设想的轨迹运动，由转向操纵机构、转向器和转向传动机构组成，采用动力转向时还应有转向动力系统。

4. 制动系统

制动系统使汽车减速和停车，并可保证驾驶员离去后汽车可靠地停驻。它包括行车、驻车、应急和辅助等四种制动装置。

转向系统、制动系统与行驶系统一起共同保证汽车的高速、稳定、安全行驶。

二、汽车的布置方式

汽车的总体布置与发动机位置及汽车的驱动方式有关，主要有五种方式(图 0-1)。

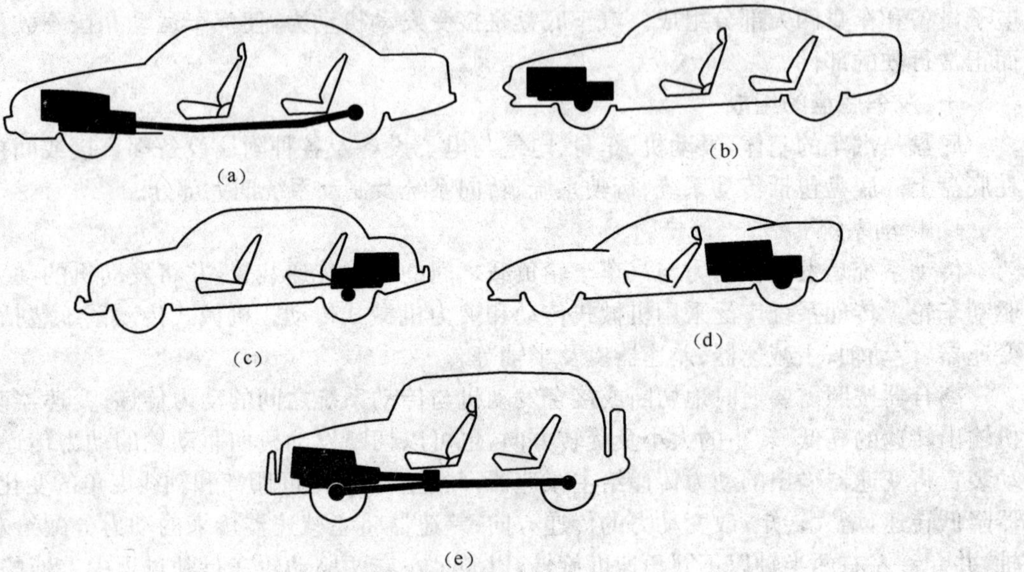

图 0-1　汽车的布置方式

1. 发动机前置后轮驱动

发动机置于汽车前部而后轮作为驱动轮，如图 0-1a 所示。大部分载重车、部分轿车及客车均采用这种布置方式。

优点：发动机散热性好；驾驶员易根据发动机声响判断发动机工况；操纵机构简单；上坡和加速时，质量后移，可增大汽车的牵引力。

缺点：前轴负荷大；传动系统复杂而不紧凑。

2. 发动机前置前轮驱动

发动机横置或纵置于前桥之前。一般前桥采用独立悬架，如图 0-1b 所示。这是大多数轿车的布置方式。

优点：传动系统布置紧凑而减少了汽车质量；利于降低车厢底板高度；车辆转弯稳定性好；操纵机构布置简单。

缺点：上坡时因汽车的重量后移易使前驱动轮的附着力减小，车辆牵引力下降，载重车不宜采用；下坡制动时前轴负荷增加过多，易发生车辆纵翻。

3. 发动机后置后轮驱动

如图 0-1c 所示，发动机(多为卧置)横置或纵置于后驱动桥之后。这是目前大、中型客车的布置方式。

优点：车内噪声小；汽车质量能合理分配到前后两轴上；因无纵贯前后的传动轴，可降低车身重心，以充分利用车厢面积。

缺点：发动机散热困难；驾驶员难以根据发动机声响判断发动机工况；远距离操纵使得杆件复杂。

4. 发动机中置后轮驱动布置

这是方程式赛车和大多数跑车采用的布置方式，如图 0-1d 所示。将功率和尺寸很大的发动机布置在驾驶员座椅与后轴之间，有利于获得最佳轴荷分配和提高汽车的性能。少数大、中型客车也采用这种布置方式，把卧式发动机安装在底板下面。

5. 全轮驱动汽车布置

为了提高汽车的通过性能，越野汽车做成全部车轮驱动，这时所有车桥都成为驱动桥，并在传动系统中相应地增设分动器等总成。

如图 0-1e 所示，越野汽车为了把发动机经变速器传出的动力分配给前后桥，在变速器与前后驱动桥之间装有分动器。从分动器传出的动力分别经两套万向传动装置传到前、后驱动桥。分动器虽然也固定在车架上，但与变速器相距一段距离，考虑到补偿安装误差和车架变形的影响，在变速器与分动器之间也应装用万向传动装置。

第一章　离合器故障检修

第一节　离合器故障检修概述

一、离合器的功用和要求

(一)离合器的功用

离合器安装在发动机飞轮的后端面,其主动部分与飞轮相连,从动部分与变速器相连,由驾驶员通过脚踩踏板来操作。其基本功用是传递或切断发动机的动力,并利用主、从动部分之间的滑动摩擦,来防止传动系统过载。具体功用如下:

1. 保证汽车平稳起步

汽车起步是汽车从静止状态转变到行驶状态的过程。起步时,如果发动机与变速器之间没有离合器,而是刚性连接,则变速器一旦挂上挡位,汽车将因突然接受动力而猛烈向前冲,而使发动机立即熄火。安装上离合器后,随着离合器接合程度的逐渐增大,发动机经传动系传给驱动轮上的转矩也逐渐增加,至驱动力足以克服汽车起步阻力时,汽车从静止状态开始转变为行驶状态,达到平稳起步的目的。

2. 保证传动系换挡时工作平顺

在汽车行驶过程中,为了适应不断变化的行驶条件,变速器需要经常换用不同挡位工作,换挡前必须将离合器分离,以便中断动力,使原挡位的啮合齿轮副脱开,并使待啮合齿轮副的啮合部位的圆周速度逐渐相等(同步),以减轻其啮合时的冲击。换挡完毕后,再使离合器逐渐接合,以使汽车换用不同挡位行驶。

3. 防止传动系过载

当汽车进行紧急制动时,若没有离合器,则发动机将因和传动系统刚性连接而急剧降低转速,使发动机和传动系统中的运动件产生很大的惯性力矩(其数值将远远超过发动机正常工况下所发生的最大转矩),从而使传动系统过载而造成机件损坏。有了离合器,便可依靠离合器主动部分和从动部分之间可能产生的相对运动来消除这一危险。因此,离合器的这一功用是限制传动系所承受的最大转矩,防止传动系过载。

(二)离合器的要求

为实现以上功用,离合器必须满足以下各项要求。这些要求有些影响离合器功能的完美发挥,有些甚至可以导致离合器故障乃至整车故障,所以在车辆使用和平时保养过程中应随时关注,一旦发现问题,要马上解决,不能“带病”作业。

1. 保证可靠地传递发动机最大转矩

摩擦式离合器所能传递的最大转矩取决于摩擦面间弹簧最大压紧力、摩擦面的尺寸和摩擦面的摩擦因数。为了保证离合器传递发动机最大转矩,必须保证离合器有一定的转矩储备系数。离合器转矩储备系数是指离合器所能传递的最大转矩与发动机输出的最大转矩的比值。转矩储备系数一定要大于1(具体数值视车型而定),否则离合器将不能可靠地传递发动机最大转矩而打滑;但储备系数过大将使离合器防传动系过载的能力下降。

2. 分离迅速彻底

踩下离合器踏板后，离合器的主动部分和从动部分应能迅速而且完全脱离，便于换挡和发动机起动。

3. 接合柔和

要求离合器所传递的转矩平稳地增加，以免起步过猛或抖动。

4. 离合器从动部分的转动惯量尽量小

离合器分离时，虽然飞轮的惯性力矩不会作用在传动系中，但从动盘的惯性力矩会作用在变速器第一轴上。从动部分的转动惯量尽量小，以便换挡时离合器分离后，与变速器输入轴相连的部分转速较容易变化，减轻齿轮间的冲击。

5. 散热良好

汽车行驶过程中，尤其是城市驾驶，驾驶员经常频繁操纵离合器，这就使离合器中由于摩擦面间频繁地相对滑磨而产生大量的热。离合器接合越柔和，产生热量越多，这些热量如不及时地散出，对离合器的工作将产生严重影响。

6. 操纵轻便，以减轻驾驶员的疲劳

汽车在使用过程中需要经常操纵离合器，尤其是城市驾驶时，所以为了使操纵轻便，减轻驾驶员的疲劳，现代汽车普遍采用离合器助力操纵。

二、离合器的类型

离合器按照工作的原理不同分为摩擦式、液力耦合器和电磁式三种。目前汽车上采用比较广泛的是用弹簧压紧的摩擦离合器(通常简称为摩擦式离合器)。车用摩擦式离合器的分类如表 1-1。

表 1-1　摩擦式离合器的分类

分类方法	分类	结构特点
按从动盘片数分	单片式	从动盘为单片
	多片式	从动盘为多片
按压紧弹簧的分布分	周置弹簧	压紧弹簧沿从动盘圆周分布
	中央弹簧	压紧弹簧安装在从动盘中央
按压紧弹簧的结构形式分	螺旋弹簧	压紧弹簧为螺旋弹簧
	膜片弹簧	压紧弹簧为膜片弹簧
按离合器是否浸在油中分	干式	离合器不与油接触
	湿式	离合器浸在油中

目前轿车多采用膜片弹簧式离合器，中、重型运输车多采用周置螺旋弹簧式离合器。操纵机构的结构形式有液压式、机械杆式、机械绳式，有些车辆采用综合式的操纵机构，如液压操纵气压助力式，机械操纵气压助力式等，而轿车多采用弹簧助力。机械式操纵机构杆系传动结构简单，工作可靠，成本低，广泛应用于各类汽车上；钢丝绳索传动传递的力小，寿命短，只适用于轻型及微型汽车(如桑塔纳、捷达轿车等)。

三、离合器的组成和工作原理

(一)离合器的组成

摩擦式离合器一般由主动部分、从动部分、压紧机构、分离机构和操纵机构五部分组成。主动部分、从动部分、压紧机构和分离机构都装在发动机后方的离合器壳内。主动部分与发动机的飞轮相连，从动部分与变速器的输入轴相连，压紧机构是保证离合器主动部分和从动部分处于接合状态并能传递动力的基本结构。离合器操纵机构是为驾驶员控制离合器分离与接合而提供的一套专设机构，它起始于离合器踏板，终止于离合器壳内的分离轴承。

如图 1-1 所示，膜片弹簧离合器所用的压紧弹簧，是用薄弹簧钢板制成的带有一定锥度的膜片弹簧。弹簧形状为碟形，中心部分开有径向切口，形成若干个弹性杠杆，弹簧中部两侧有钢丝支承圈，用支承铆钉将其安装在离合器盖上。

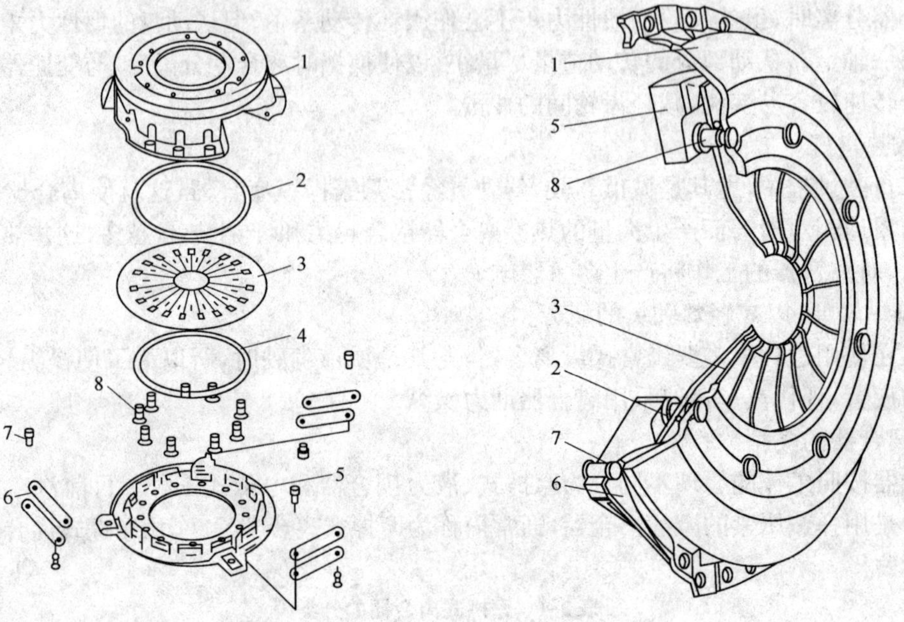

图 1-1 膜片弹簧离合器

(a)分解图 (b)装配图

1. 离合器盖 2、4. 钢丝支承圈 3. 膜片弹簧 5. 压盘 6. 传动片 7. 铆钉 8. 支承铆钉

(二)离合器的工作原理

离合器的主、从动部分，依靠压紧机构在接触表面产生的摩擦力来传递发动机的转矩。发动机飞轮 8 是离合器的主动件。带有摩擦片的从动盘和从动盘毂借滑动花键与从动轴(即变速器的主动轴)相连。膜片弹簧 3 将从动盘压紧在飞轮端面上。发动机转矩即靠飞轮与从动盘接触面之间的摩擦作用而传到从动盘上，再由此经过从动轴和传动系统中一系列部件传给驱动车轮。弹簧的压紧力越大，则离合器所能传递的转矩也越大。其基本工作原理如图 1-2 所示。

1. 自由状态

在离合器盖 1 未固定到飞轮上时，膜片弹簧 3 处于自由状态，离合器盖与飞轮 8 接合面间有一距离 L。

2. 接合状态

离合器在接合状态时，压紧弹簧将压盘、飞轮及从动盘互相压紧。发动机的转矩经飞轮及压盘，通过摩擦面的摩擦作用传到从动盘，再经从动轴输入变速器。

3. 分离过程

欲使离合器分离时，只要踩下离合器操纵机构中的踏板，套在从动盘毂环槽中的拨叉便推

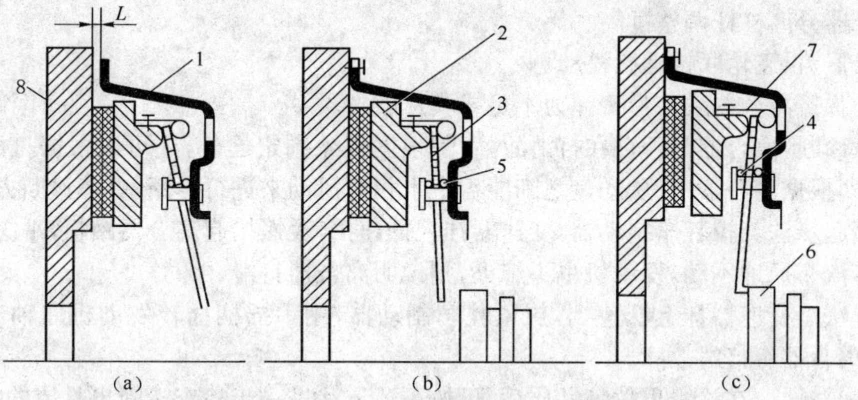

图 1-2　膜片弹簧离合器的工作原理

(a)自由状态　(b)接合状态　(c)分离状态

1. 盖 2. 压盘 3. 膜片弹簧 4、5. 前后钢丝支承圈 6. 分离轴承 7. 分离钩 8. 飞轮

动从动盘克服压紧弹簧的压力向右移动，与飞轮分离，摩擦力消失，从而中断了动力传递。

4. 接合过程

当需要重新恢复动力传递时，为使汽车速度和发动机转速变化比较平稳，应该适当控制离合器踏板回升的速度，使从动盘在压紧弹簧压力的作用下，向左移动，与飞轮恢复接触。二者接触面间的压力逐渐增加，相应的摩擦力矩也逐渐增加。当飞轮和从动盘接合还不紧密，二者之间摩擦力矩比较小时，二者可以不同步旋转，即离合器处于打滑(滑磨)状态。随着飞轮和从动盘接合紧密程度的逐步增大，二者转速也趋于相等，直到离合器完全接合而停止打滑时，汽车速度方能与发动机转速成正比。

为使从动盘磨损减薄后，压盘能向前移动一定的距离，继续压紧从动盘，在分离杠杆或膜片弹簧 3 内端与分离轴承 6 之间需要预留 3～4mm 的间隙，该间隙反映到踏板上就形成了踏板自由行程。通常乘用车离合器踏板的自由行程为 8～15mm，商用车为 30～40mm，自由行程的调整部位随操纵机构的不同而不同。

四、离合器故障的类型和检修

在汽车使用过程中，离合器的使用相当频繁，随着汽车行驶里程的增加，离合器的零件不可避免地产生磨损或损坏，致使离合器的技术状态变差而出现故障。实际使用中，离合器常见的故障主要有打滑、分离不彻底、发抖和发响等。

1. 离合器打滑

离合器打滑是指在正常使用(离合器踏板完全放松，传动系也不过载)情况下，当离合器处于接合状态时，主、从动盘不能达到等速，即存在着相对滑动，发动机的动力不能完全传递下去。

1)故障现象：汽车起步时，离合器踏板完全抬起，起步仍困难；行车中车速不能随发动机转速的提高而迅速提高，行驶无力；汽车载重上坡行驶，车辆动力不足，伴有离合器摩擦片所产生的焦臭味。

2)故障原因：

①离合器踏板没有自由行程。

②离合器从动盘摩擦片磨损过薄、硬化、腐蚀斑点、铆钉外露或沾有油污。

③离合器压盘过薄或压盘、飞轮变形。

④离合器压紧弹簧过热变软或折断。

⑤离合器分离杠杆调整过高。

⑥离合器盖、飞轮联接螺栓松动。

⑦膜片弹簧离合器膜片弹簧弹力不足或膜片破裂。

3)故障诊断:离合器是否存在打滑故障,除根据现象判定之外,还可以根据打滑的实质来进行诊断,即根据离合器主、从动盘之间能否产生相对滑动来进行诊断,具体诊断方法如下:

①挂挡起步法。拉驻车制动器,变速器挂入低速挡,缓慢抬起离合器踏板,平缓加油,做起步试验。若汽车原地不动,发动机也不熄火,则说明离合器打滑。

②摇车法。变速器挂上低速挡,拉紧驻车制动器,用手摇柄摇转发动机曲轴。若可以摇转,则说明离合器有打滑故障。

4)检查与排除:在诊断出故障性质后,可按下述方法进一步检查诊断出具体的故障部位并加以排除。

①先检查离合器踏板有无自由行程。其方法是:踩、抬离合器踏板,凭感觉判断;更直观的是拆下离合器下盖,观看分离杠杆与分离轴承之间有无间隙,无间隙说明无自由行程。若离合器踏板无自由行程,则应进行调整。

②如踏板有自由行程且符合要求,就车检查时,可在车下检查离合器从动盘摩擦片周缘的清洁情况。若有油污甩出,说明离合器因从动盘摩擦片上有油污而打滑;若有烧焦痕迹,并了解到热车时曾产生过糊味或冒烟现象,说明离合器因摩擦片烧蚀而打滑;若一人在驾驶室内踩下离合器踏板,另一人在车下用起子拨动从动盘摩擦片,在下落物中发现有铝质粉末,说明离合器因摩擦片铆钉外露而打滑。以上这些原因造成的打滑,需将离合器从车上拆下来,加以排除。如摩擦片表面有油,可用汽油清洗,然后用压缩空气吹干;若摩擦片轻度烧蚀,可用刮刀修刮或用砂纸打磨去硬化层;若严重烧蚀或摩擦片铆钉外露,则需要更换摩擦片。

③若以上情况良好,仍存在打滑故障,一般为压紧弹簧弹力下降所致,则需更换弹簧。

2. 离合器分离不彻底

离合器分离不彻底是指离合器踏板踩到底后,主、从动盘没有完全分开,仍存在接触,离合器处于半接合状态,发动机输出动力没有完全被切断而部分地被传递下去。

1)故障现象:发动机怠速运转时,离合器踏板虽已踩到底,但挂挡困难并伴随有变速器齿轮发出的撞击声。如果勉强挂上挡后,在离合器踏板尚未完全放松时,汽车就已开始行驶或发动机熄火。

2)故障原因:

①离合器自由行程过大。

②分离杠杆内端不在同一平面或内端面过低。

③分离杠杆弯曲或内端面磨损折断(如解放 CA1091 型汽车)。

④分离杠杆调整螺钉松动或其浮动销脱出(如东风 EQ1090 型汽车)。

⑤双片式离合器中间压盘限位螺钉调整不当或其个别分离弹簧折断、过软。

⑥从动盘及压盘严重翘曲不平。

⑦离合器盖固定螺栓部分松动。

⑧从动盘花键槽与变速器第一轴花键齿之间卡滞。

⑨对于修竣车或重新装复的离合器,造成分离不彻底的原因还有:

a. 新换的从动盘摩擦片过厚。

b. 从动盘方向装反(双片式中其中一片装反)。

⑩对于液压操纵机构的离合器，液压操纵系统漏油或渗空气，也会造成离合器分离不彻底的故障。

⑪对于膜片式离合器(如桑塔纳轿车)，膜片弹簧变形、裂损也会造成分离不彻底的故障。

3)故障诊断：

①根据现象进行诊断。

②拆下离合器底盖，将变速器挂入空挡，踏下离合器踏板到底，用起子拨动从动盘，若能轻松拨转，说明离合器分离良好；若拨不动，则说明离合器分离不彻底。

4)检查与排除：

①检查离合器踏板自由行程是否过大。若自由行程过大，则应调整踏板自由行程。

②检查分离杠杆高度是否一致或过低。在车下拨动分离拨叉，使分离轴承前端轻轻地靠在分离杠杆内端面上，转动离合器一周，查看它们的接触情况。若分离杠杆的内端能同时和分离轴承接触，则分离杠杆内端的高度一致；若有个别分离杠杆与分离轴承接触不上，则说明分离杠杆的高度不一致，应进行调整。若分离杠杆高度一致后，仍有分离不彻底故障，则进一步检查杠杆高度是否过低。可将各分离杠杆调整为同样的高度，若调整后，离合器能分离彻底，说明是分离杠杆调整不当或内端面磨损过甚所致。注意分离杠杆高度调整好后，应重新调整离合器踏板自由行程。

③分解检查。如上述检查、调整正常后，仍存在分离不彻底故障，则拆下离合器，分解检查从动盘有无装反，轴向移动是否困难，主、从动盘有无翘曲不平，分离杠杆固定螺钉是否松动或浮动销是否脱落等，必要时进行修复或更换。

④对于新铆摩擦片的离合器，检查从动盘摩擦片是否过厚，可在离合器盖与飞轮之间加垫片调整。若加垫后，离合器能分离彻底，则说明从动盘摩擦片过厚。

⑤对于液压传动的离合器，除上述检查外，还应检查制动液是否短缺，管道是否渗漏并排除液压系统内的空气。

3. 离合器发抖

1)故障现象：汽车低挡起步时，按操作规程逐渐放松离合器踏板，汽车不能平顺起步而产生抖振。

2)故障原因：

①分离杠杆调整不当或变形，各内端面高低不一，不在一个平面。

②主、从动盘翘曲不平或磨损起槽，飞轮工作面跳动严重。

③离合器个别压紧弹簧变软或折断或弹力不均。

④离合器摩擦片破裂变形、凹凸不平、沾有油污或铆钉外露。

⑤离合器从动盘上减振器弹簧松弛或折断，减振盘破裂。

⑥从动盘花键槽与变速器第一轴花键因锈蚀脏污而卡滞。

⑦分离轴承套筒与其导管之间有油垢、尘腻使分离轴承不能回位。

⑧发动机、变速器固定不牢，飞轮或离合器盖松动。

3)故障诊断：起动发动机，使其怠速运转，变速器挂上低速挡，缓慢放松离合器踏板起步时，如车身发生断续的冲击抖动，即说明离合器存在发抖故障。

4)检查与排除：

①如自由行程正常，拆下离合器底盖，检视各分离杠杆内端面是否在同一平面上。

②上述检查均正常，应检视分离叉是否正常。

③检视发动机、变速器、飞轮、离合器盖是否固定不牢而松动。

④拆检离合器，检视离合器从动盘摩擦片是否翘曲、起槽，铆钉是否外露，有无油污；弹簧是否折断或弹力不均，从动盘花键槽和变速器第一轴花键是否锈蚀、积污，减振盘是否破裂等。

4. 离合器发响

1)故障现象：发动机怠速运转时，踩下离合器踏板，当离合器分离或接合时，发出不正常的响声；当踏板放松时，异响消失；有时踏下或放松踏板时，均有异响。

2)故障原因：

①离合器分离轴承因润滑不良、脏污、磨损松旷或烧蚀损坏而卡滞。

②离合器踏板回位弹簧、分离轴承座回位弹簧过软、折断或脱落。

③离合器踏板无自由行程。

④分离杠杆或其支架销及孔磨损松旷。

⑤双片式离合器中间压盘传动销及孔磨损松旷；单片式离合器盖与压盘配合松旷。

⑥从动盘摩擦片破裂，铆钉松动或外露。

⑦从动盘花键毂铆钉松动，钢片破裂或减振弹簧磨损折断；分离叉卡滞。

⑧发动机和变速器连接轴心线不在同一直线上。

3)故障诊断：

①发动机怠速运转时，离合器内出现“沙沙”的摩擦声。首先用脚勾一下离合器踏板，视其是否有回程；若有回程且响声消失，说明离合器踏板回位弹簧弹力不足或折断脱落。

②如踏板回位正常，进而检查离合器踏板自由行程，若自由行程不符要求，应予以调整；若自由行程正常，但在发动机转速变化时，存在间断的撞击声和摩擦声，说明离合器分离轴承回位弹簧弹力不足或折断脱落。

③慢踩离合器踏板到刚刚消除自由行程(即分离杠杆内端与分离轴承刚接触)，若出现“沙沙”响，则说明是分离轴承响。

④经检视正常，再踩下加速踏板少许，略为提高发动机转速，若响声有所增大，则应拆下离合器底盖，查看有无火星。如有火星，则说明离合器分离轴承损坏；如火星一股一股窜出，则说明分离轴承滚珠破碎；如无火星，但出现金属破碎声，则说明磨损过量。

⑤若踩下离合器踏板并无响声，当踩到底时，发出“克啦、克啦”的响声，且随发动机转速的提高而加重，减速到中、低速时，响声逐渐减轻到消失，如此反复。对于双片式离合器，则为后压盘与离合器盖配合松旷，对此，可拆下离合器底盖，将离合器踏板踩到底，用起子拨动中间压盘，检查其是否松旷。

⑥当连续踩、抬离合器踏板时，在接合与分离的瞬间出现响声，则说明是分离杠杆和支架销孔磨损松旷或摩擦片铆钉松动、外露。

⑦汽车起动时，出现金属干摩擦声并伴随有发抖现象，说明从动盘与花键毂的铆钉松动或从动盘钢片破裂。若在接合的瞬间出现一声撞击响声，一般为从动盘花键毂与变速器一轴花键配合松旷，如果从动盘带有减振器，则可能是减振弹簧折断。

五、离合器的主要技术参数

从动盘直径(以捷达轿车为例)：215mm。

摩擦片的磨损程度：铆钉头深度 $h \geqslant 0.3$mm。

从动盘翘曲程度：在距外缘 2.5mm 处测量，其轴向圆跳动小于或等于 0.4mm。

从动盘花键毂与变速器第一轴的间隙应小于 0.30mm。

飞轮与压盘的磨损：端面厚度差或翘曲变形小于或等于0.25mm，擦伤沟槽深度小于或等于0.5mm。

压盘和飞轮与从动盘接合面轴向圆跳动应小于0.20mm。

膜片弹簧内端与分离轴承接触处的磨损深度 $h<0.6$mm，磨损宽度 $b<5.0$mm；膜片弹簧内端应在同一平面内，最大间隙小于或等于0.5mm，且该平面应与飞轮所在平面平行。

螺旋弹簧离合器分离杠杆内端高度一致，高度误差应小于0.50mm。

离合器总成与飞轮的安装，对正记号，注意从动盘的方向，二者联接螺栓拧紧力矩为22.4N·m。

离合器工作缸螺栓拧紧力矩为25N·m。

液压操纵系统离合器工作缸推动分离拨叉外端向后移动量在正常时应不小于20mm。

踏板高度：一般轿车规定值为170～190mm。如天津夏利规定为181.5～186.5mm；三菱汽车为186～191mm等。

踏板自由行程：轿车一般在15～25mm。具体车辆要求有所不同，见表1-2。

表1-2　离合器踏板自由行程

车型	离合器形式	操纵方式	踏板自由行程(mm)
奇瑞	膜片弹簧式	机械绳索式	15～20
捷达	膜片弹簧式	内操纵机构	自动调节拉索
		外操纵机构	
奥迪100	膜片弹簧式	液压操纵式	15
普桑	膜片弹簧式	机械绳索式	15～20
桑塔纳2000	膜片弹簧式	机械绳索式	15～25

第二节　离合器故障检修实例

一、离合器故障检修的程序和方法

离合器故障的诊断通常根据故障现象即可确定。一般检查方法是一看、二调、三分解。一看是指外观检查液压系统有无泄漏，液压油数量是否充足，机械运动是否协调；二调是指通过调整自由行程或进行排气作业，来消除故障现象；三分解是指在操纵机构技术状况良好的情况下，对离合器进行分解检查。

二、离合器故障检修实例

(一)宝来轿车离合器故障检修实例

1. 宝来轿车离合器片磨损导致异响故障检修

故障现象：宝来1.8MT轿车，怠速原地松开离合器踏板，听到发动机室内发出“嗒嗒”异响；踩下离合器踏板，异响消失；如果缓慢松开离合器踏板，则异响不出现，行驶时一切正常。

故障诊断与排除：因为行驶时一切正常，可以排除变速器故障。抬下变速器，检查离合器压盘，未发现任何异常。

宝来1.8MT装备双质量飞轮，两飞轮间用两圈弹簧连接，用于消除发动机的扭转振动。用手来回转动双质量飞轮进行检查，未发现异常。检查离合器摩擦片，内圈与外圈之间由12个直径为5mm的小弹簧连接在一起，与新件相比，旧件内圈与外圈之间明显松旷。由此分析，快速松开离合器踏板后，摩擦片上的小弹簧因冲击力大被压缩到底，而双质量飞轮内的弹簧也因冲击大被压缩到最短，在发动机扭转振动及离合器小弹簧和双质量飞轮内弹簧的共同作用下，双体飞轮内圈和离合器摩擦片外圈来回扭转，产生异响。如果轻轻松开离合器踏板，则离合器片的小弹簧受到的冲击非常小，压缩变形量很小，所以来回扭转的幅度也非常小，几乎听不到什么噪声。更换离合器片，故障排除。

2. 宝来轿车离合器总泵故障导致踏板高度不合适检修

故障现象：宝来 1.8MT 离合器踏板比制动踏板高 4cm。

故障诊断与排除：宝来离合器操纵机构采用液压传动机构，由离合器总泵、与制动主缸共用的储液罐、离合器分泵、两根软管、离合器踏板及其固定支架及偏心弹簧组成，没有调整踏板高度的机构。因为离合器功能正常，所以考虑故障可能出在偏心弹簧和离合器总泵上。先用专用工具 3317 拆下偏心弹簧进行检查，结果未发现异常。拆下离合器总泵检查，发现离合器总泵上的操纵杆伸出的长度明显比新件长。

原来是由于离合器总泵内部存在机械故障，总泵上的操纵杆不能完全回位，虽然能工作，但影响离合器踏板高度。更换离合器总泵后故障排除。

3. 宝来轿车离合器总泵故障导致踏板不回位检修

故障现象：一辆宝来 1.6 轿车，有时早上离合器踏板不能回位，车热后回位正常。

故障诊断与排除：连续踩几下离合器踏板，踏板能够回位，检查离合器在、分泵和油管不漏油，怀疑离合器总泵有问题。更换离合器总泵，故障排除。

（二）捷达轿车离合器故障检修实例

1. 捷达轿车离合器摩擦片磨损导致踏板太高故障检修

故障现象：捷达轿车，行驶里程 14.5 万 km。车主说近来感觉离合器踏板越来越高，几乎没有自由行程，于是来维修厂调整一下。试车发现离合器踏板几乎完全放松后车辆才能起步。

故障诊断与排除：打开发动机室盖，经观察离合器拉索弧度比较平坦。于是向车主解释说：捷达轿车离合器拉索有自调整机构，离合器自由行程不能人工调整，随着离合器片的磨损，离合器踏板会变高。另外，离合器拉索原始弧度较大，离合器片磨损后其弧度变得平坦，这是因为从理论上讲，随着离合器片的磨损，拉索必须变长，自动调整机构通过缩短波形护套使拉索伸长，因此拉索弧度变得平滑。此车已行驶 10 多万公里，建议车主更换离合器片，但车主认为问题不至于这么严重，便将车开走。但时隔不久，车主打来电话求援，说他的车挂挡后不能行驶，坏在高速公路上。

经拆检发现该车离合器摩擦片完全磨光，压盘也烧蚀、发黑。更换离合器从动盘及压盘，自由行程恢复正常，故障排除。

2. 捷达轿车离合器分离臂裂开导致各挡均挂不上故障检修

故障现象：捷达轿车，行驶里程 3.5 万 km。踩离合器踏板时感觉特别轻，好像离合器失效，没有工作，各挡都挂不上。

故障诊断与排除：一人在车内踩离合器踏板，一人在车外观察离合器拉索及分离杠杆动作，正常。拆下离合器拉索，用手轻轻一拔就能将分离杠杆抬起。说明离合器确实失效。故障原因有两个：

1）离合器有故障，如分离盘穿孔，需拆下变速器才能确定。

2）变速器内的分离机构有故障，如分离轴承及分离杆和分离臂发生故障。

因本车行驶里程较短，分离盘穿孔的可能性不大，于是拆下变速器后端盖（无需拆下变速器)进行检查,发现分离臂在分离杠杆轴孔处裂开。这是分离臂质量问题,目前它有一定的损坏率。更换分离臂,故障排除。

3. 捷达轿车曲轴止推垫磨损导致踩离合器踏板时抖动故障检修

故障现象:捷达 CiX ,行驶里程 10 万 km 。踩下离合器踏板时,感觉踏板抖动。

故障诊断与排除:该故障现象的原因有:①离合器推杆弯曲;②离合器压盘损坏;③曲轴止推垫严重磨损。将推杆拆下检查正常。抬下变速器,检查离合器压盘及摩擦片正常。拆下发动机油底壳,用一字旋具前后翘动曲轴,这时轴向止推垫掉了下来,磨损特别严重。

曲轴止推垫损坏会使曲轴前后窜动,当踩下离合器踏板时,这个窜动经离合器传动机构传到踏板。更换曲轴止推垫,故障排除。

(三)吉利轿车离合器故障检修实例

1. 吉利轿车曲轴后油封漏油导致离合器出现打滑故障检修

故障现象:吉利自由舰,行驶里程 11.2 万 km。汽车低速挡起步时,离合器踏板抬很高,汽车才能起步,汽车加速行驶时,行驶速度不能随发动机转速的提高而提高,且伴随有离合器片摩擦产生的糊味。

故障诊断与排除:根据车主反映的故障现象,确定这是由离合器打滑所导致的故障。对故障车辆进行路试确认,当汽车低速挡起步时,离合器踏板抬很高,汽车才能起步,汽车加速行驶转速提升很高时,车速不能随转速的提高而提高,且有空转或打滑现象产生。

在对车辆路试时检查离合器踏板自由行程正常,路试后将车辆用举升机升起检查,发现离合器壳与发动机连接处有油污,根据油污颜色判断是机油漏出,将变速器拆下检查,发现从动盘摩擦片上有许多油污,进一步拆检离合器部分,发现曲轴后油封漏油,由此判定为曲轴后油封漏油沾到从动盘摩擦片上,使摩擦系数降低,离合器打滑。清洗离合器盖及离合器片装车,故障消失。

2. 吉利轿车离合器液压软管堵塞导致操纵沉重故障检修

1)故障现象:吉利自由舰,行驶里程 1.95 万 km。车辆在行驶 1.2 万 km 后出现离合器沉重的问题。在冷车速度慢时,踩离合器正常,但在热车时,踩离合器沉重感较为明显。

2)故障原因有:

①离合器总泵、分泵、液压管路有内部阻滞问题。

②油液变质。

③离合器分离轴承座导向轴孔之间润滑不良,引起阻滞。

④离合器压盘膜片刚度过大等。

3)排查步骤如下:

①针对离合器总泵、分泵、液压管路等进行检查未发现异常。

②更换新的离合器液压油,排放空气,装复试车故障不能排除。

③拆卸变速器,检查分离轴承座孔轴无阻滞,更换离合器压盘后,装复试车故障依旧。

④经多次检修故障未排除,但在试车过程中发现发动机温度低的情况下,离合器会轻一些,发动机温度升高后,离合器沉重感明显。针对有温差变化的这种情况进一步分析,认为离合器系统最容易受温差影响的应为离合器橡胶液压软管,因此再次拆卸离合器软管,将软管用电吹风向管道内吹热风,发现在热状态下的软管明显出现通气不畅现象。

更换新的离合器液压软管后故障排除。在检查过程中,要抓住细节,有些很容易被忽视的小细节可能就是问题的关键所在。

3. 吉利轿车离合器分离轴承损耗导致异响故障检修

故障现象：吉利自由舰在发动机怠速运转时，踩下或抬起离合器踏板，“嚓嚓”响声有明显地减弱和增强，这就是典型的分离轴承响的故障。

故障诊断与排除：分析这是由于分离轴承内存的润滑脂用完，造成轴承内干摩擦或零件损坏。

分离轴承在装配时已注入润滑脂而后封闭，平时无需也无法加油，因此发现异响就只有更换。为了延长分离轴承的使用寿命，在修理离合器时，拆下的分离轴承不可放入汽油或煤油中清洗，以免内部油脂被洗掉。在修理调整离合器时，应使分离轴承与膜片弹簧间留有1mm间隙，以减少分离轴承磨损。更换分离轴承，故障排除。

（四）其他轿车离合器故障检修实例

1. 速腾轿车离合器分离拨叉不能回位导致打滑故障检修

1）故障现象：一辆速腾2.0，行驶里程为5000km。该车离合器打滑，当发动机转速到达3000r/min时，5挡车速仅能达到45km/h。客户强调离合器一直有打滑的迹象。平时该车行驶距离短、速度低，又是新车，以为磨合后就会好了。今天跑高速，发现离合器打滑非常严重才来报修。

2）故障诊断与排除：

①离合器打滑的检验方法：手动使车辆处于完全制动状态，踏下离合器踏板，然后在一挡起动发动机，再放开离合器踏板。此时如果发动机能够熄火，说明离合器无故障；反之，离合器有打滑，需拆卸、检查离合器。

试车确定离合器打滑，同时能闻到离合器打滑的糊味。更换离合器片、压盘后行驶了两天，跑高速时离合器又出现打滑现象。

②对造成离合器片打滑的原因通常从两个方面分析：

a. 离合器无自由行程。分离机构顶死分离指，造成离合器分离指没有回位空间，压盘压紧力降低，离合器传递转矩变小，严重时不能传递转矩，造成离合器打滑。

b. 驾驶员操作问题。行驶中没有完全放开离合器踏板，过多使用半离合状态，超载运行，爬陡坡，使离合器磨损严重。

③造成离合器打滑的具体原因有以下几个方面：

a. 从动盘摩擦片磨损过度或铆钉外露，摩擦片粘油、碳化、烧损、破损。

b. 离合器压盘弹簧过软或折断，膜片弹簧破损，压盘工作端面磨损超过0.3mm、变形，安装螺钉松动，分离指端跳动超过1mm。

c. 离合器踏板自由行程过小。

d. 飞轮工作面磨损大，超过0.5mm。

e. 分离拨叉或分离轴承无游动余量。

f. 离合器总泵回油孔堵塞。

g. 离合器分泵不回位。

上述的a、b、d点经检查确认正常。检查离合器踏板自由行程太小，同时离合器踏到底再松到很高程度，才能起步。拆下离合器分泵，轻轻按压离合器分泵的推杆，能按压到底，并能回位。轻踏离合器踏板，分泵推杆能伸出，放松离合器踏板，分泵推杆能回位。这与新车对比相同，大致判定离合液压系统正常。这时用手晃动分离拨叉，发现拨叉没有游动余量，同时拨叉烫手，不能回位。在大多数情况下，离合器片、压盘与飞轮都是处于接合的状态，以保证动力的最大传递。此时，分离拨叉与分离轴承处于自由状态，不参与工作。当踩下离合器踏板时，离合器分泵的推杆推动分离拨叉，分离拨叉推动分离轴承，分离轴承前移克服压盘弹簧的压紧力推动从动盘移动，使从动盘逐渐和飞轮分离，达到切断动力传输的目的。此时，分离拨叉，分离轴承处于工作状态。当需要重新恢复动力传递时，为使汽车速度和发动机转速变化比较平稳，应该适当控制离合器踏板回升的速度，使从动盘在压紧弹簧压力的作用下，向接合的方向移动，与飞轮恢复接触。接触面间的压力逐渐增加，相应的摩擦力矩也逐渐增加。当飞轮和从动盘接合还不紧密，二者之间摩擦力矩比较小时，可以不同步旋转，即离合器处于打滑状态。随着飞轮和从动盘接合紧密程度的逐步增大，二者转速也渐趋相等，直到离合器完全接合而停止打滑时，汽车速度方能与发动机转速成正比。只有当离合器打滑时，离合器片才摩擦生热，产生的热量通过压盘、分离轴承，才能传到分离拨叉，造成分离拨叉温度异常。分离拨叉为什么没有一定的间隙？带着这个疑问，通过仔细检查，发现固定换挡支架的固定螺栓拧入变速器壳体过多，正好挡住分离拨叉，致使分离拨叉不能回位。这是造成离合器打滑的根本原因。通过与新车对比，发现固定支架橡胶内应有一个铁套，所修的车没有铁套，造成螺栓拧入过多，挡住分离拨叉，致使分离拨叉不能回位，导致离合器打滑。

装上相同规格的铁套，故障排除。根据故障现象，只有加强修车前的检查和诊断工作，才能提高解决问题的能力。别让经验主义占据我们的大脑。在维修工作中，有着太多的经验教条。这些经验扼杀了我们发现问题、处理问题、解决问题的能力。我们要加强分析思考诊断能力，才能适应现代汽车维修的需要。

2. 桑塔纳轿车离合器从动盘磨损过度导致动力不足故障检修

故障现象：一辆桑塔纳 2000GSi 型轿车的车主反映，该车是在一个月前购买的二手车，购买后没有进行过任何维护，平时车辆技术状况良好，近几天出现起步缓慢，车辆加速无力的现象，特别是在重载上坡时动力不足尤为明显。

故障诊断与排除：起动发动机，做原地加速试验，发动机加速性能良好，最高转速符合要求。挂上 2 挡，稍微拉紧驻车制动后，做起步试验，车辆无法起步，发动机转速虽略有下降，但没有熄火，说明离合器打滑。该车采用的是液压操纵的膜片弹簧式离合器，于是首先检查离合器踏板自由行程，结果为 10mm，符合标准。检查踏板回位情况，也正常。用手扳动离合器分离轴承拨叉，能感觉到分离轴承能向前自由移动，说明膜片弹簧的分离指内端与分离轴承之间有一定的分离间隙，于是判断该车故障为离合器从动盘磨损过度。拆下离合器从动盘，发现其磨损严重，铆钉外露，且摩擦片表面有烧蚀现象，检查飞轮和压盘摩擦表面，发现有较多的沟槽和裂纹。更换飞轮、压盘和从动盘，装车后试验，故障现象消失。

3. 桑塔纳轿车劣质拉线导致踩离合器踏板有异响

故障现象：一辆桑塔纳 LX 型轿车，不久前刚在特约维修站更换过离合器从动盘、压盘及分离轴承，换挡时，踩离合器踏板有异响。

故障诊断与排除：考虑该车维修不久，可以排除离合器上述部件出故障的可能性。分离拨叉属于耐用件，一般不会有问题。所以从离合器系统的另一端入手，经检查离合器踏板未变形，没有与其他部件摩擦，其上端与穿销配合部分润滑良好。只有离合器拉线这一疑点了。更换了一根新拉线后，换挡异响消失，把车开走不到 1h，响声又出现了，向离合器拉线内加注了一些润滑油后装复，异响消失。但第二天故障重现，就这么一根拉线，外边是个衬套，里面是一根多股的金属线，能出什么样的问题呢？经过对其他部件反复详查，先后更换了 4 根同品牌离合器拉线后还是没有解决问题。最后找到供应商，新更换了另一批拉线后，故障排除。

4. 凯越轿车总泵不能完全回位导致屡烧离合器故障检修

故障现象：一辆凯越(1.6L)LE轿车在冷车行驶时一切正常，但热车后出现了加速时发动机转速上升，车速不能提高的故障，直到后来挂挡并松开离合器时，车辆不能起步。于是将车拖到修理厂。

故障诊断与排除：将车辆举升起，在车下就能闻到有一股糊焦味，说明离合器片已烧损。拆下变速器，拆检离合器，发现离合器片和压盘已严重烧损。更换离合器片和压盘后，离合器恢复工作，车辆能正常起步。经检查离合器踏板的自由行程和总行程正常，怀疑烧离合器故障与车主操作有关。给车主讲解正确的操作方法后，车主将车提走。但此车使用仅一周时间，再次出现了烧离合器片的故障，又将车拖回修理厂。

再次更换离合器片与压盘后，经检查离合器踏板的自由行程和总行程正常。当时操作离合器，感觉一切正常。我们决定模拟车主行驶路况，在市区行驶试车。当车辆行驶约110km时，感觉到离合器开始打滑，踩离合器时感觉轻重正常，但没有自由行程。多次连续踩离合器后，不用踩离合器就能挂上挡，且松开离合器后车辆不能起步。故障现象表明，离合器处于分离状态，为区分是离合器分泵还是总泵故障，松开离合器分泵放气堵，放出一部分液压油后，离合器又能够接合，操作恢复正常。这说明放松离合器踏板后，管路压力并没有卸放，故障原因可能是总泵卡滞不回位或管路堵塞，而离合器分泵本身回位正常。

检查离合器总泵时，发现离合器踏板调整螺栓少一个锁紧螺母，且调整螺栓已拧到底，使离合器总泵不能完全回位。重新调整离合器间隙后，再配一个锁紧螺母，经长时间试车，故障始终没有出现。

凯越EXCELLE(1.6L)LE轿车离合器间隙调整时用手轻压离合器踏板，感到有阻力时，测量离合器踏板的下降距离，规定值为6～12mm；离合器踏板总行程是130～140mm。如不符合以上要求，松开锁紧螺母，转动调整螺栓，直至自由行程和总行程在规定范围之内，拧紧锁紧螺母。

5. 现代轿车离合器扭转减振器磨损导致异响故障检修

故障现象：一辆现代Sonata轿车，行驶中底盘出现异响。驾驶员反映，加速或保持节气门开度不动时一切正常，但在松加速踏板滑行或发动机制动期间，便发出“咯啦、咯啦”的撞击声。

故障诊断与排除：用举升机支起车身，四轮离地进行模拟试验，感觉声响是从变速驱动桥的差速器部位传出的，类似轴承磨损发出的噪声。抬下变速器并分解，取出差速器总成，检查轴承与座圈未发现划痕和斑点。用手拨动行星齿轮轴，能感觉出有约0.10mm的径向移动量，而两个半轴齿轮则有近1.0mm的轴向移动量。但通过其与行星齿轮之间的啮合面来看，配合间隙却是正常的。经综合分析，认为差速器总成良好。用手转动分离轴承，有“沙沙”的摩擦声，决定更换。而后又检查了离合器片，离合器压板，两个半轴的内、外球笼，均未发现异常现象。

如果只是分离轴承磨损，那么它所发出的噪声应出现在踩下离合器踏板阶段，不可能在行驶中松加速踏板时才产生，这说明并未找到真正的故障点。此时若是装复变速器，其结果必定还要返修，于是又细心地复查了一遍。拿起离合器片检查，按铆钉目前的磨耗深度，确实可以继续使用，但仔细观察，发现从动盘钢片与从动盘鼓之间有一小条打击的亮印，用手握住摩擦衬片，另一只手转动从动盘毂，发现已经严重松旷。

从动盘钢片和从动盘毂通过减振弹簧弹性地连接在一起，盘毂夹在钢片和减振盘之间，并且其中夹有摩擦片。钢片和减振盘用铆钉铆接，中间预留出一定距离，使盘毂可作相对稍许转动。当受转矩时，动力通过摩擦衬片首先传到钢片和减振盘，再经弹簧传递给盘毂，此时弹簧被压缩，以此来吸收所受的冲击，并利用钢片和减振盘之间、盘毂和摩擦片之间的摩擦来消耗转矩振动的能量，使振动迅速衰减。

因为发动机传到汽车传动系中的转矩是周期性地不断变化的，这就使传动系产生转矩振动。若频率与传动系自振频率吻合，即导致共振。减振弹簧不仅缓和冲击载荷，亦可降低自振频率，避免共振产生。而本车的减振弹簧因频繁操作离合器，高温退火而缩短，失去了弹性连接与减振的作用。松加速踏板滑行时，转矩则由车轮经传动系传至发动机，发动机制动，从动盘钢片与盘毂之间因作用力的变向，相对反转一个角度，便出现打击现象，而且因周期性的转矩变化就会产生类似轴承磨损的“咯啦、咯啦”的声响。更换了离合器片与分离轴承，故障排除。

6. 长城轿车自由间隙过大导致挂挡困难故障检修

故障现象：一辆长城赛影轿车，累计行驶里程近 5 万里，车主反映，该车最近行驶中，当离合器踏板踩到底时，换挡时间明显滞后。发动机怠速运转，挂倒挡时，有齿轮的撞击声，有时难以挂入挡位。车辆发冲，发动机易熄火。

故障诊断与排除：正常情况下，离合器踏板踩到底，其主、从动部分应彻底分离，将发动机的动力传递完全切断，以便变速器进行换挡操作。如果在踏板踩到底的情况下，主、从动部分没有完全分离，对装有同步器的挡位，换挡操作的同步时间将会大大延长，使驾驶人感觉换挡滞后。对没有同步器，采用接合套或直齿滑动齿轮进行换挡的挡位，由于待接合的两齿轮存在转速差，接合过程中会产生齿轮的撞击声，甚至可能根本挂不上挡位。由于发动机的动力没有完全切断，换挡过程中也会出现车辆发冲，或发动机熄火的现象。从该车的故障现象和以往的维修经验，可以初步确定该车故障是由离合器分离不彻底所致的。该车离合器的结构为液压操纵膜片弹簧式。外观检查操纵机构，制动液储液罐液面正常，没有发现泄漏的现象；测量踏板自由行程，结果为 26mm，大大超过了标准值。调整踏板自由行程时，发现液压操纵机构中总泵推杆的长度已调整到极限，锁紧螺母已与推杆的端部在一个平面上，推杆的长度已无法再增加。该车离合器踏板自由行程的调整部位只设置在总泵的推杆上，而推杆的长度已至极限。于是推断，推杆与总泵活塞之间可能是因磨损造成间隙过大，拆下总泵检查，发现铝质总泵活塞已被推杆顶出很深的一个凹坑。更换总泵总成，重新调整推杆长度，使自由行程达到规定的 10mm，故障现象消失。

7. 马自达轿车发动机后部异响

故障现象：一辆 2004 年产的马自达 M6 CA7230AT 轿车，行驶里程为 2.8 万 km，车主反映该车发动机在怠速状态下，听到发动机后部有“嗒嗒”的响声，加速时响声更加明显。

故障诊断与排除：接车后，把故障车用举升机举起来，着车后用铜棒传音再仔细听。在发动机与变速器接合部位听到有“嗒嗒”的响声，加大节气门开度时响声更大。首先对变速器进行常规检查，发现变速器油的油位在标准范围内，油色红亮，没变色、没异味。对电控系统进行故障码读取，无故障存储。为了诊断异响部位，决定拆下变速器进一步检查。

拆下变速器后，发现飞轮断裂，什么原因造成飞轮断裂呢？检查发现曲轴轴向间隙、径向跳动都正常，液力变矩器也没发现异常，于是怀疑此车故障是在其他维修厂装配不当引起的。飞轮的装配其实是有规定的。曲轴与飞轮的接合处，变矩器与飞轮的螺杆接合处必须清理干净，有杂物则容易引起飞轮旋转不平衡。装螺杆时要均匀对称着拧紧，把曲轴多转几圈，分几次逐步增加扭力，最后按生产厂家规定的扭力上紧螺杆，扭力紧固得不对同样会引起飞轮变形或移位。若有条件,可以用仪器对飞轮进行轴向、径向的跳动检测。结合该车情况,决定更换飞轮,按规定的操作程序和规定的扭力装配好飞轮。经试车未发现异响,于是交车。

此车行驶不到一个月后,又出现同样的故障现象。重新拆检变速器检查,发现飞轮居然又断裂了,由此可以肯定是变速器内部有问题。征询了用户意见后,把变速器完全分解开,逐一检查内部机件,最后发现变速器油泵止推垫圈严重烧蚀。止推垫圈起到对液力变矩器限位、导向的作用,同时也相当于一个轴承,烧蚀磨损后容易引起变矩器发摆,旋转不平衡。更换油泵的止推垫圈和飞轮之后,经长时间试车,发现故障彻底排除。把车交给用户后几个月,经电话跟踪回访,故障再未出现。

8. 长安轿车曲轴止推垫引起的离合器故障

故障现象:一辆长安轿车,行驶途中发现离合器不好使,继续前行直至回到驻地。离合器不分离,踏下离合器挂挡,只能听见"咯咯"的打齿声。

故障诊断与排除:先检查离合器拉索间隙,发现间隙在无怠速情况下分离轴承也在不停转动,而灭车后,各挡位又十分好挂。于是怀疑离合器片损坏。拆下检查,见离合器片缓冲簧十分松动,有一根已碎成三段。更换离合器片,装复试车故障依旧。再次拆下检查,发现离合器压盘磨损严重,便更换离合器压盘,并在压盘与飞轮之间垫上平垫。装车后试验,情况同上次一样。最后在无意中发现曲轴前后窜动严重。更换一副止推垫后试车,故障消失。曲轴前后窜动严重,着车时,曲轴由飞轮的离心力带动向后窜动,踏下离合器,曲轴会随分离轴承向前窜动。其窜动行程抵消了一部分压盘的分离行程。故检查离合器间隙以调至最小而离合器却不分离。由此可见,寻找此类故障原因,不仅只检查主要可能出现故障的部件,同时要细心观察与其相关联的其他部件,这样将有助于快速找到故障点,排除故障。

9. 三菱 V31 车离合器异响

故障现象:一辆 1997 款三菱帕杰罗 V31 手动四驱越野车,累计行驶 28.5 万 km,车主反映,该车在正常行驶踩离合器踏板换挡时,离合器分离的瞬间会发出"咕咕咕"的响声,空挡踩下离合器踏板使离合器处于半分离状态,发动机转速达 2000r/min 时,响声较明显,并且感觉到离合器踏板在振动,继续踩下离合器踏板使离合器完全分离,响声就逐渐消失。

故障诊断与排除:承修该车后试车,现象确如车主所述,将该车举升起来,当发动机转速为 2000r/min 时,逐渐踩下离合器踏板,在车下用听诊器探听到离合器分离叉上响声不明显,再在发动机曲轴后油封和飞轮处探听,由此基本可以判断故障部位在离合器部分,怀疑离合器压盘的分离轴承接触的瞬间产生了振动和异响。于是就给车主报价检修离合器,车主反映,该车离合器一个月前刚在其他维修厂维修过,没有维修离合器前没有这种响声,他怀疑那家维修厂使用了不合格配件,所以同意更新拆检离合器。

当拆下变速器取出离合器压板、摩擦片和分离轴承后发现,上述配件全不是合格配件,离合器压盘分离杠杆上被分离轴承磨出的痕迹很不均匀,有些分离杠杆上的接触面大,有些接触面小,摩擦片上的减振弹簧松动,用手摇动摩擦片时会有"嚓嚓"的声音,而且飞轮上也有磨痕。更换离合器压盘、摩擦片和分离轴承,并光磨飞轮后装复试车,发现响声有所变化,变成了在踩下离合器踏板后,发动机急加速时,用听诊器在离合器踏板处和分离拨叉处均听到明显"咕咕咕"的声音,并拌有振动,路试时,在踩下离合器踏板换挡的瞬间响声更为明显,看来该车的故障并不完全是在离合器机械部分,在其他部位还有故障。根据故障现象分析,可以确定故障肯定是出现在切断发动机输出动力的瞬间,离合器部分的故障已经排除了,那么就只有以下两种情况:一是变速器输入轴轴向间隙过大;二是发动机曲轴轴向间隙过大。

拆下变速器前端发动机接合处防尘板，用工具移开飞轮，检查曲轴轴向间隙，间隙正常。因第一次拆装变速器时没有检查其输入轴的轴向间隙，只好再次拆下变速器，拆下后发现变速器输入轴轴向间隙也正常。没有找到任何疑点，故障排除陷入了困境，当笔者无意中碰掉了离合器分离叉时，发现分离叉比较短，到总成修理间与其他车比较，结果发现它比正常的要短约5mm，于是便换了分离叉，但故障还是没有排除，检修到此时似乎已经山穷水尽了，只好收工。第二天早晨起动发动机后发现，未踩离合器踏板时，踩一下加速踏板，突然听到从发动机部位传出来"咕咕咕"响声，与踩下离合器踏板的响声非常相似，于是打开发动机罩，用手拉动节气门拉索进行发动机加速试验，听到的响声是从发动机前部正时罩处发出来的，怀疑机油泵平衡轴的装配有问题。于是决定拆发动机曲轴带轮安装螺栓时，发现该螺栓未拧紧，拆下该螺栓后发现其螺纹已经损坏，曲轴带轮花键的前端已碎裂，曲轴上的键槽也被磨松旷，更换曲轴、曲轴带轮花键和曲轴带轮安装螺栓后，故障排除。

第二章　手动变速器故障检修

第一节　手动变速器故障检修概述

一、手动变速器的功用和要求

（一）手动变速器的功用

汽车的实际使用情况非常复杂，如需要起步、怠速停车、低速或高速行驶、加速、减速、爬坡、倒车等，这就要求汽车的牵引力和车速能在相当大的范围内变化，而目前广泛采用的汽车发动机的输出转矩和转速变化范围较小。为了解决这一矛盾，在传动系中设置了变速器。手动变速器主要作用是改变传动比、中断发动机的动力传递、实现倒车。

1）改变发动机传给驱动轮的转速和转矩，以满足汽车在各种行驶条件下的需要。通过改变传动比，既可以使传到驱动轮处的转矩能满足不同行驶条件对牵引力的需要，又能使发动机尽量工作在有利的工况下，满足可能的行驶速度要求。

2）在发动机旋转方向不变的情况下使汽车倒行。

3）切断发动机与传动系的动力传递。当发动机起动、怠速运转、换挡或需要停车进行动力输出时，都需要利用变速器的空挡，中断向驱动轮的动力传递。

有的越野车和军用汽车变速器还可以对外进行动力输出，必要时驱动绞盘，以牵引其他车辆等。

（二）手动变速器的要求

变速器操纵机构应保证驾驶员能准确可靠地使变速器挂入所需要的任一挡位工作，并可随时使之退到空挡。为了保证变速器的可靠工作，变速器操纵机构应满足以下要求：

1）保证变速器不自行挂挡或脱挡。挂挡过程中，其操纵变速杆推动拨叉前、后移动的距离不足时，齿轮将不能在全齿宽上啮合而影响其寿命。即使达到全齿宽啮合，也可能由于汽车振动等原因，齿轮产生轴向移动而减少了齿的啮合长度，甚至完全脱离啮合。为防止上述情况，应设置自锁装置。

2）保证变速器不同时挂入两个挡位。若变速杆能同时推动两个拨叉，即同时挂入两个挡位，则必将造成齿轮间的机械干涉，变速器无法工作甚至损坏。为此，应设置互锁装置。

3）防止误挂倒挡。汽车行进中若误挂倒挡，变速器轮齿间将发生极大冲击，导致零件损坏。汽车起步时若误挂倒挡，则容易出现安全事故。为此，应设有倒挡锁装置。

有的变速器还有高速锁。现在大多数轿车都有限速报警器，当车速超过一定值（如120km/h）时，报警器就开始发出蜂鸣声。

二、手动变速器的工作原理和组成

变速器是汽车底盘中通用性较高的总成之一，往往同一型号变速器可装在多种变型车或吨位相近的多种车型上。

1. 按传动比的变化方式分

按传动比的变化方式不同，变速器可分为有级式、无级式和综合式。

1)有级式变速器应用最为广泛。它采用齿轮传动,有几个可选择的固定传动比。这种变速器又可分为齿轮轴线固定的普通齿轮变速器和齿轮轴线旋转的行星齿轮变速器两种。目前,轿车和轻、中型载重车变速器的传动比通常有3～5个前进挡和一个倒挡;在重型汽车用的组合式变速器中,则有更多挡位。所谓变速器挡数,均指前进挡位数。

2)无级式变速器的传动比可以在一定范围内连续变化。常见的有电力式和液力式(动液式)两种。电力式的在传动系中也有广泛采用的趋势,其变速传动部件为直流串励电动机;液力式的传动部件是液力变矩器。

3)综合式变速器指由液力变矩器和齿轮式有级变速器组成的液力机械式变速器,其传动比可在最大值和最小值之间的几个间断范围内作无级变化,目前应用较多。

2. 按操纵方式分

按操纵方式不同,变速器可分为强制操纵式、自动操纵式和半自动操纵式。

1)强制操纵式(手动)变速器靠驾驶员直接操纵变速杆换挡,为大多数汽车所采用。

2)自动操纵式变速器的传动比选择(换挡)是自动进行的,驾驶员只需要操纵加速踏板,即可控制车速。变速器可以根据发动机的负荷信号和车速信号来控制执行元件,实现挡位的自动变换。

3)半自动操纵式变速器可分为两种形式:一种是常见的几个挡位自动操纵,其余挡位则由驾驶员操纵;另一类是预选式,即驾驶员预先用按钮选定挡位,当踩下离合器踏板或松开加速踏板时,接通一个电磁装置或液压装置来进行换挡。

(一)手动变速器的工作原理

一对齿数不同的齿轮啮合传动时就可以变速,若主动齿轮和从动齿轮的转矩、转速、齿数分别为M_1、n_1、z_1和M_2、n_2、z_2,则传动比i_k应为

$$i_k=\frac{n_1}{n_2}=\frac{M_2}{M_1}=\frac{z_2}{z_1}$$

汽车变速器就是利用这个原理,通过适当的齿轮副降低转速换得转矩的增加,以适应行驶阻力增大的需要。

图2-1所示为三轴式固定轴式变速器的工作原理。发动机的转矩经输入轴Ⅰ输入,经两对齿轮传动,由输出轴Ⅱ输出,由图可知多级齿轮传动的传动比为

$$i=\frac{\text{所有从动齿轮齿数的连乘积}}{\text{所有主动齿轮齿数的连乘积}}=\text{各级齿轮传动比的连乘积}$$

将图2-1中齿轮3与4脱开,改将齿轮6与5啮合,则可得另一个数值的传动比,即只要在输出轴和中间轴上设置若干对齿数不同的齿轮副,使它们分别进行啮合,配合主动轴与中间轴上常啮合的齿轮副进行传动,则可得到若干个传动比值,这就是三轴式齿轮变速器的变速原理。

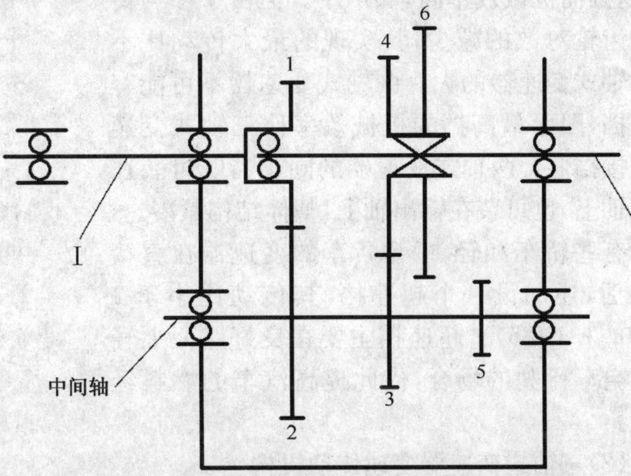

图2-1　三轴式固定轴式变速器的工作原理

当输出轴上的齿轮4、6都不与中间轴上的齿轮3、5啮合时,则动力不能传到输出轴,这就是变速

器的空挡。

此外输入轴与输出轴的旋转方向相同时，为汽车前进挡的旋转方向。

若使输出轴与输入轴的旋转方向相反，则要增加一根轴，并在其上装有中间齿轮，这时汽车为倒车行驶。

(二)手动变速器的组成

普通手动变速器主要分为两轴式、三轴式和组合式变速器三种。它们均由变速传动机构和操纵机构组成。变速传动机构的作用是改变转矩的数值和方向，操纵机构的作用是实现换挡。

1. 变速传动机构

在前置前驱动或后置后驱动的轿车和微、轻型汽车上，多采用两轴式变速器；三轴式变速器适应于传统的前置后驱动的布置形式；重型汽车多采用组合式变速器。

(1)两轴式变速器变速传动机构

前置前驱两轴四挡变速器变速传动机构的结构特点是输入轴和输出轴平行(不共线)，无中间轴。主减速器主动齿轮固定于变速器输出轴上。图 2-2 所示为与前轮驱动、前置发动机横向布置的轿车相配合使用的两轴式四挡变速器。在输入轴 1 上固连着一、二、三、四挡主动齿轮 2、4、5、6，与之常啮合的四个挡位从动齿轮 13、11、10、8 则通过轴承空套在输出轴 7 上。四个前进挡分别用接合套 12、9 换挡。前驱动桥主减速器的主动锥齿轮 16 直接装在输出轴的伸出端。

当接合套 12 向右或向左移动到与相应的接合齿圈接合时，便得到一或二挡；而向右或向左移动接合套 9 时，则挂上三或四挡。

在输入、输出轴一侧装有倒挡轴 15，倒挡轴固定在壳体上，轴上滑套着一个倒挡齿轮 14，移动该倒挡齿轮，使之同时与齿轮 3 和齿轮 12 啮合，即形成倒挡传动。

两轴式变速器从第一轴到第二轴只通过一对齿轮传动，倒挡传动路线中也只有一个中间齿轮，因而机械效率高，噪声小。但由于参与传动的齿轮对数的减少，其实现的最大传动比不如三轴式变速器的大。两轴式变速器不可能有直接挡，因而最高挡的机械效率比三轴式变速器直接挡低。两轴式变速器的同步器既可装在输入轴上，也可装在输出轴上，整体结构紧凑。

有些轿车和轻、中型货车的变速器在直接挡之后，还加设一个超速挡，其传动比小于 1 ($i=0.7\sim0.85$)。超速挡主要在良好路面上轻载或空车行驶的场合，借此提高汽车的燃料经济性。

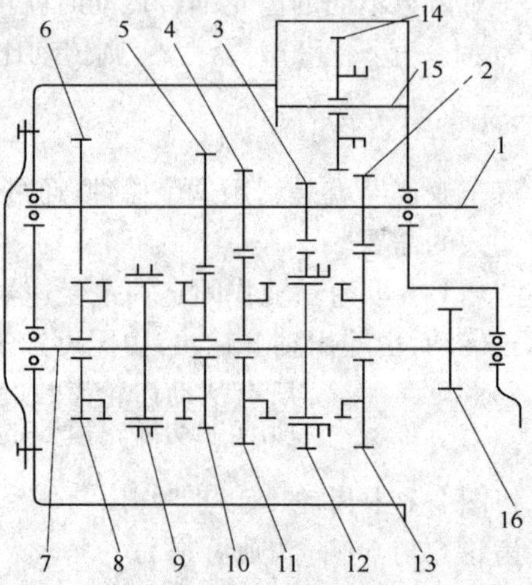

图 2-2　两轴式四挡变速器简图

1. 输入轴 2. Ⅰ挡主动齿轮 3. 倒挡主动齿轮 4. Ⅱ挡主动齿轮 5. Ⅲ挡主动齿轮 6. Ⅳ挡主动齿轮 7. 输出轴 8. Ⅳ挡从动齿轮 9. Ⅱ、Ⅳ挡同步器接合套 10. Ⅲ挡从动齿轮 11. Ⅱ挡从动齿轮 12. Ⅰ、Ⅱ挡同步器接合套和倒挡从动齿轮 13. Ⅰ挡主动齿轮 14. 倒挡滑动齿轮 15. 倒挡轴 16. 主减速器主动齿轮

(2)三轴式变速器变速传动机构

图 2-3 所示为某六挡变速器变速传动机构示意图。它由第一轴(输入轴)1、中间轴(副轴)

24 和第二轴(输出轴)23 组成,故称其为三轴变速器。工作时,动力由第一轴传动齿轮带动中间轴转动,通过中间轴格挡齿轮带动二轴上各挡齿轮转动。当挂上某一挡位时,二轴上该挡齿轮通过接合套、花键毂带动二轴以该挡的速度运动。

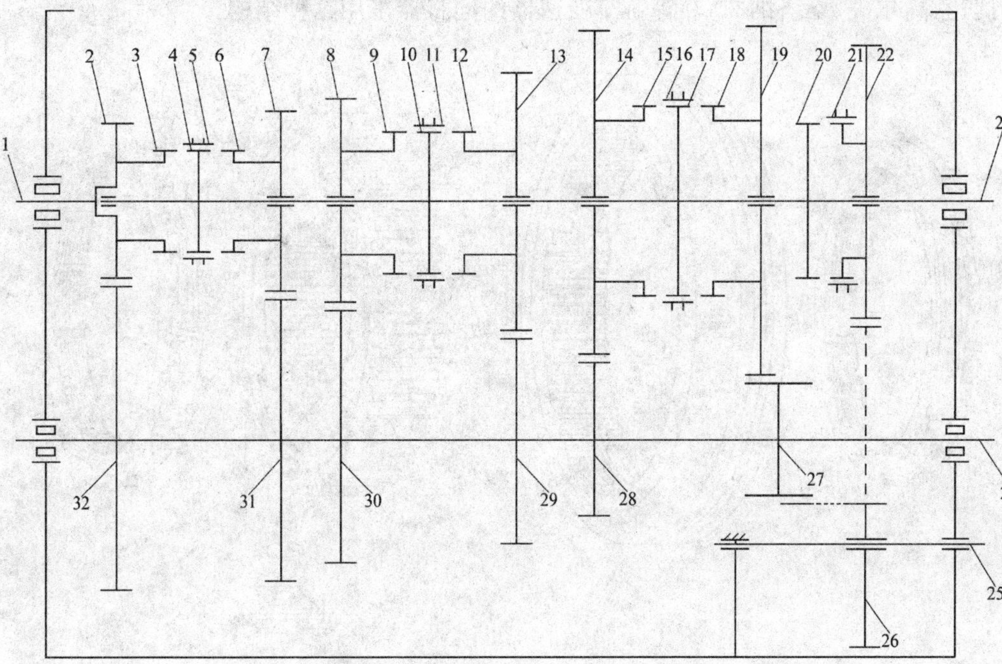

图 2-3　六挡变速器变速传动机构示意图

1. 第一轴 2. 第一轴常啮合传动齿轮 3. 第一轴齿轮接合齿圈 4. Ⅴ、Ⅵ挡同步器花键毂 5. Ⅴ、Ⅵ挡同步器接合套 6. 第二轴Ⅴ挡齿轮接合齿圈 7. 第二轴Ⅴ挡齿轮 8. 第二轴Ⅳ挡齿轮 9. 第二轴Ⅳ挡齿轮接合齿圈 10. Ⅲ、Ⅳ挡同步器花键毂 11. Ⅲ、Ⅳ挡同步器接合套 12. 第二轴Ⅲ挡齿轮接合齿圈 13. 第二轴Ⅲ挡齿轮 14. 第二轴Ⅱ挡齿轮 15. 第二轴Ⅱ挡齿轮接合齿圈 16. Ⅰ、Ⅱ挡同步器接合套 17. Ⅰ、Ⅱ挡同步器花键毂 18. 第二轴Ⅰ挡齿轮接合齿圈 19. 第二轴Ⅰ挡齿轮 20. 第二轴倒挡花键毂 21. 倒挡接合套 22. 第二轴倒挡齿轮 23. 第二轴 24. 中间轴 25. 倒挡轴 26. 倒挡轴倒挡传动齿轮 27. 中间轴Ⅰ、倒挡传动齿轮 28. 中间轴Ⅱ挡传动齿轮 29. 中间轴Ⅲ挡传动齿轮 30. 中间轴Ⅳ挡传动齿轮 31. 中间轴Ⅴ挡传动齿轮 32. 中间轴常啮合传动齿轮

(3)组合式变速器

重型汽车的载质量大,使用条件复杂。欲保证重型车具有良好的动力性、经济性和加速性,则必须扩大传动比范围并增加挡数。为了避免变速器的结构过于复杂和便于系列化生产,多采用组合式变速器,即以 1～2 种四挡或五挡变速器为主体,通过更换齿轮副和配置不同的副变速器(一般为两挡),得到一组不同挡、数不同传动比范围的变速器系列。如陕汽 SX2190 越野汽车的富勒 RT11509C 组合式变速器,主变速器(主箱)为五个前进挡(其中一个为爬行挡)、一个倒挡的双副轴结构;副变速器(副箱)为两挡的双副轴结构。主、副箱串联,副箱位于主箱之后,即主箱的输出轴为副箱的输入轴,动力由副箱输出轴输出。副箱换挡时仅在高、低挡区互换的同时进行,操作较为简单。由于高速爬行挡和高速倒挡无意义,因此形成九个前进挡和一个倒挡。

2. 同步器

以上各种变速器的换挡操作,尤其是从高挡向低挡的操作较复杂,而且很容易产生轮齿或花键齿间的冲击。为了简化操作,避免齿间冲击,一般在变速器换挡装置中设置了同步器。同步器有惯性式、常压式和自行增力式等多种，现代轿车广泛采用的是锁环式惯性同步器。

(1)同步器的构造

锁环式惯性同步器主要由锁环、滑块、花键毂、接合套、弹簧等组成，如图 2-4 所示。皇冠 W55、捷达、高尔夫、桑塔纳 2000 等轿车变速器的同步器采用这种结构。

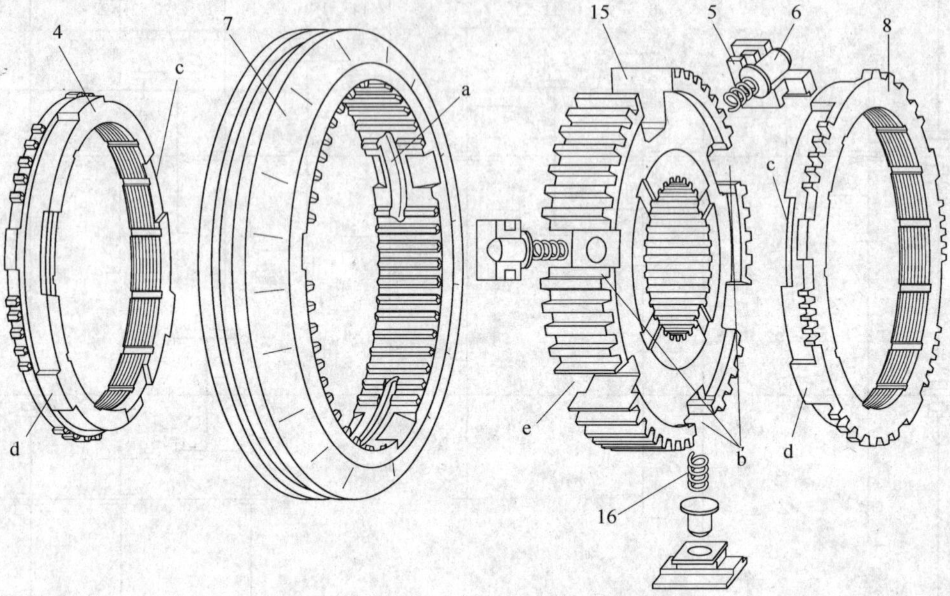

图 2-4　锁环惯性同步器结构

a. 接合套中间凹槽 b. 花键毂轴向槽 c. 锁环缺口 d. 锁环凸起部 e. 花键毂缺口

4、8. 锁环(同步环) 5. 滑块 6. 定位销 7. 接合器 15. 花键毂 16. 弹簧

锁环上制有内锥面，与相应的齿轮外锥面配合，是摩擦件。锁环外沿有与接合套上倒角相同的齿圈，其齿数、齿宽与接合套、花键毂上的均相同，是锁止件。锁环上有三个缺口，分别与三个滑块配合。

三个滑块均布在花键毂的三个槽内，通过装在花键毂上的两个弹簧使滑块上的凸起嵌入接合套中部的凹槽内，滑块可随接合套及花键毂轴向移动。滑块与锁环上的缺口配合，带动锁环随接合套及花键毂一起转动。锁环上的缺口与滑块宽度之差为锁环上的一个齿宽，当滑块位于锁环的缺口中间时，锁环上的齿与花键毂上的齿正好对正。所以，花键毂、接合套、滑块、锁环一起转动，不同的是两锁环相对于接合套能超前、滞后各半个齿宽。

(2)工作原理

以低挡换高挡为例，如图 2-5 所示。

1)空挡时，高挡齿轮、接合套、锁环都在惯性作用下沿原方向旋转，此时锁环内锥面与齿轮外锥面不接触，如图 2-5a 所示。

2)换挡时，如图 2-5b 所示，换挡拨叉推动接合套前(左)移，带动滑块向前移动，滑块向前推动锁环，使锁环内锥面与高挡齿轮外锥面接触，因有转速差，故产生摩擦力矩，锁环相对于接合套向前顺转一个角度(半个齿宽)，使接合套齿端倒角与锁环上的齿端倒角相互抵触，即产生一个切向力和一个轴向力。切向力产生拨环力矩，轴向力使锁环与高挡齿轮锥面继续压紧，保持产生摩擦力矩的作用。由于摩擦作用，迫使高挡齿轮相对于锁环迅速减速，因此产生一个与

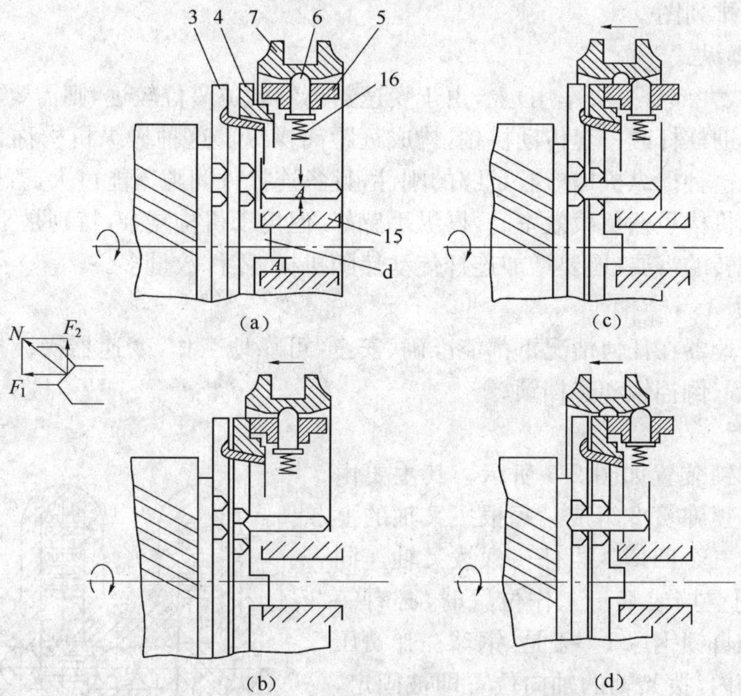

图 2-5　锁环式惯性同步器工作过程示意图

3. Ⅵ挡接合齿圈 4. 锁环(同步环) 5. 滑块 6. 定位销 7. 接合套
15. 花键毂 16. 弹簧 d. 锁环凸起部

旋转方向相同的惯性力矩，它以摩擦力矩的形式传递到锁环上，即锁环上作用着两个力矩：一是力图拨动锁环相对于接合套向后转动的拨环力矩，一是阻止锁环向后倒转的惯性力矩。在高挡齿轮与锁环同步之前，惯性力矩在数值上等于摩擦力矩，且大于拨环力矩，此时不管驾驶员加在接合套上的轴向推力有多大，锁环与接合套的齿端倒角总是相互抵触，阻止接合套与高挡齿轮齿圈接合。

由于锁环与高挡齿轮间的摩擦作用，使二者迅速同步。当拨环力矩克服惯性力矩时，锁环相对接合套倒转一个角度，锁环与接合套上的齿端倒角不再抵触，如图 2-5c 所示，接合套滑过锁环上的键齿与高挡齿轮齿圈啮合(若此时接合套与高挡齿轮齿圈倒角相互抵触，则在齿端倒角切向分力的作用下，高挡齿轮相对于接合套转过一个角度后，使接合套与高挡齿轮齿圈啮合)，如图 2-5d 所示，从而完成同步换挡过程。

3. 操纵机构

对于机械变速器，换挡操作均是由驾驶员拨动变速杆再通过一套操纵机构来完成的。变速器操纵机构根据其变速操纵杆(简称变速杆)与变速器的相互位置不同，可分为直接操纵式和远距离操纵式两种类型。

(1)直接操纵式

大多数汽车的变速器布置在驾驶员座位附近，变速杆由驾驶室底板伸出，驾驶员可直接操纵。这种操纵机构一般由变速杆、拨块、拨叉轴及安全装置等组成，多集装于上盖或侧盖内，结构简单，操纵方便。

不同的变速器其挡数和操纵机构的结构与布置都可能不同，从而相应于各挡位的变速杆上端手柄位置排列——挡位排列也不相同。因此汽车驾驶室内仪表板上(或操纵手柄上)应有该车变速器挡位排列图。

(2)远距离操纵式

在有些汽车(大部分平头军用)上，由于变速器离驾驶员座位较远，则需要在变速杆与拨叉之间加装一些辅助杠杆或一套传动机构，构成远距离操纵。这种操纵机构称为间接操纵式变速器操纵机构。这种操纵机构应有足够的刚性，且各连接件间隙不能过大，否则换挡时手感不明显。双杆操纵机构虽然负载效率高，操纵手感好，但传动机构复杂，特别是平头翻转驾驶室，为满足驾驶室翻转的需要，还要增加连杆传动伴随机构，零件数量多。

4. 锁止装置

为了保证变速器在任何情况下都能准确、安全、可靠地工作，变速器操纵机构中应设有自锁装置、互锁装置、倒挡锁和选挡锁。

(1)自锁装置

变速器的自锁装置如图 2-6 所示。其主要由自锁钢球 1 和自锁弹簧 2 组成。每根拨叉轴的上表面沿轴向分布三个凹槽。当任一根拨叉轴连同拨叉轴向移动到空挡或某一工作位置时，必有一个凹槽正好对准自锁钢球 1。于是，钢球在弹簧压力下嵌入该凹槽内，拨叉轴的轴向位置即被固定，从而拨叉连同滑动齿轮(或接合套)也被固定在空挡或某一挡位置，不能自行脱出。当需要换挡时，驾驶员必须通过变速杆对拨叉或拨叉轴施加一定的轴向力，克服弹簧的压力将钢球由拨叉轴的凹槽中挤出推回孔中，拨叉轴和拨叉方能再进行轴向移动。拨叉轴上表面相邻凹槽之间的距离，即等于为保证在全齿宽上啮合或完全退出啮合所必需的拨叉及其轴的移动距离。

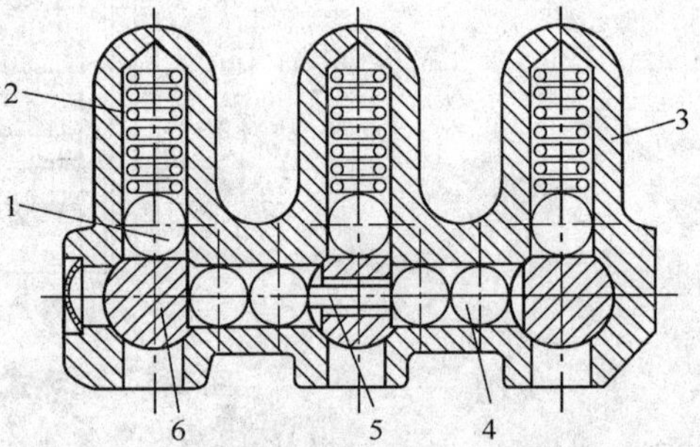

图 2-6 变速器自锁和互锁装置

1. 自锁钢球 2. 自锁弹簧 3. 变速器盖 4. 互锁钢球 5. 互锁销 6. 拨叉轴

(2)互锁装置

图 2-7 所示的互锁装置由互锁钢球 4 和互锁销 6 组成。每根叉轴朝向互锁钢球的一侧表面上均制有一个深度相等的凹槽。变速器在空挡位置时，所有拨叉轴的侧面凹槽同钢球、互锁销都在一条直线上。两个互锁钢球的直径之和正好等于相邻两轴表面之间的距离加上一个凹槽的深度。中间拨叉轴上两个侧面凹槽之间有孔相通，孔中有一根可以移动的互锁销 6，销的长度等于拨叉轴的直径减去一个凹槽深度。

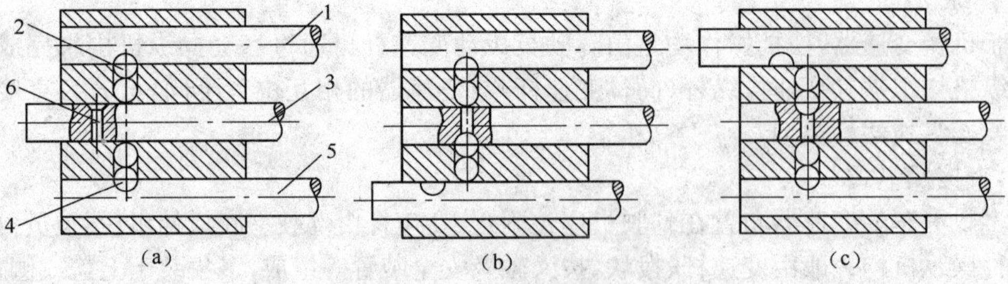

图 2-7 互锁装置工作示意图

1、3、5. 拨叉轴 2、4. 互锁钢球 6. 互锁销

当移动拨叉轴 3 时(图 2-7a)，其两侧的内钢球从侧凹槽中被挤出，而两外钢球 2 和 4 则分

别嵌入拨叉轴1和5的侧面凹槽中，因而将拨叉轴1和5刚性地锁止在其空挡位置。同理，欲移动拨叉轴5，则应先将拨叉轴3退回到空挡位置(图2-7b)，钢球将相邻两叉拨轴3和1刚性锁止在空挡位置。移动拨叉轴1时，拨叉轴3和5被锁止在空挡位置(图2-7c)。由此可见，互锁装置的作用是当驾驶员用变速杆推动某一拨叉轴时，自动锁止其他所有拨叉轴，从而避免乱挡。

(3)倒挡锁装置

倒挡锁装置由一挡、倒挡拨块中的倒挡锁销及弹簧组成。驾驶员选一挡或倒挡时，必须用较大的力使变速杆的下端压缩弹簧，将锁销推向右后方，才能使变速杆下端进入倒挡拨块凹槽内，以拨动一、倒挡轴而挂入一挡或倒挡。显然，倒挡锁的作用是使驾驶员必须对变速杆施加更大的力，方能挂入倒挡，起到提醒注意作用，以防止误入倒挡。

有些变速器因选挡间隙小，为防止误挂挡，专设有选挡锁，工作原理与倒挡锁相同。

5. 分动器

在多轴驱动的汽车上，为了将变速器输出的动力分配到各驱动桥，均装有分动器。分动器基本结构也是一个齿轮传动系统。其输入轴直接或通过万向传动装置与变速器第二轴相连，而其输出轴则有若干个，分别经万向传动装置与各驱动桥连接。

为了增加传动系的最大传动比及挡数，越野汽车多装有两挡分动器，使之兼起副变速器作用。分动器在低速挡工作时，其输出转矩较大，为避免中、后桥超载荷，此时前桥必须参加驱动，分担一部分载荷。因此，分动器的操纵机构必须保证：先接前桥，后挂低挡；先摘低挡，再摘前桥。为此，分动器的操纵机构中也设有自锁和互锁装置。

三、手动变速器故障的类型和检修

由于汽车在行驶过程中，变速器各运动机件常在高转速、大负荷的条件下工作。当行驶道路复杂时，挡位变换频繁，在换挡过程中，变速器内部齿轮之间、齿轮与轴之间相对运动的变化而发生冲击，使各部机件产生磨损，尤其是装配调整不当或驾驶员操作不当，则会使磨损加剧，甚至造成机件的损坏，从而导致变速器故障的产生。

变速器在实际使用中，常见的故障主要有：跳挡、乱挡、换挡困难和发响等。

1. 变速器跳挡

1)故障现象：汽车在某挡位行驶过程中，当受到冲击载荷时，变速杆自动跳到空挡位置，挡位齿轮脱离啮合状态。

2)故障原因：变速器跳挡多发生在常用的挡位上，主要原因在于轴向力的产生和定位力的下降，当轴向力大于定位力时，就会产生跳挡。其具体影响因素有：

①变速器齿轮、齿套或同步器锥盘轮齿磨损过量，沿齿长方向成锥形。

②变速器轴承磨损松旷，变速器第一轴、第二轴与中间轴的平行度相差太大。

③变速器齿轮啮合长度不足，尤其是内外齿环的啮合长度不足更易引起跳挡。

④变速器二轴花键齿与滑动齿轮花键槽磨损松旷。

⑤自锁装置磨损严重或弹簧过软、折断。

⑥同步器锁销松动或同步器散架(锁销式同步器)。

3)故障诊断：跳挡故障常出现在高挡位上，它是在受到一定冲击振动时发生的。因此，判定变速器有无跳挡故障，可采用以下方法：

①行驶中，急剧改变车速，即突然加、减速，猛踩或猛抬油门。

②利用汽车上坡，或平路上中、高速行驶时轻点制动。

③利用“拖挡”后猛加油门。

④在不平道路上行驶，使汽车颠簸振动来判断有无跳挡。

4)检查与排除：

①检查变速器固定是否牢靠。

②拆除变速器盖，检视齿轮啮合端是否磨损成锥形，若是滑动齿轮的挡位跳挡，啮合端并不是锥形，则应检视第二轴上的花键与滑动齿轮花键槽是否配合松旷。

③在变速器挂挡时，变速器杆阻力较小或无阻力，且该挡跳挡，一般是变速叉轴自锁装置失效。应检视自锁钢球和变速叉轴上的凹槽是否磨损过甚，自锁钢球弹簧是否过软或折断。

④五挡变速器的汽车以四挡行车时，若变速杆剧烈振动且伴有啸叫声，松抬加速踏板时跳挡，多系第二轴该挡齿轮的衬套及止推环磨损过甚或破碎。

⑤装有锁销惯性式同步器的汽车，如跳挡，应检视同步器锁销是否松动，同步器是否散架；装配锁环式同步器的汽车，如跳挡，应检查锁环牙齿和内锥面的螺纹槽磨损是否过甚。

⑥挂挡时，若变速杆的移动距离变短，且出现跳挡，一般是变速叉磨损或向一侧弯曲变形，造成齿轮啮合深度不够而引起跳挡。

2. 变速器乱挡

1)故障现象：变速杆不能挂入应挂的挡位或挂入后不能脱入空挡，或一次性挂入两个挡位，或放松离合器踏板后，发动机熄火，同时听到撞击声。

2)故障原因：

①变速杆球头限位销松动、折断、脱落或球头磨损过甚。

②变速杆球节与座磨损严重或变速杆下端与换挡叉导块凹槽磨损过甚。

③换挡叉轴上互锁凹槽、互锁球销等严重磨损，导致互锁装置失效。

④变速器第二轴前端滚针轴承烧结，使第一轴与第二轴连成一体。

3)故障诊断：对乱挡故障的诊断，一般根据现象即可判断，即在实际使用中，挂挡时，所挂的挡位不是驾驶员所要挂的挡位，或同时挂入两个挡位。

4)检查与排除：

①以变速杆中心线转动变速杆，若能成圈转动，证明其球头限位销磨损或脱落。

②摆动变速杆，若摆动幅度大，证明限位销磨损过甚。

③若变速杆可以同时挂入两个挡位，证明换挡叉轴上互锁装置失效。

④当挂挡后不能脱入空挡，若变速杆可以转动而引起错位，则属于变速杆下端与换挡叉导块凹槽磨损过甚或变速杆球节与座孔严重磨损，若变速杆摆动幅度大，证明变速杆下端脱出换挡叉凹槽。

⑤若只有挂入直接挡能行驶或空挡也能行驶而其他挡位均不能进入啮合，则应检查第二轴前端的滚针轴承是否烧结而使第一轴和第二轴连成一体。

3. 变速器换挡困难

1)故障现象：挂挡费力或不能挂进挡位，挂挡时伴随齿轮的撞击声，若勉强挂上挡，但摘挡困难，严重时甚至摘不下挡。

2)故障原因：

①变速叉轴弯曲变形。

②自锁或互锁钢球破裂，毛糙卡滞，锁止变速叉轴弹簧过硬。

③变速杆调整不当或损坏。

④变速器第一轴弯曲变形或花键损坏。

⑤同步器损坏或有缺陷。

⑥同步器散架。

3)故障诊断:变速器有无换挡困难故障,可根据变速器使用和换挡困难故障现象来加以判断。在离合器分离彻底、齿轮油质量和数量正常的情况下,可按下述方法进行检查与排除:

①检查变速杆及远距离操纵的操纵机构调整是否合适,有无变形、卡滞现象。

②拆下变速器盖,检查变速叉轴是否弯曲变形,进而检查自锁和互锁钢球是否损坏,锁止变速叉轴弹簧是否过硬。

③如以上检查均正常,对于安装同步器的变速器,还应检查同步器是否损坏。主要检查同步器锥面螺旋槽是否磨损严重,同步器是否散架,同步器滑块是否磨损过甚,同步器弹簧弹力是否过弱等。

④如同步器正常,还应检查变速器第一轴是否弯曲变形,其花键是否磨损过甚。

4. 变速器发响

1)故障现象:

①变速杆处于空挡位置时,发出一种"哗哗"或"当啷"的响声,踩下离合器踏板后响声消失。

②变速器仅在个别挡位时发响。

③低速挡有异响,高速挡时响声减弱或消失。

④变速器在直接挡时无异响,其他挡时均发响。

⑤变速器在各个挡位均有异响。

2)故障原因:

①变速器齿轮磨损,齿侧间隙过大。

②变速器内齿轮油不足或品质低劣。

③变速器新更换的齿轮副不匹配。

④变速器常啮齿轮磨损成阶梯。

⑤变速器各轴的轴承磨损严重。

⑥变速器第二轴、中间轴弯曲。

⑦变速器第二轴花键与滑动齿轮毂配合松旷。

⑧变速器第一轴、第二轴或中间轴弯曲变形及壳体变形等造成齿轮中心线位置改变,形成齿轮啮合间隙不均匀。

⑨变速杆弯曲或操纵机构的各连接部位松动,换挡叉变形及固定螺钉松动。

3)故障诊断:

①发动机空转时,变速杆处于空挡位置,发出"当啷"的异响,当拉紧驻车制动器后响声增大,踩下离合器踏板后响声消失,一般是常啮齿轮啮合不良造成的。

②在变速杆处于空挡位置运转,异响不明显,汽车在起步或换挡的瞬间有强烈响声,但在离合器接合后响声消失,证明变速器第一轴的前轴承损坏。

③当汽车挂入某挡,响声严重、明显,说明该挡齿轮磨损过甚;若该挡是新更换的齿轮,则说明齿轮啮合不良,待使用一段时间后会有好转。

④若低速挡有异响,但在高速挡时响声减弱或消失,应将后桥支起,让变速器在低速挡或倒挡运转,在变速器第二轴后轴承及倒挡齿轮处诊听。另外在发动机不运转时,将变速杆置于

空挡，放松驻车制动，径向晃动第二轴突缘，如晃动量大，说明第二轴后轴承松旷或损坏。

⑤如在变速器直接挡工作无异响，但其他挡位有异响，应检查中间轴轴承和第二轴前端支承轴承工作是否良好。

⑥若变速器各挡位都有“嘎啦、嘎啦”的响声，在加速时又变为“嘎、嘎”的响声，就应检查变速器的基础件轴、齿轮、花键等机件磨损而使几何公差超差的情况。

四、手动变速器的主要技术参数

手动变速器最基本的技术参数就是各挡传动比，见表2-1。

表2-1 手动变速器各挡传动比

车型	项目	五挡	四挡	三挡	二挡	一挡	倒挡
桑塔纳2000	齿数比	24/30	30/33	36/18	34/19	38/11	38/12
	传动比	0.800	0.909	1.286	1.789	3.455	3.167
奥迪100	齿数比	30/38	33/35	39/30	40/19	39/11	35/10
	传动比	0.789	0.943	1.300	2.105	3.545	3.500
捷达	齿数比	34/40	32/31	37/27	35/18	38/11	38/12
	传动比	0.850	1.032	1.370	1.944	3.455	3.167

润滑油规格：G50或GL4。

锁环磨损：锁环与结合齿圈接触面应大于80%；锁止角为45°，大于60°应更换；摩擦锥面有细牙螺纹，当磨损严重时，接触光滑也应更换。

齿面有轻微斑点，可用油石修复，斑点超过齿面15%以上时，则应更换齿轮。

各挡齿轮标准游隙为0.009～0.060mm，若超过0.15mm，应予以更换。

变速器输出轴磨损严重应予以更换或涂镀修复。输出轴的径向摆差，不超过0.05mm，否则应校正或更换输出轴。

第二节 手动变速器故障检修实例

一、手动变速器故障检修的程序与方法

一般的检查方法是，首先检查外部有无漏油，杆件连接有无松脱、松动现象。其次要进行道路试验，寻找故障出现的时机和现象，并认真分析故障现象和出现的时机与变速器结构及工作原理之间的内在联系，防止出现误判。例如离合器分离不彻底、变速器操纵机构松动、同步器损坏，都会产生挂挡困难的现象，但其出现的时机各不相同，这些需要在维修实践中不断地体会与总结。最后要分解变速器进行主要零件的检修。

二、手动变速器故障检修实例

(一)宝来轿车手动变速器故障检修实例

1. 宝来轿车离合器踏板开关故障导致减速时闯车故障检修

故障现象：一辆宝来1.8轿车，采用手动变速器，行驶2.5万km。轿车在正常行驶过程中松开加速踏板减速时有轻微的发闯现象，而且故障出现很频繁。

故障诊断与排除：根据客户所反映的情况进行了试车，试车中发现加速很顺畅，当慢慢松开加速踏板时车身稍微有点发闯，随着松加速踏板速度的加快，发闯现象变得明显，每次都连闯三次后才能恢复平稳。根据维修经验分析认为，这种现象可能是由于瞬间喷油脉宽波动所引起。一般宝来轿车发动机在两种情况下会断油：一是急减速断油；二是超速断油。

在急减速时可能由于减速断油而引起瞬间的波动，但是在试车时慢减速和急减速两种情况下车辆都发闯。为了确定是断油所导致的故障，连接 V. A. G5052 诊断仪进行试车，试车的过程中在加速、减速两种工况下读取了发动机数据流，没发现异常数据。但是有一种现象引起了笔者的注意：在故障出现的瞬间，喷油脉宽从 6ms 降为 3ms。是什么原因引起这种现象呢？在故障出现的瞬间一定是发动机电控单元接收到了减小喷油脉宽的信号。对于宝来轿车的发动机来说，发动机电控单元根据空气流量传感器信号来确定主喷油量，然后根据发动机转速、节气门位置、冷却液温度及氧传感器等信号，以及空调开关等附加信号对主喷油量进行修正。同时发动机还会急减速、超速断油，换挡时喷油器也要减少喷油量。经过思考怀疑是发动机电控单元接到换挡信号而对喷油量进行了控制。宝来轿车的换挡控制是通过离合器踏板开关控制的。发动机电控单元接到离合器踏板开关闭合信号和加速踏板开关信号后，判断是换挡，发动机电控单元便发出缩短喷油器喷油脉宽的指令。按照上述分析，将离合器踏板开关拆下，发现该开关的活动行程较短。

换上新的离合器踏板开关后试车，上述故障排除。由于离合器踏板开关行程缩短了，使得离合器踏板在自由状态时接触不到离合器踏板开关，使得离合器踏板开关一直处于常闭状态。在松开加速踏板时，发动机控制单元判定为轿车将要换挡，就对喷油量进行修正，导致行驶减速发闯。

2. 宝来轿车变速器输入轴轴承磨损导致噪声大故障检修

故障现象：宝来 1.6MT 轿车，原地停车发动机怠速运转时变速器噪声大，当踩下离合器踏板时噪声减小，在行驶中的噪声与怠速时相同。

故障诊断与排除：首先检查变速器油判断是否有机械故障，放出的变速器油呈黑色，说明变速器内部存在机械故障。解体变速器，检查各个零件，当转动输入轴轴承时，转动不畅且声音大，发现轴承滚子已经磨损很严重。更换新的输入轴轴承，装配好变速器试车，运转声音正常，变速器工作正常，故障排除。

3. 宝来轿车变速器五挡齿轮卡簧断裂导致异响故障检修

故障现象：一辆 2005 年产宝来 1.6L 轿车，行驶里程 1.9 万 km，搭载手动变速器。当变速器变速杆位于五挡，正常加速行驶时变速器正常，但松开加速踏板并利用发动机制动时，变速器内部会出现类似齿轮碎裂的异响，踩下离合器踏板时异响消失，其他挡位均无异常。

故障诊断与排除：根据只有五挡出现异响的故障现象，笔者认为五挡齿轮或轴承有问题。分解变速器，仔细检查后发现五挡输入齿轮的固定卡簧已经断裂并脱落。

更换五挡输入齿轮的固定卡簧后试车，异响消失，故障排除。由于该变速器五挡输入齿轮是斜齿轮，在传递驱动力时会受到轴向力的作用。当固定卡簧断裂后，五挡输入齿轮因为缺少轴向限位而在轴向力的作用下移动。当利用发动机制动时，五挡输入齿轮因为变速器输入轴的转速变化而向外移动，与换挡同步器发生运动干涉，从而产生异响。

4. 宝来轿车无法起动故障检修

故障现象：一辆宝来轿车，采用 1.6L 发动机和手动变速器，原来运转正常，可冲洗过发动机后出现无法起动的故障。

故障诊断与排除：因为该故障是冲洗发动机后才出现的，所以就用压缩空气将有关电器元件、导线连接器、高压线和火花塞吹干后试车，故障依旧。接通点火开关，测量空气流量传感器的电源端子，竟然没有 5V 电压。将点火开关置于起动挡，发现喷油器偶尔会工作一下，火花塞也偶尔跳一次火，由此基本上断定发动机控制模块输出电源有误。检查发动机控制模块的电源端子和搭铁情况，都正常，也没发现发动机控制模块有进水的迹象。

用元征 431ME 故障检测仪读取的故障内容为：节气门控制单元 J338 信号错误；加速踏板位置传感器 G79 信号错误；发动机转速传感器 G28 无信号输出。用故障检测仪清除故障码，发现节气门控制单元 J338 信号错误和加速踏板位置传感器 G79 信号错误，故障内容无法清除。仔细检查节气门控制单元和加速踏板位置传感器，发现加速踏板位置传感器上有水迹。原来该车曾加装过防盗器，该防盗器的喇叭线就是从加速踏板上方牵出去的，当冲洗发动机时水顺着防盗器喇叭线滴到加速踏板位置传感器内，导致加速踏板位置传感器发出错误的信号给发动机控制模块。

拆下加速踏板位置传感器，并撬开其边盖后用压缩空气将其内部水分吹干净，故障排除。

5. 宝来轿车变速器修理后变速杆晃动故障检修

故障现象：宝来 1.6 轿车，里程：4.5 万 km。车主反映每次挂五挡行车时变速杆前后晃动，该车出过事故，在修理厂多次维修变速器都没有解决此问题。

故障诊断与排除：用双柱举升器将车辆举升，挂入五挡加速或收油时，看到配重铁在前后窜动，可以判断是变速器内部故障，可能是同步器齿毂套磨损。将变速器解体后没发现磨损等情况。对零件详细检查，发现轴上固定五挡齿轮的挡圈不知为何被人手工磨薄。

分析造成此故障的原因可能是轴向窜动间隙过大。因为只有同步器齿毂套窜动，才能带动换挡拨叉在变速器内窜动，最终导致变速杆前后窜动。看到磨薄的挡圈我们才明白变速杆为何窜动，是由于挡圈磨得过薄，在加速时因为是斜齿轮，所以产生轴向的分力而窜动，当收油时窜动减小。齿轮窜动带动齿毂套窜动，又带动换挡拨叉窜动，最终造成变速杆晃动。更换厚度合适的挡圈，故障消失。

6. 宝来轿车挂挡困难故障检修

故障现象：一辆宝来 1.8MT 轿车，只能挂上二挡和四挡，其他挡位挂不上。

故障诊断与排除：打开发动机室盖检查，发现二次空气喷射泵进气管空气滤清器端松脱，正好掉在变速器操纵机构上，使操纵机构受到干涉，不能正常挂挡。重新安装二次空气喷射泵进气管后，故障排除。

7. 宝来轿车放松加速踏板明显闯车故障检修

故障现象：2005 年款宝来 1.6L(发动机代号 BJH)手动挡轿车，行驶了 11800km。行驶时当发动机转速在 1500r/min 时放松加速踏板，就会明显发生 3～4 次闯车，之后转速才开始下降，如果转速高于或低于这个范围，则不会出现这种现象，如果同时踩离合器，则正常。

故障诊断与排除：根据车主的描述分析，闯车的原因应是在点火系统或电控系统，而不是机械故障(如差速器或离合器损坏)，因为如果是机械故障，应该任何转速下都或轻或重地出现闯车现象。首先用 V.A.G1551 查询发动机控制单元，发现没有故障码，于是决定更换点火线圈进行试车。试车时发现故障没有变化，再次查询，出现一个故障码：17947，离合器踏板开关 F36 不可靠信号。由此分析，故障原因是 F36 内部损坏，产生错误信号，从而使发动机控制单元发出错误的喷油量信号，应该在松开加速踏板后切断喷油，却维持了一定喷油量，导致闯车。更换离合器踏板开关 F36，故障排除。

(二)捷达轿车手动变速器故障检修实例

1. 捷达轿车变速器五挡同步器滑套错装导致减挡困难故障检修

故障现象：一辆捷达轿车，装用手动五挡变速器，变速器三挡同步器齿环因磨损更换后，便出现了变速器漏油现象，同时，行驶中从五挡换入四挡十分困难。

故障诊断与排除：经过检查发现，漏油部位是右半轴油封，因为换挡也有问题，于是将变速器从车上拆下来进行分解，更换了四挡的同步器齿环，同时更换了左、右两侧的半轴油封，装复后试车，虽然4挡好挂了，但在行驶过程中从四挡降三挡时，又出现了换挡难的现象。更换了两个半轴法兰盘及右侧的油封支架，将此前更换的三、四挡的同步器齿环均换成原厂的，同时又更换了差速器轴承，但行驶不久便故障如故。无奈，再次分解变速器，仔细检查每一个部件，发现变速器两个壳体的接合面上有一层近1mm厚的纸制垫片。进而发现5挡的同步器滑套错装在了三、四挡的同步器骨架上。将密封纸垫抛弃不用，直接用密封胶密封变速器壳体，把五挡同步器滑套与三、四挡同步器滑套换回到正确位置，变速器重新装好后，经过几天的试车，变速器各挡操纵自如，故障完全排除。

原来该车变速器在维修中，由于修理人员粗心，自己动手做的壳体密封垫过厚，致使差速器的轴承间隙过大，半轴法兰盘的轴向圆跳动量也就过大，导致半轴油封屡次更换都会漏油。又因五挡同步器与三、四挡同步器的外形上无太大差别，但三、四挡的同步器滑套的两侧都有坡口，而五挡同步器滑套只在一侧有坡口。在错把五挡的同步器滑套装在三、四挡的同步器骨架上时，没有坡口的一侧就会出现挂挡困难的故障。

2. 捷达轿车变速器外换挡杆松脱导致挂不上挡故障检修

故障现象：一辆捷达轿车前几天出现挂挡困难的情况，现在挂不上挡，已无法行驶。不踩离合器踏板的情况下，变速器操纵杆能极轻便地进入各挡位，没有阻力感觉。操纵杆在挡位上时，放松离合器踏板，车辆不能起步，发动机似无负载运转。

故障诊断与排除：变速器挂不上任何挡位，说明操纵机构的动力传递可能出现了问题。打开发动机盖，一人在车内扳动操纵杆，一人观察外换挡杆的运动情况，结果发现外换挡杆与换挡接合器的连接松脱。将外换挡杆与换挡接合器重新连接牢固后，各挡位均能顺利进入啮合，故障现象消失。

捷达乘用车的换挡操纵机构分为内外两部分，外换挡杆脱落是使用中常见的一种现象，多是由联接螺栓松脱造成的。

3. 捷达轿车变速器五挡的锁止螺钉松动导致不易挂挡故障检修

故障现象：捷达GT挂挡困难，有时挂不上挡。

故障诊断与排除：初步判断为离合器分离不彻底或不能分离。拆下变速器，发现离合器压盘、摩擦片均完好。据车主介绍该车曾大修过变速器，打开变速器后壳，发现五挡的锁止螺钉松动。原来由于五挡锁止螺钉松动，导致与分离轴承相顶，使压盘无法后移，离合器无法分离。拧紧螺钉，装复试车，故障排除。

4. 捷达轿车变速器操纵机构调整不当导致挂挡困难故障检修

故障现象：捷达轿车，装用ACR发动机，1998年1月生产。车主说该车挂挡时，变速杆发卡，挂挡很困难，尤其是二挡和四挡，有时还有自动脱挡现象。

故障诊断与排除：根据该车故障现象，分析故障原因主要有：①变速器故障，主要是选挡换挡轴出现故障，或是一/二挡同步锁环、三/四挡同步锁环、五挡同步锁环磨损严重。②变速器操纵机构调整不当。

首先拔下选挡换挡轴杠杆与连接杆之间的固定锁销，使选挡换挡轴与变速器操纵机构分离。用手直接操纵选挡换挡轴，分别试挂一、二、三、四、五挡，检查挂挡是否顺利，检查后确定各挡位接合顺利，无卡滞现象，排除变速器故障可能性。于是分析造成该车故障的原因主要是变速器操纵机构调整不当。

变速器操纵机构调整方法如下：

1)将车举升,并将变速杆置于空挡位置。

2)松开换挡拉杆固定夹箍,调整换挡拉杆伸长量及选挡杠杆的偏转角度。注意:伸长量及偏转角度无标准值,只能根据实际情况进行调整,调整时调整幅度不宜过大。调整完毕,紧固换挡拉杆固定夹箍,操纵变速杆,检查各挡位挂挡是否顺利柔和。如果挂挡困难,需重新松开换挡拉杆固定夹箍,进行重新调整。这样反复几次,直至各挡位接合顺利。

3)调整换挡操纵机构后,检查一挡位置,其尺寸应为1.5mm,否则松开内六角头螺栓,转动偏心环。调整时应将变速器置于一挡位置,确定尺寸使其达到规定值,调整后拧紧螺栓。

调整该车变速器操纵机构后,检查各挡位接合情况,各挡位接合顺利、柔和,故障排除。

5. 捷达轿车变速器倒挡齿轮掉齿尖导致行驶异响故障检修

故障现象:捷达CiX行驶里程1500km。用户陈述倒挡行驶时有异响。

故障诊断与排除;试车中发现,各前进挡在行车过程中声音正常,但在倒车过程中抬加速踏板减速,变速器发出一种有规律的响声,摘开倒挡时声音消失。将变速器解体,发现倒挡惰轮、倒挡从动齿轮(即一、二挡齿毂套)有掉齿尖现象。换上新的倒挡惰轮和一、二挡齿毂套,异响依旧。

在设计上,捷达变速器5个前进挡均装有同步器,而倒挡没有同步器,所以挂倒挡时,一定要踩住制动踏板,待车停稳后才能挂入,有些捷达新用户没有掌握这个要领,很容易打坏倒挡相关的齿轮。导致倒挡齿轮异响的原因还有倒挡主动齿轮,由于倒挡主动齿轮与输入轴制成一体,所以要更换输入轴。进一步更换输入轴,经试车异响消除。

6. 捷达轿车变速器输出轴轴承非正常损坏导致异响故障检修

故障现象:捷达CT怠速运转时变速器内有杂音,踩下离合器就没声音。

故障诊断与排除:通过问询用户得知,此车出过交通事故,曾分解过变速器。再次拆下变速器,分解后发现输出轴的小轴承有磨损,又发现发动机和变速器之间没有固定销钉。

原来此车在修理的时候由于维修人员的疏忽没有装固定销钉,使得变速器和发动机不同心,导致变速器输出轴小轴承不正常损坏。配上两个销钉,装好变速器,试车异响消失。

7. 捷达轿车变速器二挡同步环断裂导致异响故障检修

故障现象:捷达GiX行驶中摘下一挡挂二挡有瞬间的齿轮撞击声,由三挡挂入二挡没有齿轮撞击声。

故障诊断与排除:此车摘下一挡挂二挡有齿轮撞击声,而挂别的挡就没有撞击声,可以判断不存在离合器分离不开的问题。从3挡往2挡挂没有齿轮撞击响声,可以判断是二挡同步器有问题,因为从三挡换入二挡时的二挡主、被动齿轮容易做到转速同步。解体变速器,发现二挡同步环断裂。更换二挡同步环后,故障消失。

8. 捷达轿车变速器同步环磨损导致换挡沉重故障检修

故障现象:捷达CT起动发动机原地挂二挡正常,在行驶中挂二挡感觉沉重。

故障诊断与排除:试车中的感觉与用户陈述相同,使用VW3140做变速杆位置的调整,故障现象依旧。用户反映此车在半年前曾经大修过变速器,修复出厂时车辆正常。

车辆原地挂挡,变速器输出轴不转动,此时对同步器的同步作用要求较低;车辆行走时挂挡输出轴转动,此时对同步器的同步作用要求较高,值得怀疑二挡同步环有问题。

分解变速器,拆开同步环。用手将同步环压在二挡齿轮的锥面上可以转动。更换一个同步环,发现其不能转动。捷达四挡变速器的各挡同步环的内斜面都是一样的,都切削成槽。捷达五挡变速器为增加同步效果,二、三挡同步环的内斜面与其他挡不一样,在内斜面上镀有一层摩擦材料,而该车同步环的摩擦材料层已经磨损。更换二挡同步环,挂二挡异响故障排除。

(三)其他轿车手动变速器故障检修实例

1. 桑塔纳轿车变速器同步器锁环磨损导致挂挡困难故障检修

故障现象:一辆桑塔纳2000GSi型轿车,装备330型五挡变速—驱动桥,累计行程近12万km,车主反映该车挂挡困难,特别是三、四挡,换挡时间长,操纵杆有振动的感觉,有时能听到齿轮的撞击声。

故障诊断与排除:驾驶车辆进行路试,在路试中,所有的前进挡均有挂挡困难的感觉,三、四挡比较明显。挂倒挡试验则比较顺利。停车后,检查离合器液压油油量正常,系统没有泄漏现象,踏板的自由行程为12mm,基本排除了离合器分离不彻底造成挂挡困难的因素。检查外换挡杆系统中各杆件连接处的间隙,也基本正常,说明故障很可能是变速传动机构造成的。拆下变速器,分解后重点检查各挡同步器,发现各挡同步器的锁环都有不同程度的磨损,其中三、四挡同步器已过了使用极限,更换所有的同步器后装复试车,故障现象消失。

2. 本田雅阁轿车变速器主轴轴承磨损导致异响故障检修

故障现象:一辆1993年款本田雅阁CB3轿车,配备F20A3发动机及手动变速器。该车在起步行驶过程中,发动机附近发出"吱吱"的异响声。

故障诊断与排除:接车后对该车进行路试,车辆起步时,确实听到一种类似机械元件之间干摩擦的声音,车辆起步后匀速行驶时响声消失,进行急加速时偶尔也会听到响声,但在原地怠速运转或加大节气门开度时均没有异响发出。会不会是开启空调时,空调系统内的制冷剂流动发出的声音呢?我们曾经遇到过类似的故障现象,最后确诊为空调系统异响,而不是机械摩擦异响。

在不开启空调的情况下再进行路试,结果异响仍然存在,于是排除了空调系统发生故障的可能性。

接下来,笔者在发动机附近进行听诊。由于该异响只有在车辆起步或行驶中加大节气门开度时才会偶尔出现,其他工况下不出现,而且异响出现的时间很短,只有几秒钟,且时有时无,给诊断工作带来很大的困难。由于常规路试只能听到异响在发动机附近,不能正确判断异响的准确部位,只好将车开到修理厂附近的路段进行慢速起步及加速试验,笔者跟随车辆边走边听诊,最终确定响声来自变速器或相邻部位,但具体是变速器还是变速器前的离合器,或者是发动机飞轮之前的部位尚不能确定,在大体确定异响基本方位后,我们决定拆解变速器。

拆下变速器后,首先对离合器部位的分离轴承、离合器从动片、飞轮接合面、拨叉、压盘接合端面、压盘膜片弹簧、发动机飞轮定位轴承孔内的衬套等进行检查,结果没有发现异常,检查发动机曲轴轴向间隙也正常。从维修经验来讲,应按照先简单后复杂,先外部后内部的原则进行检修,所以暂不考虑发动机异响,重点还是放在离合器及变速器部件上。

经过分析,考虑离合器异响的可能性比较大,会不会是离合器压盘及离合器从动片在运行中发出的机械噪声呢?由于机械噪声的复杂性,因此必须考虑在内。我们更换了离合器压盘、分离轴承和离合器片,还将飞轮端面进行了车削修整,装车后路试,结果异响仍然存在。

第二天,修理工提出更换一台二手变速器试试,但笔者认为,没有确定故障的原因所在,不能轻易更换变速器。如果故障还不能解决,不仅浪费时间和精力,同时还会影响企业的声誉。

最后，决定先拆解变速器进行检查。解体后，检查变速器齿轮油量符合标准，内部没有因缺少齿轮油而造成机械干摩擦。检查齿轮及同步器，没有异常磨损。在检查变速器外壳、主轴及主轴轴承时，发现主轴旷动量较大。检查主轴承孔，发现分离轴承座支承导管的内壁上有月牙形摩擦痕迹。经分析我们认为，由于主轴及主轴轴承磨损，产生较大的间隙，当主轴旋转时，车辆起步或加速过程中，发动机负荷增大，主轴受力的同时产生反作用力，使主轴偏离中心线而向一侧倾斜，导致主轴与分离轴承座支承导管内壁产生干摩擦，发出“吱吱”的异响。

更换主轴及相关的轴承，装配好变速器，再次进行路试，异响消失，故障彻底排除。

3. 奇瑞风云变速器锁挡故障检修

故障现象：一辆奇瑞风云二代乘用车，累计行程为1万多km，因其变速器发生不能脱挡的故障，行驶中熄火后无法继续换挡行驶而被拖至我厂进行维修。

故障诊断与排除：该变速器为杭州依维柯变速器厂配套生产的AQ015C型手动变速器。检查发现该车变速杆一直在正常位置，变速杆在熄火情况下均能挂入各挡位，而以前遇见的不能脱挡情况是变速杆处在相应挡位置。于是将该车用举升机举起，以判断变速杆被锁在哪个挡位上。检查发现只有挂入四挡位时，该车才能正常行驶，挂入其他挡位均会造成乱挡现象。于是就判断该变速器四挡长期处于啮合状态而不能分离。

据车主反映，该变速器曾因五挡同步器损坏而导致五挡不能脱挡的故障，于是便从五挡着手检查，因为检查五挡各齿轮并不需要拆卸及解体变速器总成，而只需拆下变速器后端壳体。检查结果是五挡各齿轮并无异常情况，但当拆下五挡齿轮组后该车挡位也随即恢复正常，不存在不能脱挡的现象。这说明变速器内部其他组件存在问题。

接着拆下变速器，并对其进行解体检查。发现一、二挡同步器和三、四挡同步器没有问题，各挡齿轮组也正常。于是将变速器各零部件清洗干净后重新装配，全部装配完毕后将该车用举升机举起试车，发现当变速器在空挡位置时，输入轴与输出轴依然连成一体转动，不能分离，上述故障现象依旧存在。于是再次解体变速器后壳体，这时发现只要将五挡同步器紧固螺栓拆下，各挡位工作立即恢复正常，一旦锁紧，上述故障就会出现。为什么五挡同步器紧固螺栓拆下后就恢复正常了呢？进一步检查发现输入轴和输入轴后轴承配合较松旷，而一般情况下，变速器的输入轴及其后轴承是过渡配合，拆卸时需要将输入轴和该轴承一起拆出，而且只有当施加一定外力时，该轴承与输入轴才能分离，但该车却不是这样。仔细检查发现该轴承侧面有一圈磨损痕迹，但磨损量不大，与之配合的后轴承座上边缘也有一定的磨损，而且四挡主动齿轮的上边缘也有一圈不太明显的磨损痕迹。看来问题就出在这里。进一步检查发现，当所有部件安装正常后，五挡同步器紧固螺栓的锁紧会把输入轴向后拉动，导致输入轴后轴承内圈侧面紧紧地压在后轴承座上边缘上，而此时该轴承是不与四挡主动齿轮相接触的。但是，由于该轴承内圈与输入轴存在配合间隙，导致轴承内圈与输入轴产生滑动，所以轴承内圈侧面就和后轴承座产生摩擦，两者磨出深槽后该轴承与四挡主动齿轮之间的间隙就发生变化，在五挡同步器紧固螺栓锁紧后，该轴承就与四挡主动齿轮紧紧压在一起而随之转动。这给人造成一种不能脱挡的假象，实际上是输入轴与输出轴在此位置被锁死的缘故。更换一根输入轴、一只输入轴后轴承、一只四挡主动齿轮、五挡拨叉锁板，以及其他相关的必须更换的零件(如五挡同步器紧固螺栓(后试车，上述故障消失。

通过向车主了解得知，上次排除五挡不能脱挡故障时，没有更换五挡同步器紧固螺栓，而它是拆卸后必须更换的。因其螺纹在拆卸拉伸后会失效松动，使输入轴有一定的轴向窜动量，并与输入轴后轴承内圈产生滑动，最终导致异常磨损，从而引起上述故障的产生。

4. 吉利轿车变速器不易挂挡故障检修

故障现象：吉利自由舰，行驶里程 6.1 万 km。变速器不易挂挡。

故障诊断与排除：变速器不易挂挡的原因有：

1)离合器分离不彻底。

2)变速杆调整不当。

3)检查变速器油。

4)变速器内换挡部件发卡。

5)检查变速器内同步器。

经检查，该车变速杆上下窜动间隙为 1mm 左右，正常为 1～2mm，变速杆支撑橡胶墩完好，变速杆与变速器连接处胶套也没有松旷。变速器齿轮油的油量也在正常位置，然后将油放出，油液较黑，将变速器拆下检查，发现离合器压盘弹簧正常，但离合器摩擦片过度磨损(经常半联动处)，进行更换。为确保故障完全排除，将变速器拆检，变速器内换挡轴无弯曲，且前后能拉到最大行程无卡滞感。换挡差轴的互锁凹槽与互锁块突出部分啮合完好，且互锁滑块移动正常，排除此可能。最后检查各挡同步器时发现一至三挡同步器环压在齿轮上的间隙过小(正常 0.85～1.45mm)，更换摩擦片与同步器环，清洗变速器后装车注入新齿轮油。试车后故障排除。

5. 长城赛影乘用车变速器跳挡故障检修

故障现象：一辆长城赛影乘用车，已行驶 8 万多 km，近日该车在三挡或四挡行驶，车速变化或通过凸凹路面时，变速器经常出现操纵杆自动从工作挡位跳回空挡的现象。

故障诊断与排除：驾驶车辆进行道路试验，挂入三挡运行时，轻点制动踏板或突然加减速，操纵杆自动跳回空挡，四挡亦如此，其他挡位没有出现跳挡现象。该车变速器换挡操纵杆机构采用的是直接操纵式结构。挂入三挡后，拆下变速器盖上的固定螺钉，小心取下变速器盖(取变速器盖时，要防止盖的轴向移动改变同步器接合套的位置)，观察三、四挡接合套在三挡时的啮合位置，结果正常。重新装回变速器盖并用两只螺栓将盖固定，扳动操纵杆至四挡位置，再次取下变速器盖，观察三、四挡接合套在四挡时的啮合位置，结果也正常。分别测量三挡和四挡的同步器锁环与三挡和四挡常啮齿轮端面之间的间隙，为 0.8～1.0mm，尚未达到使用极限。

通过以上的检查，说明三、四挡同步器的接合套与三、四挡常啮齿轮能达到全齿啮合，问题可能出在三、四挡换挡叉轴的自锁装置上。用台虎钳夹住变速器盖，反复扳动操纵杆，比较三、四挡与其他挡位的换挡阻力，总感觉到三、四挡换挡叉轴的移动阻力要小一些。拆下该轴上的换挡拨叉，将操纵杆置入空挡后，取出三、四挡的换挡叉轴，用手按下自锁销，感觉不到自锁销的弹力。用尖嘴钳取出自锁销，在取自锁弹簧时，发现自锁弹簧已断成三段。更换自锁弹簧，装复所有零部件后，进行道路试验，在三、四挡位置时，反复加减速或轻点制动踏板，故障未复现。

该手动变速器三、四挡的换挡拨叉共用一根换挡叉轴，当该轴上的自锁装置失效后，三、四挡常啮齿轮在工作中产生的轴向分力，将迫使操纵杆退回空挡位置，从而产生跳挡现象。车辆在匀速行驶时，互锁装置产生的摩擦力可以抵消部分轴向分力，就不会跳挡。但当车速急剧变化时，轴向分力增加到大于互锁装置产生的摩擦力时，就将产生跳挡现象。

三、越野车分动器故障实例

1. 丰田霸道分动器控制杆在 H 位时不能行驶

故障现象：分动器控制杆在 H 位时不走车，其他位置可以行驶。

故障诊断与排除:常时四轮驱动的车辆在转弯时,其四个车轮由于转向半径不同,所以车轮的转速也不同。因此常时四轮驱动的车辆一般安装有三个差速器(中央差速器和前、后差速器),来实现在前、后、左、右驱动轮之间灵活地分配动力。但是如果有一个车轮打滑,在以上三个差速器的作用下,其他三个车轮也会同时失去驱动力。为了提高车辆的通过性能就要避免这种情况发生,驾驶员可以通过上面提到的分动器操纵杆来控制中央差速器的工作,在较恶劣的路面上行驶时,如果有一个车轮打滑,驾驶员可以将中央差速器锁止。这样如果前轮打滑,车辆也可以借助后轮的驱动力脱离困境。但是如果在中央差速器处于锁止状态下行驶,车辆将出现急转弯制动现象,如果在较高车速转向时,有导致车辆侧翻的危险。

进行初步检查,确认此车是常时四轮驱动,带有中央差速器锁止功能。其分动器操纵杆有四个位置:LL、N、HL、H。其中LL位中的第一个L是英文LOW的缩写,第二个L是英文LOCK的缩写,LL即分动器低速锁止挡。HL位中的H是英文HIGH的缩写,L是高速四驱且锁止中央差速器的意思。而H位就是高速四驱不锁止中央差速器的挡位,也是我们在一般情况下的行驶挡位。N位是空挡。

经路试发现确实如用户所述,四轮驱动操纵杆在H位时车辆不能被驱动,而在LL和HL位可以正常驱动。将车辆用举升器升起进行初步诊断,发现在H位时前传动轴高速旋转而两个前轮和后传动轴都不动。在HL位或LL位时,车的后轮运转正常但是前轮不动,这显然是不对的。

经过分析发现,在H位中央差速器处在不锁止状态,发动机的动力传到中央差速器后会根据行驶条件进行分配。此时即使是一个车轮出现严重打滑现象,中央差速器就会把所有的发动机动力从这个车轮消耗掉,造成车辆无法行驶。而在LL和HL位中央差速器被锁止,前、后传动轴被刚性连接,发动机的动力被同时传到了前、后差速器,这种情况下即使有一方面出现动力损失,另一方面仍然可以实现“两轮驱动”。这正是此辆故障车的症结所在,而其造成动力损失的显然是前轮。到这里基本就可以断定故障的部位就在前差速器和两个前轮半轴了。

经拆检发现左前半轴断裂。所以在H位时前轮没有作用力,是中央差速器和前差速器将发动机的动力差速掉了,所以造成车辆不能行驶。更换半轴后故障排除。

2. 三菱帕杰罗V73越野车无法转换到四轮驱动

故障现象:一辆2003年款三菱帕杰罗V73W越野车,车主报修位于组合仪表板上的C/D LOCK指示灯闪亮,并且分动器只能在两轮驱动状态,无法转换到四轮驱动状态。

故障诊断与排除:首先试车验证故障,打开点火开关至ON位置,观察组合仪表板,看到仪表板上的两轮驱动与四轮驱动(2WD/4WD)指示灯中的前后轮驱动指示灯和中央差速器锁指示灯(C/D LOCK)亮3s后熄灭,随即C/D LOCK指示灯重新亮起,并以一定的频率开始闪烁;进行两轮驱动与四轮驱动的转换,发现系统不能正常工作。

该车装备四轮驱动SS4-11系统,分动器控制单元根据分动器位置开关、换挡齿轮开关以及车速传感器等信号,经过判断和计算后,发出换挡指令并传送到分动器换挡促动器,由换挡促动器的转动带动分动器齿轮机构进行两轮驱动与四轮驱动的转换。同时,根据换挡状况,控制位于组合仪表板中的两轮驱动与四轮驱动指示灯,通过控制指示灯的点亮和闪烁,指示分动器操纵杆所处的位置和行驶中的挡位转换情况。在行车过程中,驾驶员可根据路面条件,通过操作分动器操纵杆,将其转换到适合路面行驶的两轮驱动或四轮驱动状态。在系统运行过程中,如果分动器控制单元监测到某一部件的信号出现异常,系统将进入保护状态,也就是正常的两轮驱动状态。同时通过报警电路关闭前后轮驱动指示灯,点亮中央差速器锁C/DLOCK

指示灯，使其以1Hz的频率进行闪烁。

根据工作原理和试车结果，我们决定先调取故障码，在转向盘右下方找到16P的OBD-Ⅱ诊断座，通过操作诊断仪进入SS4-11系统。经读取故障码，发现有故障码033。由于当时手中没有相关的资料，并不能确定该故障码的确切含义。再者为了确定该故障码是否会重复出现，于是将该故障码做一记录后执行清除故障码功能，看到诊断仪屏幕显示“系统正常”后，再看位于仪表板上的2WD/4WD指示灯，看到C/DLOCK指示灯熄灭，后轮指示灯点亮。此时，试将分动器操纵杆推到4H位置，结果听到换挡促动器开始运转，前轮指示灯也随即点亮，但点亮一次后，立即与后轮指示灯一起熄灭，而C/DLOCK灯又再次闪烁。再次读取故障码，仍然是033。由此可以推断，故障可能就出在与故障码相关的某一部件上。

经查阅相关资料，得知系统的故障码033代表含义为“分动器位置开关故障”。在分动器上面，分别装有2WD/4WD、4H、2WD、4LLC和中央差速器锁定等5个开关，究竟是哪一个开关存在故障呢？看来只有进行试验检测了。将车举起后观察，看到在分动器后部左侧和右侧有5个单线式的插接器。先将左侧的黑色、乳白色和茶色的3个插接器拔开，用万用表电阻挡一表笔接地，另一表笔分别接开关侧插头针脚，结果发现乳白色和茶色针脚与接地之间的阻值均为无穷大，而黑色针脚与接地之间的阻值为562Ω。而右侧的黑色和茶色插接器各自与接地之间的阻值也为无穷大。由于5个插接器同属一样的开关类型，如果处于接通状态，那么其阻值应该接近0，如果处于断开状态，其阻值应为无穷大，由此判断，这个有着562Ω阻值的2WD开关有接触不良的现象。

根据检测结果，将车停放在四柱举升机上，松开变速器托盘，用一支架将变速器托住，使变速器及分动器稍向下降落，此时即可更换左侧插接器的2WD分动器位置开关。更换完毕后试车，故障排除。

3. 三菱(6G72)越野车不能进入四轮驱动模式故障三例

三菱(6G72)越野车均具有两轮驱动和四轮驱动模式的选择功能，由分动器上的2WD/4WD位置开关来完成，控制在发动机室右后侧的两个真空转换电磁阀的工作状态，从而进行两种工作模式的转换。与此同时，与四轮驱动装置输出信号至仪表上的5个LED指示灯，通过5个指示灯的闪亮可以清楚地看到当前所处模式。

为了在故障分析与检测中能有清晰的思路和准确的诊断，首先应该了解正常状态下的四种工作模式以及在各种工作模式下的各检测开关位置，还应了解两个真空电磁阀的正常工作情况。

(1)正常状态下的四种驱动模式

1)当手动操纵杆处于2H位置时，仪表上两后轮指示灯点亮，为后轮驱动模式。

2)当手动操纵杆处于4H位置时，两前轮指示灯闪烁几秒钟；当转换拉杆动作到位后，四个指示灯同时点亮(中间C/D LOCK黄色指示灯不亮)，为高速四轮驱动模式。

3)当手动操纵杆处于4HLC位置时，仪表C/D LOCK黄色指示灯闪烁几秒钟；当转换拉杆动作到位后此灯变为常亮状态，为四轮驱动模式。

4)当手动操纵杆处于4LLC位置时，五个指示灯同时亮起，为低速四轮驱动模式。

(2)各检测开关在不同模式下的开关状态

1)2WD/4WD检测开关状态。

①驱动模式2H时，导通。

②驱动模式4H时，不导通。

2)4WD 检测开关状态。

①驱动模式 2H 时,不导通。

②驱动模式 4H 时,导通。

3)中央差速器锁止检测开关状态。

①驱动模式 4H 时,不导通。

②驱动模式 4HLC 时,导通。

4)中央差速器锁止动作检测开关状态。

①驱动模式 4H 时,不导通。

②驱动模式 4HLC 时,导通。

5)HI/LO(高低挡位)检测开关状态。

①驱动模式 4HLC 时,导通。

②驱动模式 4LLC 时,导通。

(3)故障实例分析与检测

例 1:仪表 LED 指示灯不停地闪烁,不能进入四轮驱动模式

踩下离合器,将手动操纵杆推入 2H 位,发动机室的真空电磁阀有动作,说明 2WD/4WD 检测开关闭合,开关没有问题,电磁阀工作也没有问题。检测真空源有真空,检测各真空接口没有漏气现象。既然真空电磁阀已经工作,说明控制正常,问题可能出现在机械传动部分。于是顺着电磁阀所连接的真空管进行查找,在车底盘右前轮处有两个切换动力阀,此阀是在电磁阀工作时将真空引入,在真空的作用下切换动力阀工作,并带动模式转换拉杆动作,从而完成驱动模式的转换。检查中发现,当将操纵杆在 2H 和 4H 模式转换时,此转换杆腰部有些变形且油泥过多。

经整形、打磨、清洗后,转换拉杆动作自如,重新试车,LED 指示灯停止闪烁,模式转换正常。

例 2:仪表 LED 指示灯不停闪烁,2H 和 4H 模式不能转换

踩下离合器,将手动操纵杆在 2H 和 4H 模式之间来回转换,但仪表指示灯始终为 2H 驱动模式,并且指示灯始终闪烁,说明不能转移。在 2H 和 4H 模式转移中,检查真空电磁阀工作正常,真空源也正常。于是用真空泵对真空动力阀抽真空,但真空表始终为低真空,说明到真空动力阀的真空管有漏气。仔细检查发现,在真空管到真空动力阀的接口处接触不严,管口松动,剪下一截软管(老化部分),重新接好管路,再用真空泵检验,随着真空度的增大,动力阀工作良好,同时也可以观察到转换拉杆伸缩自如到位。拆去真空泵重新连接好管路试车,故障排除。

例 3:无 4H 模式,LED 指示灯闪烁

手动操纵杆在 2H 和 4H 驱动模式之间转换时,手触摸电磁阀有振动感,说明电磁阀已工作,测量真空管有真空,但动力阀却无反应,故转换拉杆也不会动作,检查无漏气问题。于是用真空泵对动力阀做真空试验,结果动力阀可以工作,转换拉杆也随着真空的有无而伸缩,这也有点让人费解。重新测量,将真空泵连接在通往动力阀的真空管上,再将操作杆在 2H 和 4H 模式中进行转换,真空表有指示,但数值较低。于是对动力阀抽真空,当抽到较高的数值时,动力阀开始工作,由此可以确认是真空不足而导致动力阀不工作。重新检查真空源处的真空值,确比电磁阀出口处的真空高了许多,问题可能在此电磁阀上。当夹住通往 B 阀的真空软管时,真空表指示升高,问题一定在 B 阀上,清洗后通过试验,用嘴吹气,感觉畅通,装复后试车,

工作一切正常。三菱车四轮驱动控制系统，主要由手动操纵杆、真空电磁阀、真空动力转换阀和转换拉杆组成。四种驱动模式转换时，在不同模式中由各检测开关将不同开关状态信号输入到控制装置中。以此检测开关信号进行仪表指示灯不同模式的显示，同时也将故障信息由指示灯闪烁方式提醒此系统有故障。

通过以上三个实例，可以总结以下几点：

1）由于真空管道不畅通或漏气导致驱动动力阀不工作，从而使各模式不能转换，这是此系统最常见的故障点。

2）由于真空电磁阀位于发动机室内，环境影响严重（脏、热、振动），易造成电磁阀脏堵或真空软管松动老化，也是此系统常见故障点。

3）由于真空动力阀由真空控制，并且其位置在右前轮附近，常发生真空管接口松动和老化，动力阀本身易受外界影响而造成动作迟滞和损伤。

4）动力阀拉杆较长，并位于车的底部，易受损伤变形、脏堵，直接影响拉杆运动，也是故障易发点，应注意检查、清理、调整和注油。

5）各检测开关位于分动器上，长期在车体下方工作易出现开关信号不良，造成指示灯不正常的显示，应注意检查各模式下的各开关信号是否正确。

翼虎的智能四轮驱动（4WD）系统总是处于激活状态，不需要驾驶员输入。系统没有模式选择开关。系统将各种路面操作与高功能的四轮驱动功能接合在一起，能够处理所有路面状况，包括街道和高速行车以及越野行驶和冬季行驶。

第三章　自动变速器故障检修

第一节　自动变速器故障检修概述

一、自动变速器的功用

自动变速器即自动操纵式变速器。它具有以下功用：

①能够根据发动机负荷和车速等情况自动变换传动比，速度变换不仅快而且连续平稳，从而提高了汽车的动力性、经济性和乘坐舒适性，并且有效地减少发动机排放污染。

②操纵方便，消除了驾驶员换挡技术的差异性，对今后轿车进入家庭和非职业驾驶员化有重要意义。

③自动变速器操纵容易，减轻驾驶员疲劳，提高行车安全性，在车辆拥挤时，可大大提高车辆行驶的安全性及可靠性。

二、自动变速器的类型

1. 按传动比变化方式不同分

按传动比变化方式不同分为有级式、无级式和综合式三种。

有级式自动变速器是指在机械式齿轮变速器的基础上实现自动控制的变速器，也称为电控机械自动变速器(简称 AMT，前章已述及)。有级变速器按变速传动机构的结构，可分为行星齿轮式和普通齿轮式。

无级式自动变速器。除变速器分类中所提及的电力式和动液式(液力变矩器)无级变速器之外，还有已在汽车上获得成功应用的金属带式无级自动变速器，如广州本田雅阁。

综合式自动变速器是指实现自动控制的液力机械式变速器，即液力机械式自动变速器。

2. 按齿轮变速系统的控制方式不同分

按齿轮变速系统的控制方式不同，汽车自动变速器又分为液控液压和电控液压式两种。

自动变速器应用最广泛的是液力机械式。近年来，机械式无级自动变速器在世界性汽车展览会上越来越受到广大汽车制造商的青睐，并广泛应用于各级各类轿车上。

(1)液控液动自动变速器(图 3-1)

液压控制系统控制自动换挡的信息有三个：换挡手柄位置、油门开度(表征发动机负荷)、车速。当驾驶员选定换挡手柄的位置之后，控制系统将根据油门的开度和车速实现自动换挡变速。

在手控制阀选定位置后，由反映节气门开度的节气门阀和反映车速的调速器阀，把节气门开度和车速通过机械传动转变为液压控制信号，在换挡点，这些液压信号由液压控制阀体中的控制阀直接控制换挡阀，使换挡执行机构(换挡离合器、换挡制动器和单向离合器)进行换挡。

液控液动自动变速器具有容量大、反应灵敏、操纵简便、易于自动化、易于实现安全保护的特点，但液压系统元件的制造精度要求高，结构复杂，出现故障不易检查与排除。20 世纪 70 年代以前的自动变速器都应用液控液动自动换挡，而且目前还被广泛应用。如红旗 CA7560 型高级轿车液力机械传动的液控液动式自动变速器。

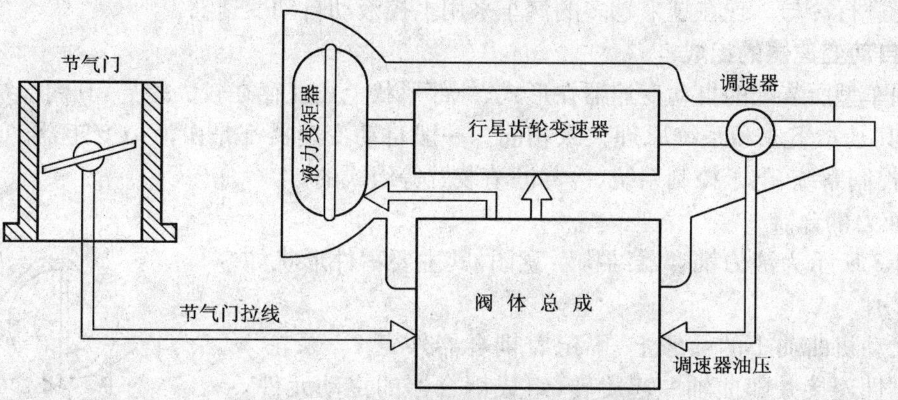

图 3-1　液控液动自动变速器工作示意图

(2)电控液动自动变速器(图 3-2)

在手控制阀选定位置后，由反映节气门开度的节气门位置传感器和反映车速的车速传感器，把节气门开度和车速(还有发动机转速、冷却液温度、液压油温度等参数)转变为电信号，这些电信号输入电子控制单元(ECU)，在换挡点，ECU 向换挡电磁阀、油压电磁阀、锁定电磁阀发出电信号，电磁阀再将电信号转变成液压控制信号，液压控制信号控制液压阀体中各换挡阀，使换挡执行机构换挡。

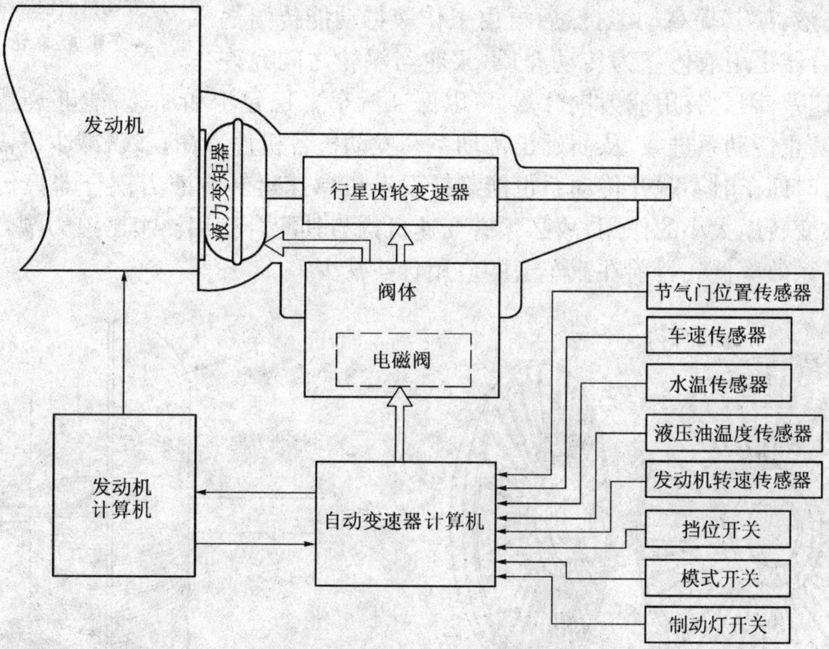

图 3-2　电控液动自动变速器工作示意图

如图 3-2 所示，电控液动自动变速器由液力变矩器、行星齿轮变速系统(包括换挡执行器)、自动换挡操纵系统(包括液压操纵系统、电子控制系统)、变速器壳体和油冷却系统等组成。液力变矩器和行星齿轮变速器是构成自动变速器的必要条件和结构基础，而自动换挡控制系统是自动变速器的核心和技术关键。在液力变矩器中，为了避免液压油气蚀及高温带来的不良后果，需要设置补偿泵，将工作液体以一定的压力输送到变矩器中，使其循环圆内保持一定的补偿压力；补偿泵另一个作用是不断地将工作液从变矩器中引出，送到冷却器或变速器的油底壳进行冷却。现在越来越多的汽车采用电控液动自动变速器。

三、自动变速器的组成

不同车型所装配的自动变速器在形式、外部形状上往往存在较大差异，其内部结构也有所不同，但其基本组成和系统原理大致相同。一般自动变速器都是由液力变矩器、变速传动机构、液压控制系统、电子控制系统、冷却滤清装置等组成的。

1. 液力耦合器

图 3-3 所示为液力耦合器结构示意图，其主要零件形状如图 3-4 所示。

在发动机曲轴 1 的凸缘上，固定着耦合器外壳 2。泵轮 3 与外壳刚性连接并随曲轴一起旋转，组成耦合器的主动元件，称为泵轮。与从动轴 5 相连的叶轮 4 为耦合器的从动元件，称为涡轮。泵轮与涡轮统称为工作轮。在工作轮的环状壳体中，径向排列着许多叶片。涡轮装在密封的外壳中，其端面与泵轮端面相对，二者之间留有 3～4mm 间隙，如图 3-5 所示。泵轮与涡轮装合后，通过轴线的纵断面呈环形，称为循环圆。在环状壳体中贮存有工作液。

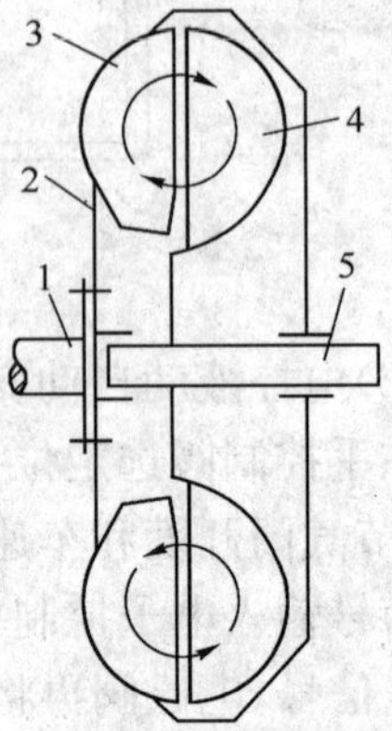

图 3-3　液力耦合器结构示意图

1. 发动机曲轴 2. 耦合器外壳 3. 泵轮 4. 涡轮 5. 从动轴

液力耦合器的传动过程是：泵轮接收发动机传来的机械能，传给工作液，使其提高动能，然后再由工作液将动能传给涡轮。由于耦合器是用液体作为传动介质，泵轮与涡轮之间允许有很大的转速差，因此装用液力耦合器，可以保证汽车平稳起步和加速；能够衰减传动系中的扭转振动并防止传动系过载，从而延长传动系和发动机各机件寿命；显著减少了需要换挡的次数，甚至在暂时停车时不脱开传动系也能维持发动机怠速运转。液力耦合器只传递转矩的作用，而不起改变转矩大小的作用，故必须有变速机构与其配合使用。由于液力耦合器中存在液流损失，传动系效率低。目前在汽车上的应用日益减少。

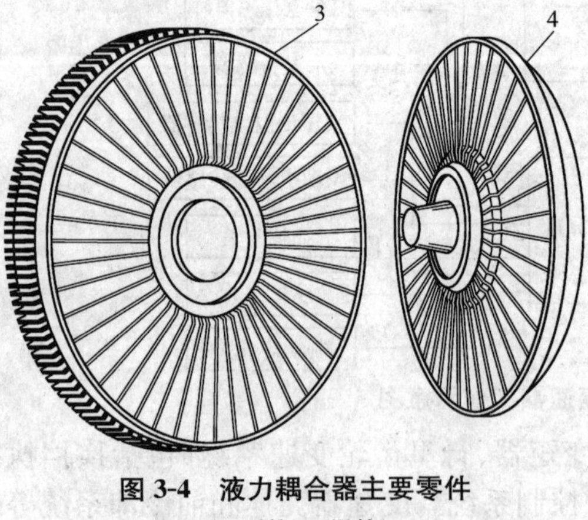

图 3-4　液力耦合器主要零件

3. 泵轮 4. 涡轮

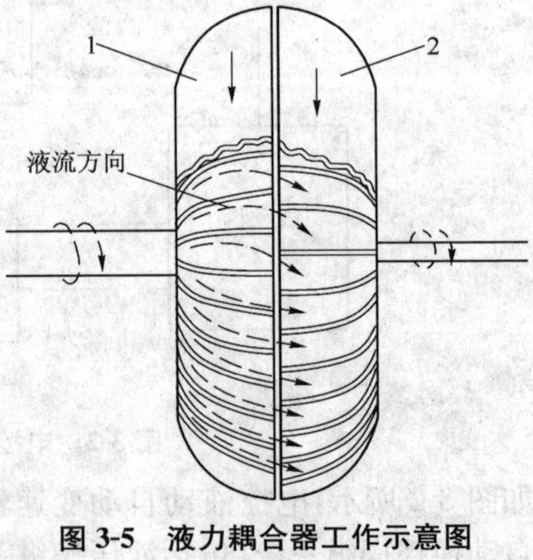

图 3-5　液力耦合器工作示意图

1. 泵轮 2. 涡轮

2. 液力变矩器

液力变矩器主要由可旋转的泵轮、涡轮及固定不动的导轮三个元件组成，涡轮、导轮装在密封的外壳中，涡轮端面与泵轮端面相对。泵轮、涡轮和导轮统称为工作轮，三者之间靠工作液传递动力，它们的叶片端面之间都留有一定间隙。所有工作轮装配后，通过轴线的纵断面呈环形（循环圆）。在环状壳体中贮有工作液。

与耦合器不同的是：变矩器不仅能传递转矩，且能在泵轮转矩不变的情况下，随着涡轮的转速（反映着汽车行驶速度）不同而改变涡轮输出转矩的数值，即能实现无级变速。变矩器之所以能起变矩作用，是由于结构上比耦合器多了导轮机构。在循环流动的过程中，固定不动的导轮给涡轮一个反作用力矩，使涡轮输出的转矩不同于泵轮输入的转矩。

现代轿车自动变速器广泛使用的是单级双相三元件闭锁式综合式液力变矩器。“单级”指只有一个涡轮，“双相”指有变矩和耦合两种工况，“三元件”指有泵轮、涡轮和导轮三个主要元件，“闭锁”指有锁止离合器闭锁功能。带锁止离合器的综合式液力变矩器广泛应用在电子控制液力自动变速器的轿车上。

3. 行星齿轮式机械变速器

液力变矩器虽能传递和增大发动机转矩，但变矩比不大，变速范围不宽，远不能满足汽车使用工况。为进一步增大转矩，扩大其变速范围，提高汽车的适应能力，在液力变矩器后面再装一个机械变速器——有级式齿轮变速器。该变速器多采用行星齿轮结构。行星齿轮系统由行星轮和行星架、太阳轮、齿圈组成，如图 3-6 所示。

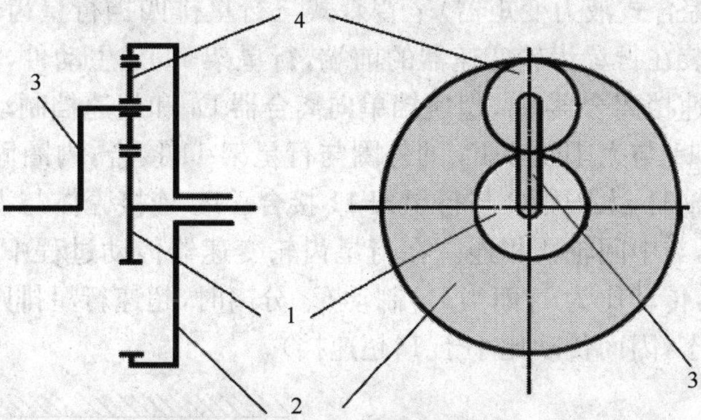

图 3-6　行星齿轮系统组成

1. 太阳轮 2. 齿圈 3. 行星架 4. 行星轮

(1)单排行星齿轮机构的工作原理

见表 3-1，任选太阳轮、齿圈和行星架中的两个作为主动件和从动件，而使另一元件固定不动（即用执行元件使该元件转速为零），或使其运动受一定的约束（即该元件的转速为某定值），则整个轮系即以一定的传动比传递动力。

表 3-1　单排行星齿轮机构的工作原理

固定件	主动件	从动件	挡位
齿圈	太阳轮	行星架	高速
太阳轮	齿圈	行星架	低速
太阳轮	行星架	齿圈	超速挡
行星架	太阳轮	齿圈	倒挡
三者相连			直接挡
三均均自由			空挡

若行星架固定，主动轴与从动轴的旋转方向相反，则为倒挡传动情况。若使三元件中的任

何两个元件连成一体转动，则第三元件的转速必然与前二者转速相等，即行星齿轮系统中所有元件(包括行星轮)之间都没有相对运动，从而形成直接挡传动，传动比为1。如果所有元件都不受约束，即都可以自由转动，则行星齿轮机构完全失去传动作用，从而得到空挡。

(2)多排行星齿轮机构的结构与工作原理

行星齿轮式自动变速器由行星齿轮机构和换挡执行机构(换挡离合器、制动器、单向离合器等)组成。行星齿轮机构通常由多个行星排组成，其传动比可根据上述各单排行星齿轮机构传动比相乘推导出来。现代汽车行星齿轮变速器大多数采用的是辛普森式双排行星齿轮机构(由共用一个太阳轮的前后两排行星齿轮组成)与一个单排行星齿轮机构(超速挡行星齿轮机构)组合而成的三行星排四挡行星齿轮变速器。如通用公司4T60E型，丰田公司A43D、A140E、A340E、A341E型，宝马公司ZF4HP22型、克莱斯勒公司AW-4型以及韩国大宇公司AW03-71L型行星齿轮变速器等。

1)三行星排辛普森式四挡变速器的结构特点。辛普森式四挡行星齿轮变速器的最高挡Ⅳ挡是传动比小于1的超速挡。这种变速器燃油经济性好，发动机可以经常处于较低转速范围运转。图3-7所示为丰田A340E型(A—自动变速器；3—汽车的驱动方式，1、2、5为前轮驱动，3、4为后轮驱动；4—自动变速器的D位挡数；E—自动变速器结构特点，E为计算机控制，L为带锁止离合器的综合式液力变矩器)辛普森式三行星排四挡行星齿轮变速器的结构示意图。超速行星排被安装在行星齿轮变速器的前端，行星架11是主动件，与输入轴1相连。超速行星排的工作由超速挡离合器C_0、超速挡单向离合器F_0和超速挡制动器B_0控制，C_0和F_0都连接超速挡行星架11与太阳轮2；F_0的外圈与行星架11接合，内圈固定在太阳轮2上，使发动机动力传到输入轴时，太阳轮2与行星架11接合。B_0连接壳体与太阳轮，用于制动太阳轮。齿圈3为被动件，与中间轴4相连。在行星齿轮变速器传动过程中，B_0放松C_0接合时，超速行星排直接传动，传动比为1；而当B_0制动C_0分离时，超速行星排则由行星架输入、齿圈输出处于增加转动状态，因而传动比小于1(超速挡)。

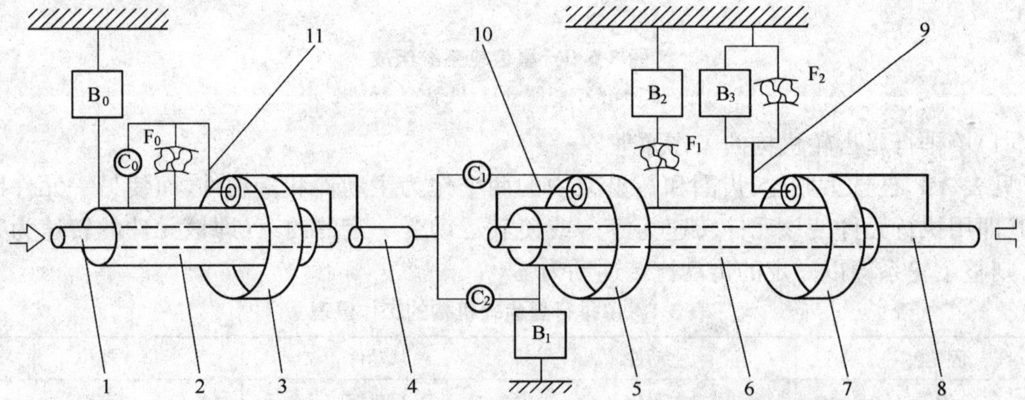

图3-7 辛普森式三行星排四挡行星齿轮变速器的结构示意图

1. 输入轴 2. 超速挡太阳轮 3. 超速挡齿圈 4. 中间轴 5. 前行星齿圈 6. 太阳轮 7. 后行星齿圈 8. 输出轴 9. 后行星架 10. 前行星架 11. 超速挡行星架

C_0—超速挡离合器 C_1—前进挡离合器 C_2—高挡及倒挡离合器 B_0—超速挡制动器 B_1—Ⅱ挡滑行制动器 B_2—Ⅱ挡制动器 B_3—低挡及倒挡制动器 F_0—超速挡单向离合器 F_1—Ⅱ挡单向离合器 F_2—低挡单向离合器

前进挡离合器C1连接中间轴4和前齿圈5，高挡及倒挡离合器C2连接中间轴4和太阳轮6。Ⅱ挡滑行制动器B1(为带式结构，其余制动器均为多片摩擦式)连接变速器壳体与太阳轮6,用来制动太阳轮6。输出轴8与前行星架10、后齿圈7连接。Ⅱ挡制动器B2用于固定Ⅱ挡单向离合器F_1的外圈,F_1则在B_2工作时防止太阳轮6逆时针转动(从变速器输入端看,以下类同),即太阳轮逆时针旋转时,F_1的内、外圈接合。低挡及倒挡制动器B_3连接外壳与后行星架9,用于制动后行星架9。低挡单向离合器F2连接后行星架与外壳(逆时针旋转时F2的内、外圈接合),防止后行星架逆时针转动。

2)三行星排辛普森式四挡变速器的工作原理。以丰田A340E型自动变速器为例说明行星齿轮机构的工作原理(结合表3-1、图3-7)。三行星排辛普森式四挡行星齿轮变速器换挡执行元件共有10个,换挡接合情况曲见表3-2。

丰田A340E型自动变速器换挡手柄有六个位置:P、R、N、D、2、L。手柄在D位时可在Ⅰ～Ⅳ挡变换无发动机制动;手柄在2位时可在Ⅰ～Ⅲ挡变换,而且Ⅱ挡会产生发动机制动作用;手柄在L位时可在Ⅰ～Ⅱ挡变换,并且Ⅰ、Ⅱ挡均有发动机制动作用。在城市繁华路段、车速不高且加减速频繁和在山区下坡路段,需要经常利用发动机制动时,可以把换挡手柄置于"2"或"L"位置。

表3-2　A340E型三行星排辛普森式四挡变速器换挡执行元件的工作情况

换挡手柄位置	排挡	电磁阀1	电磁阀2	换挡执行元件									
				C_1	C_2	B_1	B_2	B_3	F_1	F_2	C_0	B_0	F_0
P	驻车挡	—	—					√			√		√
R	倒挡	—	—		√			√			√		√
N	空挡	—	—								√		
D	Ⅰ	接通	关断	√						√	√		√
	Ⅱ	接通	接通	√			√		√		√		√
	Ⅲ	关断	接通	√	√		○				√		√
	超速挡	关断	关断	√	√		○					√	
2	Ⅰ	接通	关断	√						√	√		√
	Ⅱ	接通	接通	√		△	○		√		√		√
	Ⅲ	关断	接通	√	√		○				√		√
L	Ⅰ	接通	关断	√				△		√	√		√
	Ⅱ	接通	接通	√		△	○				√		√

注:√—接合、制动或锁定(执行元件工作);○—接合或制动,但不传递动力;△—利用发动机制动时起作用。C_1—前进挡离合器;C_2—倒挡及高挡离合器;B_1—Ⅱ挡滑行制动器;B_2—Ⅱ挡制动器;B_3—低挡及倒挡制动器;F_1—Ⅱ挡单向离合器;F_2—低挡单向离合器;C_0—超速挡离合器;B_0—超速挡制动器;F_0—超速挡单向离合器。

4.行星齿轮变速器换挡执行元件

行星齿轮变速器换挡执行元件包括换挡离合器、换挡制动器和单向离合器及锁止离合器。前进挡的数目越多,行星齿轮变速器中的离合器、制动器及单向离合器的数量就越多。

换挡离合器的作用是连接行星齿轮变速器的输入轴和行星排的某个基本元件,或把行星排的某两个基本元件连接起来,成为一个整体传递动力。

换挡制动器用于把行星排的太阳轮、齿圈、行星架三个基本元件之一固定,使之不能转动。通常有两种形式:一种是湿式多片制动器;另一种是外束带式制动器。

单向离合器是依靠单向锁止原理,起到固定或连接几个行星排中的某些基本元件的作用,使行星齿轮变速器组成不同传动比(挡位)。随着行星齿轮变速器挡位的变换,在与它相连接的基本元件受力方向发生变化的瞬间产生接合进行锁止或脱离,可保证换挡平顺无冲击,简化液压控制系统。目前用得较多的有滚柱斜槽式和楔块式两种。

5. 自动换挡操纵系统

自动操纵系统包括动力源、执行机构(离合器和制动器)和控制机构三部分。按控制机构的形式分为液控液动式和电控液动式两种。下面主要介绍电控液动式操纵系统。

(1)液压操纵系统

液压操纵系统通常由供油、手动选挡、参数调节、换挡时刻控制、换挡品质控制等部分组成。

供油部分包括滤清器、供油泵、主调压阀、第二调压阀(副调压阀)、油冷却器等。其中,主调压阀可随节气门开度和选挡杆位置的变化,将油泵输出的油压调节至相应规定值。第二调压阀是用来调节供给液力变矩器和润滑油路的油压的,当发动机停止转动时,关闭液力变矩器的油路,以保持液力变矩器内一定的工作液量,使其再起动工作时能正常传递转矩。自动变速器中采用的供油泵有内啮合渐开线齿轮泵(内齿泵)、摆线齿轮泵(转子泵)和叶片泵三种形式,其中内齿泵应用最普遍。

换挡时刻控制部分包括换挡阀、手控阀和强制低挡阀。换挡阀用于转换通向各换挡执行机构(离合器和制动器)的油路,从而实现换挡控制。手控阀由操纵手柄直接操纵,根据驾驶员的意愿,将主油路液压油送至换挡阀或直接送到执行机构进行换挡。强制低挡阀为高速超车时强制接通低挡。

锁止信号阀受电磁阀的控制,可使变矩器内的锁止离合器适时地接合与分离。

换挡品质控制部分的作用是使换挡过程更加平稳柔和,一般包括液压通道上的蓄能减振器、缓冲阀、反向快出油阀、定时阀和执行力调节阀等。

(2)电子控制系统

电子控制系统由传感器、电子控制单元(ECU)和执行器三部分组成。传感器将信号传给电子控制单元,电子控制单元控制执行器工作。

图 3-8 所示为丰田 A341E(A342E 完全相同)型自动变速器电控系统的电路。A341E 型是一种电子智能控制自动变速器。控制系统和发动机控制系统共同使用一台计算机,计算机对变速器的控制主要根据节气门开度和车速信号对它进行换挡控制和锁止离合器控制。计算机的功能包括换挡控制与锁止离合器、改善换挡质量(推迟点火时间、降低发动机转矩、减小换挡冲击)和强制降挡控制、降低换挡执行元件中油压增长速度、减小换挡冲击。

与自动变速器控制有关的传感器主要有:节气门位置传感器、车速传感器、空挡起动开关、制动灯开关、模式选择开关、发动机水温传感器、O/D 开关、自动跳合开关等。执行器主要有1、2、3、4 号电磁阀节气门位置传感器用于检测节气门开启角度;车速传感器用于检测车速;空挡起动开关能保证只有选挡手柄位于“P”或“N”位置时,发动机才能起动,实际上它又是一个与选挡手柄连接的电气开关,在不同挡位能接通不同的电路,以满足控制与指示的需要;制动灯开关能在踩下制动踏板时接通制动灯电路,同时使液力变矩器锁止离合器处于分离状态。

模式选择开关可以用来选择功率方式和正常方式。将 O/D 开关关断时,自动变速器不能进入超速挡。自动跳合开关用来检测加速踏板踩下是否超过节气门全开位置。当发动机水温较低时,电控单元能防止变矩器锁止离合器进入锁定状态,并适当延迟升挡时间;当温度过高时,电控单元会使变矩器提前锁止。

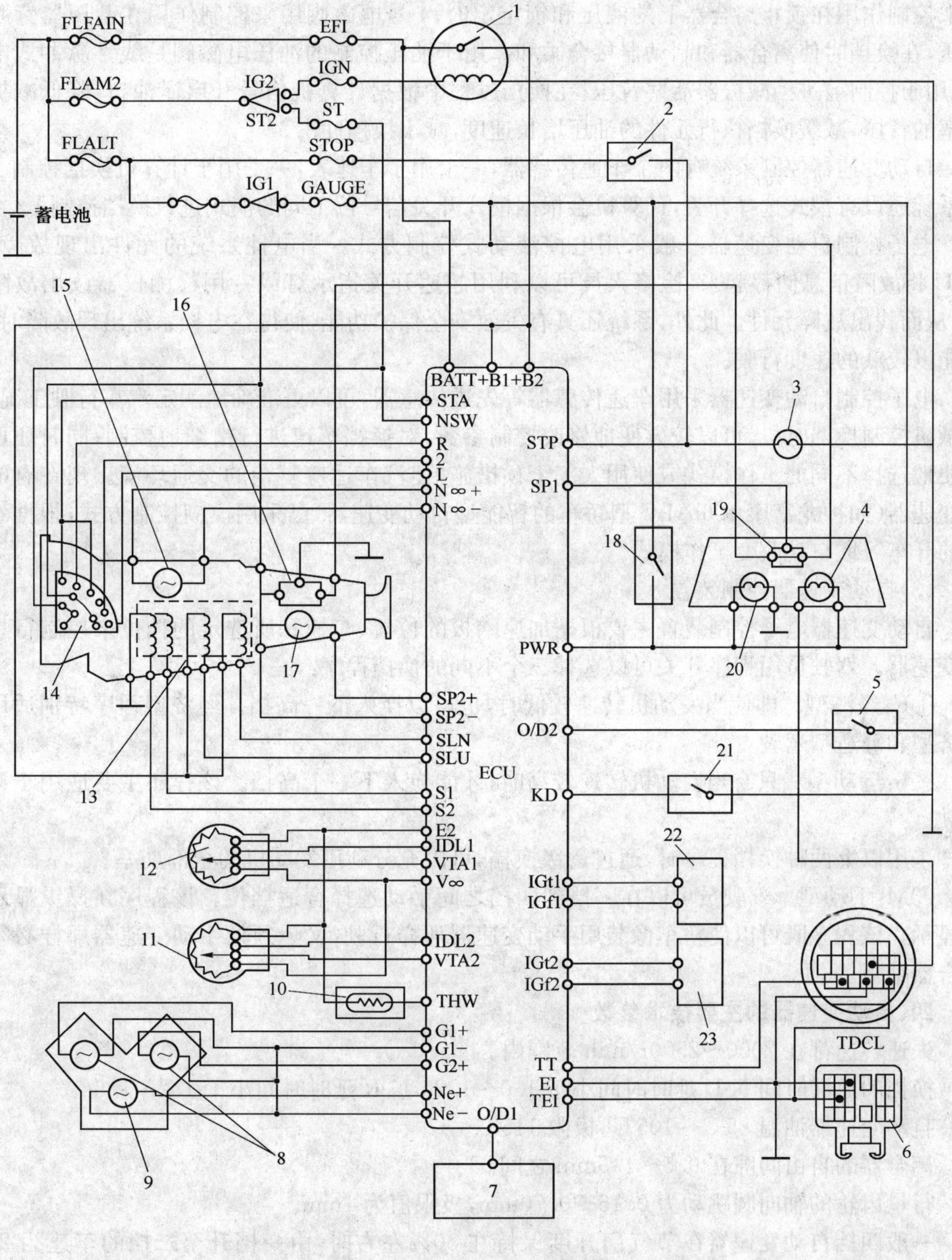

图 3-8　丰田 A341E 型自动变速器电控系统的电路

1. EFI 主继电器 2. 制动灯开关 3. 制动灯 4. O/D OFF 指示灯 5. 超速开关 6. 诊断接头
7. 巡航控制单元 8. 凸轮位置传感器 9. 发动机转速传感器 10. 发动机水温传感器 11. 副节气门位置传感器
12. 主节气门位置传感器 13. 电磁阀 14. 空挡起动开关 15. 超速离合器转速传感器 16. 1 号车速传感器
17. 2 号车速传感器 18. 行驶模式选择开关 19. 脉冲转换电路 20. 行驶模式指示灯
21. 自动跳合开关 22. 1 号点火器 23. 2 号点火器

四个电磁阀中的1、2号电磁阀用来控制作用在每个换挡阀上的液压和定时；3号电磁阀用来控制作用在锁止离合器上的液压和锁定定时；4号电磁阀用来控制作用在蓄压器背腔的液压，在换挡时使离合器和制动器接合柔和。用于油压控制的油压电磁阀是线性脉冲式电磁阀，用于控制前进挡减振器活塞背压；在换挡过程中根据计算机信号开启泄油口，降低减振器活塞的背压，减缓换挡执行元件的油压增长速度，减小换挡冲击。

自动变速器控制系统有两个车速传感器，一个用于车速表，一个用于计算机换挡控制。控制系统还设有模式选择开关，计算机会根据模式开关信号按不同的模式进行换挡控制。

电子控制自动变速器一般采用电控液动式控制方式。当电控系统的元件出现故障时，ECU将故障信息储存起来，检修人员可以利用超速开关指示灯或专用检测仪器读出故障代码，从而找出故障元件。此外，系统还具有失效安全保护功能，使得在电控系统出现故障时，汽车能以较低的速度行驶。

电子控制自动变速器采用车速传感器等先进传感器，可以更准确地测定汽车行驶工况；采用微机控制换挡时机，可以较方便地修改控制参数，对换挡车速进行精细地控制；同时还可以方便地选择不同的工作模式或使用人工干预措施，使汽车适应复杂的交通环境。现在有的自动变速器（如神龙富康1.6iALC型轿车的智能型自动变速器）已采用模糊控制方式，根据驾驶员的开车习惯自动改变工作模式。

(3)自动变速器控制装置

自动变速器电子控制装置主要根据加速踏板的位置、车速和所选定的挡位来控制行星齿轮变速器。驾驶员用程序开关可以选择三个不同的换挡程序：

①E：经济型。即使当发动机转速较低时，也可以换入下一高挡。经济型程序特别适用于经济型和舒适型驾驶。

②S：运动型。只有当发动机转速较高时，才能换入下一个高挡。该程序主要适用于运动驾驶。

采用以上两种换挡程序时，通过逐级换挡，可以充分利用发动机的全部功率。

③M：手动型。驾驶员可以在一挡到四挡之间手动选择合适挡位。该程序在操纵显示盘上显示。该程序既可以使轿车像装用手动变速器那样行驶，又无须像手动变速器那样必须踩离合器踏板。

四、自动变速器的主要技术参数

失速转速都在2000～2500r/min范围内。

换挡的迟滞时间N-D延时时间小于1.0～1.2s，N-R延时时间小于1.2～1.6s。

自动变速器油温85℃～105℃，极限115℃。

离合器的自由间隙在0.5～1.5mm之间。

行星齿轮的轴向圆跳动为0.15～0.70mm，极限值为1mm。

一般四挡自动变速器在节气门开度保持在50%左右时，由一挡升至二挡的车速为25～35km/h，由二挡升至三挡的车速为35～50km/h，由三挡升至四挡（超速挡）的车速为55～85km/h。

节气门拉索端头的橡胶防尘套与拉索上限位块之间的距离为0～1mm。

自动变速器油泵（以上海大众帕萨特B5为例）：

外齿轮与壳体间隙，应该在0.08～0.15mm之间。

外齿轮与月牙板间隙，应该在0.15～0.18mm之间。

齿轮端隙，应该在 0.04～0.06mm 之间。

油泵前端轴瓦的间隙一般在 0.1mm 左右。

自动变速器基本参数（以北京现代索纳塔轿车为例）见表 3-3。

表 3-3　自动变速器基本参数

挡位	一挡	二挡	三挡	四挡	倒挡	主减速比
传动比	2.842	1.529	1.000	0.712	2.480	4.042

自动变速器技术规范（以北京现代索纳塔轿车为例）见表 3-4。

表 3-4　自动变速器技术规范

名　称	F4A42—2
液力变矩器形式	3 要素，1—段，2—相式
排量	2.0L
一挡传动比	2.842
二挡传动比	1.529
三挡传动比	1.000
四挡传动比	0.712
倒挡传动比	2.480
主减速比	4.042

自动变速器螺栓拧紧力矩（以北京现代索纳塔轿车为例）见表 3-5。

表 3-5　自动变速器螺栓拧紧力矩

名　称	拧紧力矩（N·m）	名　称	拧紧力矩（N·m）
线束支架	20～26	输出轴轴承护圈	20～26
操纵拉线支架螺栓	20～26	机油滤清器塞头	29～34
油温传感器	27～33	放油塞	29～34
吊环螺栓	10～12	分动器主动齿轮锁紧螺母	180～210
变速器油散热器胶管	11～13	差速器主动齿轮至下支架螺栓	130～140
输入轴转速传感器	10～12	阀体	10～12
输出轴转速传感器	18～25	电磁阀体托架	5～7
手动操纵杆	10～12	平板	5～7
变速器换挡开关	4～6	压力测试螺塞	8～10
车速表齿轮	8～10	前支架至副架螺栓	60～80
阀体盖	10～12	前支架中心螺栓与螺母	50～65
阀体装置螺栓	10～12	前支架至变速器螺栓	60～80
手动操纵轴插销	5～7	后支架	50～65
后壳	20～26	后支架中心螺栓与螺母	50～60
液力变矩器壳	42～54	后支架至变速器螺栓	60～80
机油泵	20～26	变速器装配副架螺母	60～80
分动器主动齿轮	6～22	变速器装配支架螺栓	60～80
输出轴锁紧螺母	160～180	变速器装配中心螺栓	90～110

第二节 自动变速器故障检修实例

使用自动变速器中常见的故障现象有漏油或油质较差、汽车不能行驶、自动变速器打滑、换挡时有冲击、不能升挡或升挡过迟、无设定挡位(如无前进挡、无倒挡、无超速挡)、频繁跳挡、不能强制降挡、有异常响声等。

不同的故障现象,有不同的具体原因,但一般情况下,变速器专用油液的数量和品质、制动器和离合器摩擦片的磨损状况、液压控制系统的压力大小、压力保持状态、压力调节的平顺程度和变速传动机构的磨损情况、各传感器及线路的工作情况对自动变速器的正常工作影响最大,也是故障的多发点。

一、自动变速器故障的类型及其原因

1. 汽车不能行驶故障

1)故障现象有:变速杆位于R位、D位或1、2、3位,汽车都不能行驶;汽车冷车起动后车辆不能行驶,待自动变速器油温上升后方可行驶;或冷车起动后可以行驶一段时间,但自动变速器油温上升后汽车就不能行驶。

2)故障原因有:

①自动变速器油底壳渗漏,ATF全部漏光。

②变速杆和手动阀摇臂之间的连杆或拉索松脱,手动阀保持在空挡或停车挡位置。

③油泵进油滤网堵塞。

④主油路严重泄漏。

⑤油泵损坏或油泵驱动轴断裂。

⑥液力变矩器不良,如涡轮中心内花键磨损。

⑦自动变速器内部行星齿轮机构故障等。

⑧自动变速器内部传动链条或链轮损坏,如通用4T60E、4T65E自动变速器。

⑨对于新型电控自动变速器,如果控制单元(ECU)监测到某些信号异常,如空挡信号,为保护自动变速器,所采取的措施有些是进入应急状态运行,可能出现无前进挡的现象,也有一些是车辆不能行驶。

2. 自动变速器打滑故障

1)故障现象:

①起步时踩下加速踏板,发动机转速很快升高,但车速升高缓慢。且车辆行驶过程中,发动机转速很高,但车速缓慢。

②车辆在上坡或急加速时,发动机转速很快升高,但感觉上坡或加速无力,车速不能很快提高。

③当车辆行驶过程中换入某个挡位时,发动机转速突然升高,但车速提高缓慢。

2)故障原因:

①自动变速器油油面太低。

②添加或更换了非指定用油(如摩擦因数相差较大,能导致密封件的老化、膨胀或失效的油)。

③自动变速器油油面太高,运转中被行星排剧烈搅动后产生大量气泡。

④离合器或制动器摩擦片、制动带磨损过甚,产生打滑。

⑤滤清器堵塞。

⑥油泵磨损过甚。

⑦油泵严重磨损或主油路泄漏，造成油路油压过低。

⑧主调压阀或压力控制电磁阀不良，使主油压过低。

⑨离合器或制动器活塞密封圈损坏，导致漏油。

⑩减振器活塞密封圈损坏，导致漏油。

⑪油路密封圈损坏、节流装置堵塞等原因导致执行元件工作油压过低。

⑫单向离合器打滑。

⑬全液控自动变速器节气门操纵机构调整不当或节气门阀不良，造成主油压过低。

3. 换挡冲击过大故障

1）故障现象为起步时，由停车挡或空挡挂入倒挡或前进挡时，汽车振动较严重；行驶中，在自动变速器升挡或降挡的瞬间汽车产生较明显的振动。

2）导致自动变速器换挡冲击大的故障原因很多，主要原因在于调整不当，机构元件性能下降或损坏，电子控制系统有故障。具体原因有：

①发动机怠速过高。

②发动机支承胶垫损坏。

③阀体中的节流装置如单向阀泄油、错装或钢球漏装，换挡执行元件（离合器或制动器）接合过快。

④减振器（蓄压器）活塞卡住，不能起减振作用。

⑤阀体中换挡滑阀或换挡电磁阀卡滞。

⑥主油路油压过高。

a. 主油路调压阀有故障。

b. 主油压调节电磁阀或既控制离合器压力又控制换挡的线性电磁阀本身卡滞或不良。

c. 主油压电磁阀电路中的降压电阻损坏或电路不良。

d. 加速踏板位置传感器信号、节气门位置传感器信号、空气流量计信号（或进气歧管绝对压力传感器信号）等不良。

e. 真空式节气门阀的真空软管破裂或松脱（全液控自动变速器）。

f. 节气门拉索或真空式节气门阀调整不当（全液控自动变速器）。

⑦升挡过迟。

⑧换挡执行元件打滑。

⑨换挡执行元件自由间隙过小，多片式离合器（制动器）缓冲盘是否损坏或装反。

⑩制动带间隙调整不当，制动带伺服机构弹簧过软或折断。

⑪锁止离合器分离不彻底。

⑫自动变速器油（ATF）品质不良。

⑬电控系统不良。

a. 挡位开关不良。

b. 自动变速器计算机未收到发动机转速信号。

c. 输入轴转速传感器不良。

d. 输出轴转速传感器不良。

e. 自动变速器油温传感器不良。

f. 自动变速器计算机需进行自学习过程或有故障。

4. 升挡过迟故障

1)故障现象为汽车行驶中,升挡车速明显高于标准值,升挡前发动机转速偏高;必须采用松加速踏板提前升挡的操作方法,才能使自动变速器升入高挡或超速挡。

2)故障原因有:

①节气门位置传感器调整不当或信号不良。

②自动变速器输出轴转速传感器(OSS)或车速传感器(VSS)不良。

③自动变速器油温传感器不良。

④强制降挡开关短路。

⑤自动变速器计算机需进行自学习过程或有故障。

⑥发动机动力不足。

⑦全液控自动变速器的节气门油压过高或速控油压过低。通常由以下原因导致:

a. 节气门拉索调整不当或节气门阀卡滞。

b. 调速器卡滞。

c. 调速器弹簧预紧力过大。

d. 调速器壳体螺栓松动或输出轴上的调速器进出油孔处的密封环磨损,导致调速器油路泄漏。

e. 真空式节气门阀推杆调整不当。

f. 真空式节气门阀的真空软管破裂或真空膜片室漏气。

5. 不能升挡、缺挡、锁挡故障

1)故障现象有:

①汽车行驶中自动变速器始终保持在一挡,不能升入二挡和更高挡位。

②自动变速器起步后始终以某一固定挡位行驶。

③自动变速器始终不能升入最高挡行驶或行驶中自动变速器可以升挡,但不能按顺序升挡,中间缺少某些挡位。

2)故障原因有:

①节气门位置传感器或加速踏板位置传感器不良、调整不当等。

②输出轴转速传感器有故障或车速信号不良。

③换挡电磁阀故障。

④挡位开关或超速挡开关有故障。

⑤自动变速器油温度传感器有故障。

⑥电控系统设置某些故障码后采取的应急措施,一般是锁定在某个挡位而不换挡。

⑦自动变速器 ECU 故障。

⑧换挡阀卡滞。

⑨下一挡位执行元件不能接合或打滑。

⑩节气门拉索卡滞在开度较大部位或调整不当。

⑪液控自动变速器速控阀故障,速控阀油路泄漏。

⑫速控阀驱动齿轮损坏。

6. 无前进挡故障的诊断与排除

1)故障现象为汽车倒挡行驶正常,在前进挡时不能行驶;变速杆在 D 位时不能起步,在 S

位、L 位(或 2 位、1 位)时可以起步。

2)故障原因有：

①前进离合器(或制动器)严重打滑。

②前进单向超越离合器打滑或装反。

③前进离合器(或制动器)油路严重泄漏。

④变速杆调整不当。

⑤电控系统故障。主要是挡位开关不良、负责控制一挡执行元件(离合器或制动器)的电磁阀及其电路故障。

7. 无倒挡故障

1)故障现象是汽车在前进挡能正常行驶,但在倒挡时不能行驶。

2)故障原因有：

①电控系统故障。

②变速杆调整不当。

③倒挡油路泄漏。

④倒挡及高挡离合器或低挡及倒挡制动器打滑。

8. 频繁跳挡故障

1)故障现象是汽车以前进挡行驶时,即使加速踏板保持不动,自动变速器仍会经常出现突然降挡现象;降挡后发动机转速异常升高,并产生换挡冲击;然后,自动变速器又恢复到原来的挡位。

2)故障原因有：

①节气门位置传感器有故障。

②车速传感器有故障。

③控制系统电路接地不良。

④换挡电磁阀接触不良。

⑤计算机有故障。

9. 挂挡后发动机怠速易熄火故障

1)故障现象是发动机怠速运转将变速杆由 P 位或 N 位换入 R 位、D 位、S 位、L 位(或 2 位、1 位)时发动机熄火;在前进挡或倒挡行驶中,踩下制动踏板停车时发动机熄火。

2)故障原因有：

①发动机怠速过低。

②变矩器锁止离合器不能完全分离。造成不能完全分离的原因有:阀体上的 TCC 控制电磁阀故障、TCC 控制滑阀卡滞、变矩器内部故障等。有些车型的自动变速器油冷却器堵塞也会导致锁止离合器不能完全分离。

③挡位开关有故障。

④输入轴转速传感器有故障。

10. 无发动机制动故障

1)故障现象是行驶中,当变速杆位于前进低挡(S、L 或 2、1)位置时,松开加速踏板,发动机转速降至怠速,但汽车没有明显减速;下坡时,变速杆位于前进低挡,但不能产生发动机制动的作用。

2)故障原因有：

①挡位开关调整不当。

②变速杆调整不当。

③控制发动机制动的电磁阀有故障。

④阀板中控制发动机制动的滑阀及油路等有故障。

⑤起发动机制动作用的执行元件打滑。如丰田 A340E 自动变速器的二挡强制制动器打滑或低挡及倒挡制动器打滑；马自达 929、日产天籁轿车的自动变速器或自动变速驱动桥中的前进超越离合器(前进强制离合器)打滑。

⑥控制发动机制动的电磁阀电路或计算机有故障。

⑦自动变速器打滑。

11. 不能强制降挡故障

1)故障现象是汽车以三挡或超速挡行驶时，突然将加速踏板踩到底，自动变速器不能立即降低一个挡位，致使汽车加速无力。

2)故障原因有：

①节气门拉索或节气门位置传感器调整不当。

②强制降挡开关损坏或安装不当。

③强制降挡电磁阀损坏或线路短路、断路。

④阀板中的强制降挡控制阀卡滞。

12. 无锁止故障

1)故障现象有汽车行驶中，车速、挡位已满足锁止离合器起作用的条件，但锁止离合器仍没有产生锁止作用；汽车油耗较大。

2)故障原因有：

①自动变速器油温度传感器或发动机冷却液温度传感器有故障。

②节气门位置传感器有故障。

③锁止电磁阀有故障或线路短路、断路。

④锁止控制阀、锁止继动阀有故障。

⑤变矩器中的锁止离合器损坏。

13. 自动变速器油易变质故障

1)故障现象是更换后的新 ATF 使用不久即变质；自动变速器油温度太高，从加油口处向外冒烟。

2)故障原因有：

①汽车使用不当，经常超负荷行驶，如经常用于拖车，或经常高速、超速行驶等。

②ATF 散热器管路堵塞。

③通往 ATF 散热器的限压阀卡滞。

④离合器或制动器自由间隙太小。

⑤主油路油压太低，离合器或制动器在工作中打滑。

⑥变矩器不良。

14. 自动变速器异响故障

1)故障现象是汽车运转过程中自动变速器内始终有异常响声，或汽车行驶中自动变速器有异响，停车挂空挡后异响消失。

2)故障原因有：

①油泵因磨损过甚或 ATF 油面高度过低、过高而产生异响。

②变矩器因锁止离合器、导轮单向超越离合器等损坏而产生异响。

③行星齿轮机构异响。

④换挡执行元件异响。

二、自动变速器故障检修的程序和方法

检查和判断自动变速器故障的一般方法是，首先通过观察仪表板上的故障警报灯是否闪烁，来确定是否先调阅电控系统的故障码，有故障码显示的应排除故障码的内容。其次是对自动变速器进行基本检查，包括油面高度、油液的质量（主要通过颜色、味道、黏度、清洁度来判断）、外部漏油情况、节气门拉索位置、挡位开关及怠速的转速情况等，必要时还需进行道路试验（主要包括升挡试验、锁止离合器试验、发动机制动试验和强制降挡试验）、失速试验和时滞试验，通过试验来判断故障的大概范围和检查方向。再次是测量油路压力，以判断液压控制系统及电子控制系统各部件的功能是否正常，它包括主油路压力测试、各离合器及制动器油压测试、速控阀油压测试和节气门油压的测试与调整等。最后在前面几项检查无法解决的情况下，对变速器进行分解检查。

下面介绍电控自动变速器的检修程序。

（一）故障诊断原则

1. 分清故障性质与原因

首先分清引发故障的根源在于发动机、液压自动操纵系统、电子控制系统还是自动变速器的机械部分。

2. 由简单到复杂

检查时应根据故障特点由简单到复杂、由外及内，从最易于接近的部位、易于被忽视的部位和影响因素开始，如 ATF 油液状况、自动变速器油压、电气连接等。

3. 多种检验项目结合

要充分利用自动变速器其他检验项目（基础检验、失速试验、时滞试验、道路试验、电控自动变速器的手动换挡试验、液压试验）的检验结果，综合各项检测结论，将线索汇集、归纳。

4. 充分利用电控自动变速器的自诊断功能

按特定的方法将故障从 ECU 中读出，为自动变速器控制系统的检修和故障排除提供依据。

5. 不要轻易进行解体

为了确诊必须进行的拆检，应是故障诊断的最后手段。

6. 维修信息和资料

在进行故障诊断与排除前，最好先阅读有关故障指南、使用说明书和该车型的《自动变速器维修手册》，掌握必要的结构原理图、油路图、电子控制系统电路图等有关技术资料。

（二）诊断前的准备工作

1. 确认故障征兆

在进行故障诊断之前要向用户详细、认真地了解故障情况，并争取重现故障。因为用户一般分辨不清该现象是故障征兆还是正常现象，也无法区别是发动机故障还是变速器故障。另外用户对故障的了解和描述并不完整，会有许多关键的故障线索被遗漏，只有通过维修人员对故障的再现才能最后确认是否有故障，故障现象是什么。

2. 读取故障代码

现代汽车电控自动变速器都具有故障自诊断系统，有些汽车还设计了变速器故障灯，一旦系统出现故障，在电控单元中将存储一个相应的故障代码，带有故障灯的车辆还会点亮故障灯，以便于警告驾驶员，同时也有助于故障的诊断和修理。通过故障代码的读取，维修人员可以初步判断出故障的原因，甚至找出故障所在的部位，若读不出故障代码，则可初步判断出故障部位不在电控系统而在液压控制系统、机械系统或其他部位。故障代码的作用，只是借助分析，切不可完全依赖。

3. 查看常见故障诊断表

尽管各大汽车公司的电控自动变速器在结构上不尽相同，同一公司的不同产品也会有区别，但自动变速器的故障种类还是有限的，造成每种故障的原因也有一定的规律性，特别是对于一些常见故障，通过查看常见故障表可以大大缩小故障范围，减少故障诊断的时间，提高诊断效率。

4. 准备相应的技术资料

虽然在自动变速器维修上有许多经验和规律可以总结和借鉴，但因为世界上各个厂家的设计思路和风格各不相同，在维修过程中还是需要准备相应的技术资料，尤其是电路图和油路图。

(三)电控自动变速器常见故障部位

电控自动变速器的机械系统、液压控制系统和电子控制系统由于长期使用或使用不当都会发生故障。电控自动变速器故障诊断和维修的一般程序如下：

1. 机械部分

电控自动变速器的机械部分(如各挡离合器、制动器、行星齿轮组、轴等)和液压控制系统部件(如液力变矩器、阀体、伺服阀等)的加工精度都比较高，所以在正常使用条件下，一般不会发生故障。电控自动变速器的常见故障，如换挡粗暴、挡位不正确等，通常与油位不正确、油质不佳、节气门拉索和换挡手柄等联动装置调节不当、发动机怠速不正确等原因有关。

2. 液压回路

液压控制回路漏油，如液压系统的密封垫、油封失效是发生漏油的常见原因。液压系统漏油会引起液压不足，从而造成摩擦片打滑、换挡延时等故障。

3. 电控系统

电控自动变速器的电子控制系统是继上述两项之后较易发生故障的部位。故障既可能发生在自动变速器电控系统的线路和元器件本身，也可能是由于汽车电子控制单元(ECU、PCM或ECM)本身引起的。电控系统的故障会引起自动变速器没有某一挡、不能上挡等故障。

当然，除上述三项外，由于自动变速器的长期使用或自动变速器不正确使用，也会导致机械系统部件和液压控制系统部件发生故障，主要原因可能是各离合器、制动器磨损、粘连等。阀体等精度要求高的部件，一般不会出现严重性机械故障。

综上所述，电控自动变速器发生故障时可分为液压故障、机械故障和电控故障。液压故障和机械故障一般发生在变速器内部，维修起来工作量比较大，需要解体自动变速器。而电控系统故障一般发生在外部，相对工作量比较小，因此应本着先易后难的原则，在做完基本检查后，先检查电控系统的故障。

当发生下述情况时，很有可能是电控元件造成的故障：

1)通过读取故障代码，发现有相关的电控部件的代码。

2)最高车速上不去,在同样发动机转速和路况情况下,明显感觉车速没有以前高,没有升挡感觉。这种情况一般是由于自动变速器进入了失效保护功能,强制将自动变速器锁止在某一挡位,如三菱 F4A23 自动变速器会自动锁止在二挡或三挡位置;克莱斯勒 41TE、42TE 会自动锁止在二挡;奥迪 A6 装备的 ZF4HP－18 自动变速器会自动锁止在四挡。

3)失速试验所测试的结果符合修理手册的要求。

4)故障突然发生,有时故障又会自动消失,有时发动机熄火一次之后再起动故障又消失。

5)自动变速器故障指示灯点亮。

6)发生故障后马上检查自动变速器油液,油量合适,颜色变化不大,油底没有太多杂质。

以上条件中具备三条以上,基本可以认为是电控系统出现故障,应优先予以检查。

三、自动变速器故障检修实例

(一)帕萨特轿车自动变速器故障检修实例

1. 帕萨特 B5 轿车偶尔在起动后挂 D 位出现冲击现象,且换挡转速也较高

1)故障现象:一辆上海帕萨特 B5 轿车,搭载 01N 自动变速器,该车偶尔在起动后挂 D 位会出现冲击现象,且换挡转速也较高,能达到 2800～3000r/min 的故障。无故障时则一切正常,利用故障诊断仪读取了相关数据流,但没有发现异常情况,之后对变速器进行了大修,但没有解决问题。之后先后更换了变速器控制单元、节气门体及挡位开关,但故障依旧。

2)故障诊断与排除:当搭载 01N 变速器的车辆行驶过程中偶尔出现变速杆位于 D 位冲击的故障时,一般多是变速器液压系统油压的问题,说明变速器前进挡工作油压存在偶尔异常的情况(一般是油压偏高)。在检修该车的故障时,首先应利用故障诊断仪进入变速器控制系统查看相关数据流,重点是进入 02-08-002 组查看第一、二项数据的变化。第一项数据为 N93 的实际电流,第二项数据为 N93 的额定电流(原则上实际电流与额定电流之间的偏差不得超过 0.05A),第三项数据为蓄电池电压,第四项数据为 G68 上的电压。N93 为该变速器的主油路油压调节控制电磁阀,即 EPC,当变速器控制单元指令的控制电流越小时,变速器的工作油压越高;当变速器控制单元指令的控制电流越大时,变速器产生的油压越低(反比例控制)。在观察该数据组中数据变化的同时,可将油压表连接在系统主油压测试孔上,当变速器出现故障时,要留意系统油压是否偏高。

通过上述检测,即可判断故障根源所在。如果变速器控制单元对 N93 电磁阀指令控制无误,但变速器液压控制却反映出高油压,说明变速器电控系统没有问题。因此,更换变速器控制单元是没有任何意义的。如果系统主油压偏高是由变速器控制单元指令问题导致的,说明是电控系统异常引起的。

综上所述,并结合以往的维修经验,可以认为对自动变速器进行大修对解决该故障是毫无意义的。考虑到该车是偶发性故障,因此应该先从简单的做起。回到这辆车的故障上,出现的换挡延迟现象应该是并联故障,很可能是一个很简单的问题被复杂化了。

还有一种方法可行,即当变速器出现换挡延迟的故障时,可以利用故障诊断仪进入 02—08—004 组数据流通道和 005 组数据流通道,主要是观察换挡时变速器油液温度的数值及变速器控制单元对换挡电磁阀发出换挡响应的时间。之所以需要查看这两个数据,是因为当油温传感器 G93 向变速器控制单元提供一个低温信息时,变速器控制单元会延迟换挡控制,同时还会改变系统工作油压。

因此,应围绕一些影响自动变速器油压的相关信息对该车变速器进行全方位的检测。

2. 帕萨特 B5 乘用车油耗过大，加速无力，升挡迟缓

1）故障现象：发动机动力性能良好，但车辆行驶无力，升挡提速迟缓。一辆装备 01N 型自动变速器的帕萨特 B5 乘用车，因油耗过大，加速无力进站检修。询问车主得知，该车行驶不足 3 万 km，平时均在市区行驶，前几天下暴雨，该车在过地下道涉水时熄火。

2）故障诊断与排除：用故障诊断仪调阅发动机和自动变速器电控系统的故障码，均无显示。起动发动机，原地加速试验，发动机动力充足。检查发电机及蓄电池，性能良好。检查自动变速器油液数量正常，品质良好，外部无渗漏。检查节气门拉索位置符合要求，挡位开关及怠速的转速情况正常。考虑到该车曾在水中熄火，决定先检查自动变速器的电子控制单元，该车自动变速器电子控制单元安装在右侧座位前方的地毯下，掀开地毯，发现下面有水，整个电子控制单元几乎泡在水中。将自动变速器电子控制单元 J217 拆下，用酒精清洗、晾干，再装车试验，故障现象依旧。换用同型号的自动变速器电子控制单元，重新进行基本设定后，进行路试，故障现象消失。

3. 帕萨特 B5 轿车前进挡和倒挡均不能行驶

1）故障现象：一辆 2001 年产上海大众帕萨特 B51.8L 轿车，搭载大众公司生产的 AG4 系列 01N 型四挡电控自动变速器，用户反映该车前进挡和倒挡均不能行驶。

2）故障诊断与排除：根据该车的故障现象，决定分解变速器进行检修。在分解变速器后发现，该车变速器曾经使用过劣质 ATF，致使离合器肠、搬和 K1 的摩擦片严重烧损，制动器 B1、B2 也有轻微烧损现象，同时摩擦片上的摩擦材料有大面积脱落现象，因此只能按照大修标准进行维修。在组装时发现，二/四挡制动器 B2 的间隙有些偏大，为此重新进行了调整。在将机械元件完全组装完毕后，将各元件压力测试板安装在变速器上(阀体安装位置)，利用自动变速器压力测试机调节好所需压力，对 K1、K2、K3、B1 和 B2 分别进行了升压测试和保压测试。过去维修自动变速器机械部件时通常利用压缩空气代替 ATF 液压完成液压部件的压力测试，实际上这种做法不能百分之百达到测试要求，因为“气体”和“液体”之间毕竟存在很大的区别。当我们完全利用 ATF 液压来检测用油元件时，可以充分验证机械元件本身、从液压阀体到机械元件之间的液压油路的工作性能，至少保证变速器只需分解组装一次即可，同时还避免了机械拆装带来的返工。在确认所有用油元件都没有泄漏的情况下，将液压控制阀体彻底清洗后安装在变速器上，同时更换了 5 个开关电磁阀和 1 个 TCC 增压阀。

在变速器组装完毕并添加原厂 ATF 后进行路试，变速器原地挂挡时，前进挡和倒挡接合都很平稳，怠速油压值也在正常范围内。首先以 1/4 节气门开度试车，结果出现了一～二挡、二～三挡和三～四挡冲击的现象，其中三～四挡冲击较轻，降挡一切正常，反复路试也不见好转。然后我们又以大于 1/2 节气门开度试车，结果二～三挡没有冲击现象，一～二挡会有两次冲击感，三～四挡也有冲击感。根据上述试车结果看，变速器的冲击感不一样，二～三挡的冲击与节气门开度成反比，一～二挡和二～三挡的冲击异常。01N 型自动变速器的匹配学习只是完成二～三挡的舒适功能，一～二挡冲击和三～四挡冲击与学习没有关系，因此所有升挡点的冲击不存在共性问题，但可以认为是两种故障现象；二～三挡冲击；一～二挡、三～四挡冲击，而这两次冲击又可认为是一个问题，原因是冲击反映在二、四挡上，且二/四存在共用元件。

经综合分析，决定还是先从外围入手。于是利用故障诊断仪进入发动机电控系统读取了其动态数据，发现节气门开度数值有些偏大，其他数值则基本正常。为此清洗了节气门体并进行了匹配，之后进行路试，结果二～三挡冲击问题消失，而一～二挡和三～四挡冲击现象依然存在，特别是大节气门开度行驶时，一～二挡有明显的两次冲击感，三～四挡冲击则不严重。

难道是二/四挡共用的二/四挡制动器 B2 存在问题？由于每天都在维修此类变速器，机械检查和装配不应该存在问题，因此不宜抬变速器，我们怀疑故障还是另有原因。

也许是压力调节出现问题，为此将所有电磁阀重新更换了一遍，但试车后故障现象丝毫没有改变。为了彻底排除液压控制系统的问题，我们又替换了液压控制阀体，试车故障依然存在。至此，可以确定液压控制方面肯定没有问题。既然机械（自己认为装配不会出现问题）、液压都没有问题，电控系统几乎看不出问题，那么为什么一～二挡还会出现冲击呢？

因为相信自己在机械装配的操作不会出现问题，故不想再去分解变速器，还是对控制方面不放心，所以逐一对节气门位置传感器 G69、空气流量计及控制单元进行替换，但结果仍然让人大失所望。

因为液压、电控系统都不存在问题，我们决定分解变速器重点检查二/四挡制动器。拆下变速器油泵便可直接看到二/四挡制动器组件，观察二/四挡制动缓冲盘时发现了问题。二/四挡制动缓冲盘是由两个碟形片组合在一起的，而且两个碟形片的凹面是重叠在一起的，那么与二/四挡制动器活塞所接触的那一侧便是其中的一个碟形片的凸面。我们这台变速器的两个碟形片是凹面对凸面安装的，同时贴近二/四挡制动器活塞的却是碟形片的凹面，明显是错装后而导致二/四挡制动器工作时起不到缓冲作用。

重新安装并调节二/四挡制动器 B2 的间隙后，试车故障排除。

总结这次故障排除的过程，发现很多所谓的"疑难故障"可以说就是"人为故障"。对于这些"疑难故障"，只要按照正确的维修思路、维修步骤去做，很多情况下是可以避免的。

4. 帕萨特 B5 轿车变速器 D 位升挡冲击

1）故障现象：一辆 2002 年产上海帕萨特 B51.8L 轿车，搭载 01N 型 4 速电控自动变速器，用户反映该车变速器变速杆位于 D 位行驶时，存在升挡有冲击的现象，且此故障时有时无，当变速器升至最高挡后，车辆行驶完全正常。

2）故障诊断与排除：经询问用户得知，该车变速器在一个月前因烧片进行了大修，大修后在行驶 5000km 后便出现了现在的故障。根据用户反映的情况，我们先对车辆进行了路试。

在路试过程中发现，车辆在节气门开度较小（经济模式）状态下行驶时，故障现象时有时无；但在大节气门开度（动力模式）情况下行驶时，故障现象则会频繁出现。为此，先连接故障诊断仪 K81 对变速器电控系统进行检测，在读取自动变速器电子控制系统和发动机控制系统故障存储时均未发现故障码。为确认发动机系统是否存在故障，又读取了发动机控制系统中的动态数据流。在发动机怠速停车状态下，进入 01—08—001 数据组观察，第二项数据为 1.00～2.50ms，第三项节气门开度在 0°～5°；进入 01—08—002 组数据观察，第四项数据空气流量计的进气量数值为 2.0～3.7g/s，也在正常范围内。随后又随车读取了行车时的动态数据，也未发现异常。检查发动机又无缺油缺火现象。综合以上情况，我们判定发动机工作正常，这样故障范围基本锁定在自动变速器部分。

后来我们利用故障诊断仪读取了自动变速器电控系统的动态数据，进入 02—008—001 数据组读得节气门位置传感器的信号电压值正常，进入 002 数据组读得 N93 电磁阀的电流以及 007 数据组的锁止滑差等都在正常值范围内。由于利用故障诊断仪并未发现明显的故障线索，决定再仔细试车。经过仔细判别，发现二挡升三挡时的冲击感较其他换挡点更明显些。考虑到变速器二挡升三挡的转换是负荷的过渡段，负荷变化较大，控制单元的调节容易出现问题，于是怀疑变速器控制单元的控制程序可能出现问题。为此，我们找了一辆无故障同型车的变速器控制单元互换试车，但故障依旧。为验证冲击感是自动变速器电控故障还是机械液压故障，本着先简后繁的原则，我们先对电磁阀及线束进行了逐一测量，但检测结果均正常。然后又对电磁阀的阀球进行了检查，也无磨损和卡滞现象。之后，对液压控制阀体进行了彻底清洗，同时对电磁阀进行了位置互换(因 ATF 非常干净，因此不必考虑机械元件受损)。装复后试车，故障现象不但未消失，还在二挡升三挡时出现了打滑的情况，且变速器的升挡也不够顺畅。

维修至此只能重新整理思路。在 01N 自动变速器中，二挡执行元件是 N88 电磁阀断电控制 K1 机械阀使一挡升三挡离合器 K1 进油，N89 电磁阀通电控制 B2 控制机械阀使二、四挡制动器 B2 进油；三挡执行元件是 N88 电磁阀断电一/三挡离合器 K1 继续进油，N90 电磁阀断电控制 K3 机械阀使三/四挡离合器 K3 进油，因此二/三挡切换的元件是 N89、N90 两个电磁阀，机械阀 K1 和 K3 动作后改变油路上的切换，即用油元件的切换就是 B2 与 K3 之间的切换。在保证变速器内部机械元件没问题的前提下，还应该从电控方面入手。

这样我们先清洗了节气门体并匹配，更换了电磁阀扁形线(考虑到高温时出现问题)。结果故障现象仍没有改观。大修后没有多久，机械元件不可能磨损得那么快，所以内部机械元件出问题的可能性我们仍然没有去考虑。众所周知，01N 变速器阀体不容易出现问题，但电磁阀却很容易出现问题。在 7 个电磁阀中，N91、N93 两个线性电磁阀及 5 个开关电磁阀中有两个是新的，另外三个是原车的(阻值正常，阀球及阀孔没有磨损)。几经考虑，我们怀疑电磁阀因使用时间过久，动态稳定系数下降，静态下测量时数值是正常的，而在动态下因电流的变化大导致换挡时工作出现不稳定状态。为证明这一推断，我们决定更换三个旧电磁阀。

在将三个旧电磁阀更换为新件后，装复试车，变速器升降挡非常顺畅，故障彻底排除。

对于 01N 变速器的维修，因电磁阀工作性能下降而导致换挡质量的问题频频出现，因此在维修此款变速器时一定要注意对电磁阀进行检查。另外，我们在维修过程中也必须不断补充理论知识，要仔细观察故障现象，大胆地推断，只有这样，技术水平才会不断提高。

5. 帕萨特轿车自动变速器 TCC 故障

1)故障现象：一辆 2005 年款帕萨特 B5 轿车，装用 5V1.8L 发动机，搭载 01N 自动变速器，行程 1735km。车辆行驶时，在加速踏板稳定的情况下，感觉到发动机“突、突”几下，同时能感觉到车身颤动，观察发动机转速表也同时摆不稳。故障总是出现在 60km/h 车速以上且加速踏板稳定时。

2)故障诊断与排除：在刚接修此车时，感觉非常像高压断火，用诊断仪诊断发动机电控系统没有故障码，经更换火花塞无效，又更换了 4 个带点火模块的一体化点火线圈也无效，后来又清洗喷油器、试换空气流量传感器、节气门体、氧传感器、爆燃传感器和汽油泵等发动机的众多部件，故障依旧。该车发动机外部部件几乎全部试换过，故障没有一点变化。经与其他技术人员会试，怀疑故障点在自动变速器。

用故障诊断仪检查自动变速器电控系统，也没有故障记忆。针对故障总是出现在车速 60km/h 以上且加速踏板稳定时这一特点，进行了有目的的诊断。一人开车，另一个检查自动变速器各运行参数，输入 02(自动变速器地址码)—08(测量数据流)—007(显示组 007)，结果发现了问题。

问题 1：当显示区 1 的挡位在 3M＋或 4M＋时，故障现象才会出现，挡位在 1H、2H、3H、3M－、4H、4M－时，故障不出现。这说明只有在变矩器锁止离合器(TCC)锁止时且在加速过程中，故障才会出现。

问题 2：正常时，显示区 2 的锁止离合器打滑为 0，当故障出现，TCC 滑差在 15～275r/

min，滑差越大，车辆颤抖越严重。

为确认发动机是否有故障，又做了以下两项测试：

①进行失速试验，失速转速为 2500r/min，结果在正常范围。

②拉紧驻车制动，踩死制动踏板，挂入 D 位，轻踩加速踏板，使发动机转速约为 1400r/min，令其有中等负荷，感觉不到发动机缺火。

综合以上情况，判断发动机正常，故障是由于锁止离合器未能可靠锁止，出现突然打滑造成的，锁止状态变化时，发动机负荷发生变化，会引起发动机转速及车速的变化，给人的感觉是发动机和车辆同时在颤抖，就像是发动机断火一样。造成锁止不良的原因有变矩器内部锁止离合器故障和控制不良两方面，其中控制部分又包括 TCC 控制电磁阀、TCC 控制滑阀及 TCC 控制油路故障。维修应按由外及内、由简到繁的顺序。先由控制阀体入手，泄放自动变速器油，拆下油底壳，测量锁止离合器控制电磁阀（TCC PWM）的电阻值，为 4.9Ω，在正常范围。拆下 TCCPWM 电磁阀，在里面还有 TCC 增压阀及阀套、TCC 作用阀及 TCC 弹簧，这一整套阀是控制 TCC 工作的，长期使用或自动变速器油质变脏后，阀会出现磨损，如果它们卡滞会造成 TCC 无法锁止、无法分离或锁止不良。无法锁止会造成自动变速器油温过高；无法分离会造成发动机在挂挡熄火或踩制动时熄火；锁止不良会出现行驶车辆颤抖。因目前可提供的阀体维修用部件，包括 TCC 电磁阀、TCC 增压阀、增压阀套和 TCC 弹簧，而 TCC 作用阀与阀体间磨损是无法修复的。根据以上分析，试更换 TCC 增压阀、增压阀套和 TCC 弹簧。

同时互换 TCC 电磁阀和压力调节电磁阀（EPC），试车，车辆颤抖的频率大为减少，程度有所减轻，但不能完全消除。试车结果说明，问题的关键已找到，发动机没有问题，故障是 TCC 作用阀与阀体磨损，但目前没有修复办法，只好更换阀体总成，试车，故障排除。

已有资料介绍，装用 01M/01N 自动变速器的车辆出现挂挡熄火故障时，常常是锁止离合器（TCC）滑阀发卡所致，可更换 TCC 增压阀、阀套或阀体总成解决。其实，本实例也是一个容易误判为发动机故障的 TCC 故障。

6. 帕萨特 B5 轿车 01N 型自动变速器没有四挡

1）故障现象：一辆 2003 年款上海大众帕萨特 B5 轿车，搭载 01N 型自动变速器，行驶里程约 6 万 km。该车变速器除了四挡以外的其他各挡均工作正常，在三挡升四挡时伴有强烈的矬车现象，发动机转速迅速下降，变速器挡位随即又回到三挡，但在进入三挡时发动机转速又迅速升高，并伴有较强烈的换挡冲击，变速器挡位随即又进入四挡并再次出现上面的故障。

2）故障诊断与排除：进行变速器的常规检查，变速器油位和油压都在规定的范围内，使用故障诊断仪 V. A. G1552 检测也无故障码存储。根据故障现象，笔者认为既然一挡、二挡以及三挡能够正常工作，这说明离合器和制动器没有问题，因为在这三个挡位工作时，所有的离合器和制动器都先后参与了工作。分析换挡电磁阀工作的过程，电磁阀 N89 和 N90 的通断状态在未进入四挡之前已经发生了两次工作转换，而且两次工作转换均未引起故障现象，这就基本上可以确定换挡电磁阀 N89 和 N90 正常。换挡电磁阀 N88 的状态只在四挡时才发生通断转换，如果此时 N88 控制回路异常或 K1/B1 控制阀卡滞，都会导致 K1/B1 控制阀无法移动或移动不到设定的位置，使得前进挡离合器 K1 无法释放，导致换挡时机的不准确，使变速器进入四挡时瞬时耸车。

基于以上分析，应该重点对 N88 电磁阀线路和 K1/B1 控制阀进行检查。首先断开变速器壳体与变速器控制单元之间的 12 针电磁阀线束插头，用万用表测量 1 号和 3 号端子之间的阻值为 12011Ω，正常阻值应为 55－6511，这说明电磁阀 N88 或它的连接线路已经损坏。打开变速器油底壳，测量 N88 电磁阀的阻值确实过大。更换电磁阀 N88，装复变速器后进行路试，变速器升入四挡时矬车和换挡冲击现象消失，故障彻底排除。

该车的故障检修到这里就结束了，但分析故障发生的原理对理解变速器的换挡过程和提高维修变速器的技术水平很有帮助，维修人员可以进一步考虑电磁阀 N88 的阻值增大后为什么会导致三挡无法升四挡等故障现象。

(二)宝来轿车自动变速器故障检修实例

1. 宝来轿车冷车不能挂倒挡

1)故障现象：一辆宝来 1.6L 手动挡轿车，行驶里程 10 万 km。该车冷车时(－20℃左右)挂不上倒挡，需要先挂前进挡行驶十几分钟后或者是先将车推进暖库怠速一段时间才能挂上倒挡。

2)故障诊断与排除：该车故障与温度有关，所以首先考虑是不是变速器油粘度过大。更换原厂变速器油后，将车停放在－20℃左右的室外，第二天仍挂不上倒挡。

据用户反映，该车此前去了一次－30℃左右的地区，回来之后就出现了此故障。拆解变速器，检查换挡机构的倒挡换挡拨叉和倒挡挡板，未发现异常；检查倒挡轴与倒挡齿轮，也未发现异常。

分析与温度有关的部件，倒挡齿轮内的铜套受温度影响较大，遂将倒挡齿轮内的铜套用细砂纸进行了研磨，清洗后装复。将车停放在室外一夜，第二天试车，故障消除。之后电话回访用户，用户反映再未发生上述故障。

由于倒挡齿轮铜套受热胀冷缩影响较大，当温度过低时，倒挡齿轮铜套内部的结构发生变化，导致倒挡轴与倒挡齿轮的配合在不同环境下出现差异，从而出现了上述比较特殊的故障现象。

2. 宝来 1.8 轿车冷车变速杆移不出 P 位

1)故障现象：一辆宝来 1.8 轿车，行驶 3 万 km。早上车辆起动后，变速杆不能从 P 位移出，大约 20min 才能工作正常。

2)故障诊断与排除：变速杆在 P 位移不出来，怀疑变速杆锁止电磁阀 N110 工作不正常，做了以下检查：

①将制动踏板踩下，观察制动灯是否点亮。如果制动灯不亮，需检查制动灯开关；如果制动灯点亮，说明制动灯开关没问题。

②反复踩制动踏板，仔细听变速杆锁止电磁阀 N110 是否动作；如果有动作且声音较大，说明 N110 工作正常。

③反复踩制动踏板，如果听 N110 有动作声音，但是非常小，则是因为 N110 的铁心卡滞，移动不畅。

④反复踩制动踏板，如果听 N110 没有动作的声音，应检查自动变速器控制单元对 N110 是否发出信号，N110 线路是否正常，N110 线圈是否损坏或铁心是否卡死。

检查制动灯开关，正常。反复踩制动踏板，只隐约听到铁心动作的声音。将变速杆和挡位指示板拆下，露出 N110，然后再反复踩制动踏板，观察电磁阀动作情况，发现铁心的动作行程短，铁心不能把换挡的扇形板孔完全让出来，而是卡着一半，用手或细小的工具稍稍顶一下，就可把变挡杆从 P 位移出，这就是故障所在。

拆下 N110，发现铁心在塑料骨架中移动受阻，于是把铁心拆下来用细砂纸打磨，然后涂适量润滑脂装回，试车，故障不再出现。

此类故障对于捷达自动变速器车也经常出现，只需将铁心用细砂纸磨一磨，再涂适量润滑脂装回，故障即可排除。

3. 宝来 1.8T 轿车起步时换不上挡

1)故障现象：一辆宝来 1.8T 轿车，打开点火开关，踩下制动踏板后变速杆按钮按不下去，换不上其他挡位。只能在不打开点火开关的情况下先按下变速杆按钮，然后再打开点火开关起动车辆，最后挂上挡抬起制动踏板起步行车。

2)故障诊断与排除：此车设计意图是，汽车起动后必须踏下制动踏板才允许将变速杆从 P 位或 N 位移出，避免了由于未踩制动踏板而直接挂挡，使车辆冲出发生事故。

变速杆锁止电磁阀 N110 控制变速杆按钮，打开点火开关，N110 的正极得到 12V 电压，N110 的负极由计算机与地接通，N110 吸合，变速杆按钮按不动，变速杆被锁住。

①变速杆按钮下去的条件是：

a. 不打开点火开关，N110 不吸合，变速杆按钮不被锁止。

b. 打开点火开关，N110 通电锁止，但是踩下制动踏板，制动灯信号进入计算机 15 针，计算机与地连接断开，N110 释放，按钮可以按下。

c. 当时速超过 5km/h 时，计算机与地连接断开。

②N110 释放不开的故障原因有两条：

a. 踩下制动踏板，N110 的负极不能与地断开。

b. 由于 N110 的锁止机构是塑料件，所以容易变形卡滞。经检查，此车故障原因是制动灯熔丝熔断，导致计算机接收不到制动灯信号，故使 N110 的负极总是与地接通。

更换制动灯熔丝，故障排除。当遇到此故障时，应先检查制动灯是否亮，以缩短排除故障时间。

4. 宝来 1.6AT 轿车加速困难

1)故障现象：一辆行驶了 2000km 的宝来 1.6AT 轿车，所有前进挡均加速不良，怠速能缓慢移动，倒挡工作正常。

2)故障诊断与排除：

①连接 V.A.S5051 对自动变速器进行故障查询，发现自动变速器控制单元没有故障记忆存储。

②由于发动机负荷和车速是控制自动变速器的两个关键信号，因此，笔者重点检查了节气门、节气门电位计、车速传感器、发动机转速传感器、加速踏板位置传感器以及制动灯开关等，但均工作正常。

③检查自动变速器油温，该车的油温在 125℃左右，正常。同时，油质也正常。

④该车装备的是 01M 型自动变速器。用排除法进行分析，由于倒挡工作正常，而在倒挡中起作用的元件有 K2、B2 和 N89，因此说明 K2、B2、N89 工作正常；而各前进挡工作均不正常，则说明 K1、K3、B1、B2、F1、N88、N89、N90 均不正常，但这又与倒挡正常相悖，因此，可初步断定该自动变速器换挡元件工作正常。看来，只能重新对自动变速器进行自适应，选择地址 02—功能 04—通道 00，将加速踏板踏到底触动强制低挡开关，并保持 3min，自适应完成，重新试车，故障排除。

5. 宝来 1.6L 轿车变速器挂入 D 位发动机转速没有变化

1)故障现象：一辆宝来 1.6L 轿车，搭载自动变速器，变速器挂入 D 位，发动机转速没有变化，没有爬行功能，上坡还要往后溜车，必须轻点加速踏板才有进挡的感觉，倒挡一切正常。车辆起步后只要不将变速杆推出 D 位就不会出现故障，变速器也能正常自动跳挡，没有打滑的现象。

2)故障诊断与排除：针对这个故障，对变速器进行了大修，并更换了一个阀体，但故障仍然存在。

根据常规的检测方法，应该先测量该变速器的系统油压，看系统油压是否正常。但由于该故障需提高发动机转速，也就是提高油泵转速才可以顺利起步，这说明一挡的压力并不是特别低，如果非常低，肯定表现出变速器起步打滑的现象，因此一般压力变化并不大。

从该款变速器施力元件作用表中，可以了解到变速器一挡时参与工作的元件是一/三挡离合器 K1 和单向离合器 F。由于单向离合器为机械元件，一般情况下不容易出现问题，因此我们可以暂时不考虑，这样问题便锁定在 K1 离合器上。根据该车的故障现象，我们判定是 K1 油路存在轻微泄漏造成的，因此当分解变速器时，检查机械元件是看不出问题的。

从油路上分析，当变速杆置于 D 位时，由手动阀开启三条油路：第一条通往 B1 供给阀，第二条接通 K1 换挡阀，第三条则接通 B2 换挡阀和 K3 换挡阀，此时变速器控制单元对 3 个换挡电磁阀的指令为“001”状态。当 N88 电磁阀为断电状态时，N88 电磁阀泄油孔打开，将 K1 换挡阀下端电磁阀调节压力释放掉，K1 换挡阀在弹簧力的作用下回到原始位置，此时来自手动阀处的主油路油压经 K1 换挡阀、K1 供油/泄油转换阀、K1 协调阀及一个节流球接到 K1 离合器上，这样便形成 D 位一挡动力流。电磁阀 N89 断电后，作用在 B2 换挡阀下端的电磁阀调节压力被 N89 泄油孔释放掉，B2 换挡阀在弹簧力的作用下保持在最下端，这样来自搬运阀的主油路油压被截止。N90 电磁阀通电后，泄油孔关闭，此时在 K3 换挡阀下端便形成电磁阀调节压力，该压力克服 K3 换挡阀上端弹簧压力推动滑阀上移，切断来自手动阀的主油路油压。这样便总结出了 K1 离合器油路形成的走向：主油压调节阀—手动阀—K1 换挡阀—K1 供油/泄油转换阀—K1 协调阀及一个节流球—变速器壳体油道—油泵——道密封钢环（油泵上）和一个橡胶 O 形圈（在 K3 离合器上）—K1 离合器。

如果执行元件 K1 离合器和启动油路阀体没有问题，则说明中间环节出现了问题。根据维修 01M 变速器的经验，油泵上 K1 离合器的密封钢环本身不容易磨损，但该钢环却容易将其工作环槽磨损。更换油泵，该故障解决。

6. 宝来轿车不能高速行驶

1)故障现象：一辆 2002 年产宝来 1.8T 轿车，搭载 AG401M 型 4 速电控自动变速器，该车不能高速行驶。

2)故障诊断与排除：首先利用故障诊断仪对自动变速器的电控系统进行检测，结果发现了两个故障码。故障码含义分别为：00652——挡位监控不可靠的信号；01192——变矩器锁止离合器机械故障。对于这两个故障码而言，00652 号故障码之所以出现，其实就是挡位传动比信息不正确。可能的故障原因是：①电气、液压系统故障；②离合器或阀体有故障。对于 01192 号故障码的出现，可能的故障原因是液力变矩器锁止离合器打滑或阀体存在故障。在将故障码清除后进行路试，结果发现变速器只有以下换挡感觉，从发动机转速及实际车速上看，变速器执行的是一挡和三挡而没有执行二挡和四挡，即变速器从一挡起步后直接换至三挡。通过诊断仪读取动态数据流可知，变速器的电控单元已经向变速器发了一、二、三及四挡的指令信息，这说明该变速器的电控系统没有问题。00652 故障码的出现，正是因为没有二挡和四挡所致；01192 故障码的出现，应该是锁止控制阀超出其规定范围所致。

为了进一步证明变速器电控系统没有问题，我们利用人为控制换挡电磁阀的方法执行了

一、二、三及四挡，结果在人为指令二、四挡状态时，变速器根本没有任何反应，这充分说明该变速器只有一、三挡而没有二挡和四挡，且 00652 和 01192 故障码又重新出现。

由于变速器电控系统不存在故障，只好检查变速器的液压控制系统和机械执行元件。从变速器换挡执行元件工作表可以得知 B2 制动器为二、四挡公用元件，该制动器受换挡电磁阀 N89 控制，因此应该重点检查 N89 电磁阀、阀体以及 B2 制动器本身是否工作良好。由于计算机发出二、四挡指令信息后，变速器并未出现打滑现象，说明 B2 制动器根本没有工作。因为如果其工作或工作不好，变速器肯定会出现二、四挡打滑现象。由此，判定变速器不能执行二、四挡的原因应该出在电磁阀和液压控制阀体上。

按照先易后难的维修方法，首先检查了液压控制阀体和电磁阀，因为这样做不需要把变速器从车上拆下来。当拆下油底壳后发现，油底壳里面有很多黑色磨损颗粒，这说明变速器内有元件烧损，此时，只能分解变速器进行检修。在将变速器分解后，除了发现 K3(三、四挡离合器)摩擦片烧损外，没有发现其他部件损坏。认为 K3 烧损的原因是变速器经常处于故障运行模式，长时间在三挡运行，变速器高温所致。笔者利用压缩空气检查 B2(三、四挡制动器)工作情况，其工作情况良好，这充分说明缺少二、四挡的真正原因就在液压控制部分。

随后清洗了液压控制阀体，更换了烧损部件、B2 制动器控制电磁阀 N89、TCC 电磁阀 N91 及所有密封元件。按照常规作业操作完成后路试发现，变速器的换挡曲线、油压、油温和强制降挡功能、发动机制动功能以及变矩器锁止离合器控制等均处于正常状态，且 00652 和 01192 故障码没有再次出现。至此，我们确认该车故障维修完成。

结果没想到，该车在停放了一晚，第二天准备交车之际出现了新的故障。当冷车起动发动机后，踩下制动踏板原地挂入动力挡时发动机剧烈抖动，严重时可造成挂入动力挡发动机立即熄火的现象，而且在行驶时每个换挡点都有冲击感，当变速器达到正常温度后，故障现象明显好转。其实这个故障是液压控制阀体里的 TCC 锁止控制阀出现卡滞现象所致，这也是大众系列轿车 AG4 变速器最常见的问题。有些车没有在规定时间更换 ATF，或本来没有故障的车经过维护保养后通常容易出现此类故障，还有些车是在大修后容易出现这样的故障。

通常的解决方法是重新清洗该控制阀，或用细的水磨砂纸轻微打磨该控制阀重新清洗装配即可。经过这样的处理后，变速器通常在短时间内不会出现问题，但由于该控制阀的铝套非常容易磨损(可以说在整个控制阀体里它是一个易损件)，维修质量没有任何保障。为了保证维修质量，让客户达到满意程度，最好的做法就是更换 TCC 控制阀(阀体修理包)。

7. 宝来轿车自动变速器故障诊断

1)故障现象：一辆 2004 年款宝来 1.8L 轿车，采用多点燃油喷射技术，装备 01M 自动变速器。据车主反映，该车冷车时起步熄火，热车后挂入前进挡有“窜车”现象，起步时的运行速度特别快，像自动给油似的，挂入倒挡则有严重的抖动现象。

2)故障诊断与排除：首先进行试车，起动后达到正常工作温度时，挂入前进挡，汽车向前运行的速度确实比正常爬行速度快，类似自动加油；当踩制动踏板挂入倒挡时，整个车身严重抖动，甚至将仪表板上的一盘磁带都振落下来，像整车共振一样。

维修技师考虑首先排除振动故障。怀疑振动是发动机、变速器与车身共振引起的，因此决定更换发动机和变速器的支撑座。在拆卸后部支撑座时，发现此支撑座漏油，遂认为故障找到了。然而，更换上述元件后，故障并没有排除。

接下来，用 V. A. G1552 检测仪进行检测，没有故障码存储。读取数据流如下：转速为 880r/min；冷却液温度为 93°C；进气温度为 35°C；歧管绝对压力为 316MPa；喷油脉宽为

2.8ms；节气门开度为2%；氧传感器为−3%～3%；氧传感器电压为0.3～0.8V。

将上述数据与标准值对比，均符合要求，加速时数据变化都正常。测量缸压都正常，燃油压力怠速时为0.25MPa，加速时为0.29MPa，说明燃油压力正常。

做失速实验，发动机的失速转速为1400r/min，而正常值为2500～2900r/min，说明失速转速太低。引起失速转速低的原因有以下几方面：发动机动力不足；液力变矩器中的导轮损坏；液力变矩器中的锁止离合器部分接触摩擦。

经检查，发动机燃油压力正常，喷油器既没有堵塞，也没有漏油、短路等；点火线圈、缸线、火花塞都没有问题。从数据流来看，各传感器都没有故障，也就是说发动机动力没有问题。

一般如果液力变矩器导轮损坏，当踩制动踏板换挡时汽车没有爬行，此车挂挡时有爬行，说明导轮没有损坏。那么，引起失速转速低的原因应该是锁止离合器部分接触造成的。然而，更换了液力变矩器后，故障现象依旧。

从此车的故障现象来看，失速转速低就是由于锁止离合器部分接触造成的，但造成锁止离合器接触的原因肯定不是液力变矩器变形，因为更换了液力变矩器并没有排除故障。那么，可能的原因就是油压。为了进一步判断故障，前进挡油压为0.35MPa，倒挡油压为0.74MPa。

（三）别克轿车自动变速器故障检修实例

1. 君威2.0轿车自由加速故障排除

1）故障现象：一辆2003年君威2.0（VIN，LSGW52ZX3S187405）SGM7200车型装备L34发动机。该车做完二级保养不到一个星期，出现自由加速现象（不用踩加速踏板，由怠速慢慢加速至4000r/min），但有时能恢复正常。

2）故障诊断与排除：先试车，结果与车主所述一致。用修车王读取故障码，系统显示正常。根据笔者的经验，造成上述故障的原因多数是进气系统密封不严或元件损坏。

检查进气系统的密封性能，拆下制动增压真空管，接上真空表测量进气系统的真空度，怠速时真空度为62kPa（在标准值57～67kPa之内），当出现故障时真空度随发动机转速增加而在60～82kPa之间快速摆动。从上述检查可以排除是进气系统密封不良造成上述故障。

接下来，检查节气门拉索有无卡滞及节气门位置传感器是否调整合适，都没发现异常现象。由于该车在做二级保养时节气门体已清洗干净，于是怀疑可能是怠速电磁阀有问题。先检查B和D端子都有5V电压，而且A和C端子都有脉冲信号。测量其A和B及C和D端子电阻均正常。于是，拆下怠速电磁阀检查发现：当点火开关位于ON时，怠速电磁阀并不动作（要用手压住怠速电磁阀的枢轴，否则会掉出来）。起动发动机，怠速电磁阀还是不动作。

经过十多次的试验，怠速电磁阀仍不动作。接下来，将怠速电磁阀的枢轴拧出来，然后把点火开关置于ON位置，发现怠速电磁阀可以缩回去。因此，初步诊断是怠速电磁阀卡滞而造成的自由加速。更换怠速电磁阀后装复试车，故障依旧。

拆下新怠速电磁阀检测，发现与旧怠速电磁阀一样不动作。此时，读取数据流发现：

①点火开关位于ON时，冷却液温度为−40℃。进气温度在20～140℃之间快速变化。点火提前角为−82°；节气门开度为0°；进气歧管压力为10kPa；进气量为25g/s；其他数据正常。

②起动发动机后，异常数据与点火开关位于ON时一样，其他数据也正常变化。

根据上述数据流可以判断是PCM损坏才会同时出现这么多异常数据。拆下PCM时，发现PCM连接器的锁紧卡松了。

重新卡紧PCM连接器，再测试怠速电磁阀，怠速电磁阀能够自由伸缩，读取数据流也正常。试车，故障消失。

3)故障总结：动力系统控制模块(PCM)通过调节怠速电磁阀控制IAC电动机枢轴的位置来控制发动机怠速转速。怠速电磁阀控制IAC是一个双向电动机，由两个线圈驱动，动力系统控制模块以脉冲(计数)形式向怠速电磁阀控制线圈提供电流，使怠速电磁阀控制枢轴伸入节气门体的通道，以减少气流。如果动力系统控制模块使电流方向相反，则可将枢轴回缩，增加空气流量。由于PCM连接器锁紧卡松动，使得怠速电磁阀只能单向有电流通过，而不能形成反向电流，就造成了怠速电磁阀只能缩回去，而不能伸出来，这样使得进气量越来越多。此时PCM又无法控制怠速电磁阀的开度大小，从而导致发动机出现自由加速的现象。

2. 凯越轿车变速器不能正常工作

1)故障现象：一辆别克凯越轿车，搭载1.8L双顶置凸轮轴发动机，装备ZF4HP—16型自动变速器。事故修复后，出现变速器不能正常工作的现象。

此车变速器外壳被撞破，阀体部分损坏。维修中更换了变速器外壳和阀体总成。装配完毕后试车，开始跳挡运行一切正常，试车将近50km后，车速以160km/h的速度行驶，车辆突然抖动了一下，车速表回零不再指示，仪表“HOLD”指示灯闪亮。马上减速停车并再次起动，“HOLD”指示灯依然闪亮，挂挡起步，变速器已锁在了三挡，车速表没有指示。

2)故障诊断与排除：此变速器出故障后，再次打开并重新清洗、装配，同时阀体也已经打开，结果没有发现任何问题。装车后，故障无丝毫好转，又到专业维修站检测，控制模块存有换挡故障码，一直清除不掉；最后此车甚至出现了挂挡不走车的现象，更换了一个变速器模块，结果变速器锁挡。将车辆用举升机升起，挂D位测试，变速器可以感觉到升挡，只是升挡较迟，且升至三挡后不再升挡，将车辆进行路试时，却发现此车挂D位已不能走车，其他前进挡也都一样，只有挂倒挡时，可勉强行驶。按自动变速器的设计来讲，当变速器因电控部分故障进入失效保护模式后，锁止在某一挡位，应能保证其基本的行驶功能。

连接TECH2诊断仪，进入自动变速器控制系统，查询到以下故障码：P0781，一/二挡换挡故障：P0782，二/三挡换挡故障；P0783，三/四挡换挡故障。先清除故障码，可以清除，“HOLD”指示灯熄灭，挂D位可以走车。进行路试，发现变速器无法升挡，“HOLD”指示灯又亮起，故障码为P0781，读取动态数据，其他数值无异常，唯表车速没有显示。

接上油压表，测试主油道油压，D位压力值为860kPa，且D位的一、二、三挡无明显变化，R位时压力值为920kPa，油压偏低。

此车装配的是ZF4HP—16型变速器，属4速电液控制型，它取消了单向离合器。机械系统由以下部件组成：变矩器，变矩器锁止离合器，驱动链总成，B、E两个多片式离合器总成，C、D、F三个多片制动器总成，锁止离合器阀，两个行星齿轮组，油泵，阀板总成及差速器总成；电控部分由两个换挡电磁阀、四个油压控制电磁阀、输入轴速度传感器、输出轴速度传感器、油温传感器和控制模块及导线等组成。此变速器整体来说结构紧凑、质量轻、换挡零件少，作用在部件和传动系上的峰值转矩低，机械部分故障率较小，但其换挡需高精度的信号。此车同时无车速显示，难道是两个速度传感器有问题吗？在读取动态数据流时两个传感器信号并无明显异常，但根据以往经验，如果传感器的数值发生部分偏移，在诊断仪器上是很难发现的。

拔下变速器上方的导线连接插头，测量输入轴速度传感器阻值为830Ω，输出轴速度传感器为无穷大，两换挡电磁阀阻值为26Ω，四个压力调节电磁阀阻值为6Ω，均正常。但根据此车电路图可知，组合仪表的车速信号取自自动变速器控制模块，此车的车速信号是控制模块根据输出轴速度传感器的信号计算得来的。为了更精准地控制换挡，此车输出轴速度传感器采用了集成电路式速度传感器，此种传感器克服了磁感应式传感器低速检测效果差的缺点，它经过内部处理后，直接输出方波信号，最低可监测零转速，是不是它的信号出现了误差呢？

用举升机升起车辆，找出输出轴速度传感器和输入轴速度传感器的信号线，测量输出轴速度传感器的输出频率在20～5000Hz之间随车速的增高而变化，输入轴速度传感器的输出频率在1000～6000Hz之间变化，均在规定范围之内。仔细观察发现，虽然输出轴速度传感器的输出频率也随车速的增加而逐渐上升，但在车速稳定时，可以看到此频率有明显的跳变，跳变幅度随车速的增高而增大。当输出频率为3000Hz时，跳变幅度为±15Hz，而输入轴速度传感器的输出频率则较为稳定。

解体自动变速器，拆下输出轴速度传感器，发现此传感器头部有被压低的痕迹。此种传感器的精度很高，要求的气隙比一般的磁感应式传感器要小（磁感应式1.8～2.2mm，集成电路式0.1～1.3mm）。该传感器探头被压到且损伤并不是很严重，所以在刚开始试车时一切正常，但由于工作温度的升高，它的输出信号发生变化，导致变速器控制模块认为输出轴转速异常，故中断了车速信号，变速器进入了保护模式，同时点亮了“HOLD”指示灯。

检查输出轴速度传感器所对应的感应齿，并无损伤和变形，更换输出轴速度传感器，清除故障码，试车，车速表恢复正常，变速器跳挡正常。

分析此车最先出现的故障码，根据当时的车速应该是P0734，四挡传动比不正确，此故障码出现时采用保护模式，锁定四挡。当点火开关关闭，再次打开后变速器锁定为三挡，此时控制模块通过四个油压调节电磁阀调节相应油道压力，使车辆以三挡起步，可以勉强行驶。当把车升起来做跳挡测试时，由于负荷较小，就会出现P0781，一/二挡换挡故障（当出现此故障码时，控制模块采用保护模式，锁定一挡）。P0782，二/三挡换挡故障，锁定二挡。P0783，三/四挡换挡故障，锁定三挡。此时控制模块未将变速器转为液控模式，所以油压较低、力矩较小，以至于出现P0783故障码时会有前进挡不走车现象。

此车故障特殊之处在于，输出轴速度传感器并没有完全坏掉。当它没有信号输出时，控制模块才会设置P0721——输出轴速度传感器故障，当它的输出信号偏差过大时，控制模块会设置P0731——一挡传动比不正确，锁定四挡；P0732——二挡传动比不正确，锁定三挡；P0733——三挡传动比不正确，锁定四挡。此时控制模块通过调压电磁阀，实现高管路压力，均可以走车。

3. 凯越轿车不能自动升挡

1)故障现象：凯越1.8L(4HP16自动变速器)。加速时自动变速器不升挡，发动机转速很高时，车辆只能慢慢前行。

2)故障诊断与排除：此车因事故撞坏变速器壳，更换变速器壳体装复后，试车时先是感觉车速不稳、车辆发闯，并且自动变速器不升挡，发动机转速很高时，车辆却行驶缓慢。随即停车，用TECH2检查，发现没有故障记忆。驾驶车辆，同时用TECH2测量变速器相关数据，发现自动变速器输出轴转速传感器转速和车速信号始终为0。根据此车当时的检修经过和测量数据，判断是输出轴转速传感器有问题。就车拆下自动变速器控制阀体，拆下输出轴转速传感器固定螺栓，用手无法拉出输出轴转速传感器，用一字槽螺钉旋具撬出传感器，发现传感器调隙垫圈位置装错，传感器端部已被变速器内部的输出齿轮磨坏。4HP16自动变速器输出轴转速传感器在阀体的下面，在传感器与壳体之间有一调隙垫片。一些初次修理该自动变速器的修理人员往往在拆装时没有注意该垫片的位置，仍按普通修理常识把垫圈放在紧固螺栓的下面，造成传感器端部顶住输出齿轮顶端，因传感器和输出齿轮间没有间隙而磨坏。更换损坏元件,正确安装传感器调隙垫片,试车,故障消失。

(四)捷达轿车自动变速器故障检修实例

1. 捷达都市先锋AT型乘用车无倒挡

1)故障现象:一辆捷达都市先锋AT型乘用车,装备AHP型发动机及01M型四挡电控自动变速器,该车累计行驶7万多km。该车变速器的油底壳曾经碰坏,修补好后,重新加注变速器油,试车时车主反映,没有倒挡。

2)故障诊断与排除:根据01M自动变速器倒挡工作原理可知,无倒挡的原因主要有:倒挡离合器故障,导致大太阳轮不工作;电磁阀有故障或其控制的油路堵塞;制动器有故障,导致行星齿轮架无法固定,使其一直处于转动状况,大太阳轮的动力无法传到输出齿圈;相关油路堵塞等。

分解变速器,拆卸油泵后,取出并分解倒挡离合器,检查倒挡离合器的摩擦片和钢片,结果发现摩擦片和钢片均因高温而变形,部分钢片有退火现象,摩擦片有焦糊味。检查离合器活塞及弹簧,又发现活塞及弹簧支撑板在离合器壳体内无法自由转动,可能是受热变形的原因,说明缺油后温度过高,将离合器烧坏。

拆卸倒挡离合器及大太阳轮,拆下滑阀箱和密封塞,然后取出倒挡制动器。检查倒挡制动器的摩擦片和钢片工作情况,基本正常。检查活塞,确定倒挡活塞裙部没有断裂漏油处,其他零件位置正确,没有错位、变形、松脱现象,说明倒挡制动器没有故障。

检查滑阀箱内的电磁阀,没有故障。清洗有关油路,确定没有堵塞现象。更换倒挡离合器,重新组装自动变速器,加注变速器油液后试车,故障现象消失。

3)故障总结:该车因自动变速器油底壳破损,倒挡离合器烧坏,车辆无倒挡。更换倒挡离合器即可。

2. 捷达都市先锋乘用车挂挡后不能行驶

1)故障现象:一辆捷达都市先锋乘用车,装备01M型自动变速器,具有一、二、三、D、R、P、N共7个挡位。该车行驶了近14万km。现在无论变速器操纵手柄位于前进挡、倒挡或低速挡,汽车都不能行驶。有时汽车起步后能行驶几十米,但车一热,又不能行驶。

2)故障诊断与排除:装备自动变速器的车辆,当发动机技术状况良好而车辆无法起步时,应对自动变速器进行检查。就自动变速器而言,换挡操纵手柄及手动滑阀摇臂之间的连杆或拉索松脱,使手动滑阀始终保持在空挡或驻车挡位置;油路堵塞或泄漏、油压过低等使变矩器无法工作,都将使车辆无法正常起步。首先对自动变速器进行基本检查:检查变速器油面高度,发现油面很低;外部检查漏油情况,发现油压测试螺塞、转速传感器、壳体密封垫等多处漏油。考虑到该车漏油严重,很可能在变速器油液很少的情况下,车辆运行了一段时间,湿式离合器和制动器摩擦片有烧蚀的可能,于是对变速器进行了分解检查,油泵滤网堵塞严重,离合器和制动器的摩擦片有部分烧蚀,表面粉末冶金层有脱落现象,其他零件基本符合技术要求。清洗滤网及所有零件,更换摩擦片和钢片后装复,加注变速器油,进行道路试验,车辆能顺利起步,加速流畅,换挡平顺,最高车速能达到要求。

该车是由于漏油严重加之滤网堵塞,使液压系统油压过低,造成变速器无法工作。清洗滤网,更换损坏件,加注变速器油液即可。

3. 捷达王乘用车挂挡时车辆发闯

1)故障现象:一辆捷达王乘用车,装备01M型自动变速器,累计行驶7万多km。车主反映该车在D挡行驶时,随油门的增大挡位升高,换挡瞬间有明显的冲击感。

2)故障诊断与排除：根据以往的维修经验，01M 或 01N 型自动变速器换挡时有冲击现象的原因主要有：发动机 ECU 与自动变速器电子控制单元不匹配；变速器转速传感器有故障；液力变矩器损坏；滑阀箱中电磁阀损坏；发动机怠速过高；主油路压力过大；锁止离合器压力不均等。为准确判断故障点，首先对自动变速器原地进行基本检查，检查油面位置、变速器油的质量、外部漏油情况、节气门拉索位置、挡位开关及怠速的转速情况，结果均正常。第二步进行道路试验与检查，重点做升挡试验，将变速器操纵杆扳入 D 挡，踩下加速踏板，保持节气门在 1/2 左右的开度，汽车起步后，随车速的升高，变速器能由一挡升入二挡，再由二挡升入三挡和四挡，但在升挡的瞬间车辆窜动明显，说明该车换挡过程中的平顺性较差。

用 V. A. G1151 诊断仪对自动变速器电子控制系统进行故障查询，结果显示故障码 00297，为变速器转速传感器 G38 无信号。变速器转速传感器 G38 安装在变速器壳体内，用于指示行星齿轮系统中大太阳轮的转速，其插头为白色。变速器控制单元 J217 利用大太阳轮转速信号，可准确识别换挡时刻，并利用该信号实现下列功能：一是换挡过程中通过减小发动机点火提前角，来减小发动机的转矩；二是在换挡过程中控制多片离合器。检查 G38 与 J217 连接线路，没有发现故障，于是决定更换变速器转速传感器 G38，更换后，再用 V. A. G1151 进行故障查询，无故障码显示。进行道路试验，在 D 挡行驶时车辆的窜动感消失。

4. 捷达轿车自动变速器异响

1)故障现象：捷达 AT 行驶里程 9 万 km。路试行驶中听到底盘发出“哗、哗”异响，急加速，当发动机转速为 3000r/min 时，车速只达到 80km/h。正常车辆当以 4M(四挡机械)行驶时，发动机转速与车速正常的对应关系是：3000r/min 对应 100km/h。对该车如缓慢加速，当发动机转速为 3000r/min 时，能对应 100km/h。

2)故障诊断与排除：根据发动机转速与车速对应关系不正常的情况，判断变速器的四挡打滑。分解自动变速器，看到离合器 K3 摩擦片烧损。询问用户得知，以前变速器曾漏过油，在缺油的情况下强行行驶，造成自动变速器内部烧损。因为四挡接合时，离合器 K3 工作，由于 K3 烧损，所以四挡有打滑现象。

更换离合器 K3 摩擦片，装复后行驶正常，故障排除。

5. 捷达轿车自动变速器底护板异响

1)故障现象：捷达 AT 行驶里程 1.8 万 km。原地加油发动机噪声大，有“隆、隆”异响，有振动感。

2)故障分析与诊断：捷达 AT 车为保护变速器而安装了底护板，但固定底护板的螺栓是拧在变速器壳体上。底护板是很厚的钢板，当底护板受冲撞时，很容易损坏变速器壳体。举升车辆，果然看到自动变速器的底护板有磕碰痕迹。

拆下底护板，将其敲平，再安装固定，故障消除。提醒用户行车中一定要仔细观察路面，不要出现托底现象。

6. 捷达轿车自动变速器换挡错乱

1)故障现象：据捷达 AT 用户讲，此车在抬过自动变速器后，加速踏板踩到底，汽车时速只有三十多公里。

2)故障分析与诊断：将 V. A. G1552 连接到诊断座，查询自动变速器电控系统无故障码。随后一人驾驶汽车，一人观察 V. A. G1552 数据块 003 显示组的第三区。挂入挡位，从数据块中看到挡位由 1H(一挡机械)到 2H(二挡机械)反复变化，也就是说挡位由一挡跳到二挡，又回到一挡。

据以往经验分析，这是在抬过自动变速器后容易出现的人为故障。在自动变速器上部有两个形状一样、颜色不同的插头：白颜色的是变速器转速传感器G38的插头，位于发动机一侧；黑颜色的是车速传感器G68的插头，位于车轮一侧。抬过自动变速器后，因为G38与G68形状一样，所以很容易将G38和G68插头插颠倒。插错后的故障现象是在行驶中不能自动升挡。G38与G68都是磁感应式传感器，其插头错插后，计算机接收的信号频率有变化，但信号并未中断，所以计算机不会存储故障码。为了避免这两个插头连接错误，宝来轿车装备的01M自动变速器已对这两个插头形状做了更改。检查G38与G68的插头，果然是两个插头插反。

拔出两插头，将白颜色G38插头插在靠发动机一侧，将黑颜色G68插头插在靠车轮一侧，经试车换挡正常，故障排除。

7. 捷达轿车自动变速器不跳四挡

1)故障现象：捷达ATi自动变速器进入应急状态，总以三挡行驶。

2)故障分析与诊断：用V. A. G1552检测，故障码00260——电磁阀N89断路。清除故障码后试车，故障依然存在，故障码也依然存在。拆开自动变速器油底壳，测量检查印制线路N89电磁阀正极线通，地线回路不通。原来是由于印制线路的N89接地回路不通，导致电磁阀不工作。更换阀体线束，试车行驶正常。

8. 捷达轿车自动变速器不能升挡

1)故障现象：捷达AT挂上前进挡，踏下加速踏板，发动机转速表指针已指向3000r/min，此时车速只有30km/h。此现象说明自动变速器总以一挡行驶。

2)故障分析与诊断：使用V. A. G1552查询无故障码。汽车停在原地，打开点火开关，踩加速踏板，观察数据块001显示组第三区：节气门位置值。随着节气门由全闭到全开，节气门位置值应从0%变化到100%，而此车不管节气门在任何位置，节气门位置值总是57%。

自动变速器计算机是根据变速器转速信号和节气门电位计信号变换挡位，如果收不到节气门电位计信号，或者节气门电位计信号始终是一个固定的数值，自动变速器计算机就不会发出换挡指令。使用V. A. G1552进入自动变速器地址，因自动变速器计算机自诊断程序未设置节气门电位计故障码，所以不能储存此故障，但是可以观看数据块中节气门的位置，来判断节气门电位计是否有故障。将V. A. G1552进入发动机地址，查询无故障码。阅读数据块中节气门角度正常，则怀疑自动变速器控制单元有问题。

更换自动变速器控制单元，然后用V. A. G1552进入自动变速器地址进行节气门基本调整。最后进行路试，观察当发动机转速为3000r/min时，对应的车速是100km/h。此情形说明自动变速器换挡完全正常，此时正以四挡行驶，故障排除。

9. 捷达轿车自动变速器挂不上挡

1)故障现象：打开捷达AT点火开关，踩下制动踏板后，变速杆按钮按不下去，换不上其他挡位。

2)故障分析与诊断：经过观察发现当踩下制动踏板，制动灯不亮。

此车设计意图是，汽车发动后必须踩下制动踏板，才允许将变速杆从P挡或N挡移出，避免由于未踩制动踏板而直接挂挡，使车辆冲出发生事故。变速杆锁止电磁阀N110控制变速杆按钮。打开点火开关，N110的正极得到12V电压，N110的负极由计算机将29针与地接通，N110吸合，变速杆按钮按不动，变速杆被锁住。

变速杆按钮按下去的条件是：①不打开点火开关，N110不吸合，变速杆按钮不被锁止；②

打开点火开关，N110通电锁止，但是踩下制动踏板，制动灯信号进入计算机15针，计算机会将29针与地连接断开，N110释放，按钮可以按下；③当车速超过5km/h时，计算机将29针与地连接断开。

N110释放不开的故障原因有两条：①踩下制动踏板后，N110的负极不能与地断开；②由于N110的锁止机构是塑料件，所以容易变形卡滞。

经检查此车是制动灯熔丝熔断，导致计算机接收不到制动灯信号，故使N110的负极总是与地接通。

更换制动灯熔丝，故障排除。

10. 捷达自动变速器进入应急状态

1)故障现象：捷达AT挂前进挡起步过程中，发动机费力，行车中不跳挡。

2)故障分析与诊断：试车发现自动变速器已进入应急运行状态，即挂上前进挡后，起步和行驶只有三挡。用V. A. G1552进行查询，发现有七个偶发故障：00258电磁阀1—N88、00260电磁阀2—N89、00262电磁阀3—N90、00264电磁阀4—N91、00266电磁阀N—92、00270电磁阀N—94、00268电磁阀N—93对地断路/短路。

故障码中的所有元件，与控制单元线速的连接是通过变速器上部的一个圆插头，所以首先应检查这个插头。经检查发现，自动变速器上部连接电磁阀的插头松动。重新将连接插头固定，清除故障码，自动变速器换挡正常，故障码不再出现，故障排除。

11. 捷达轿车自动变速器不跳挡

1)故障现象：捷达ATi发动机转速表指针时走时不走，机油警报灯有时报警，自动变速器加速不跳挡，以上故障总是同时出现和消失。

2)故障分析与诊断：使用V. A. G1551对发动机和自动变速器控制单元进行查询，没有故障存储。进入发动机地址读数据块，发动机转速为840r/min。再进入自动变速器地址系统，读数据块，发动机转速为90r/min。

捷达ATi的发动机转速信号，是由发动机转速传感器G28取得的，送给发动机控制单元。再由发动机控制单元输出两条支路：一路输入仪表盘的发动机转速表，另一路输入自动变速器控制单元。自动变速器控制单元利用该信号和节气门开度信号、车速信号等，控制换挡时机。自动变速器和转速表同时发生故障，但发动机系统正常，说明故障只可能出现在发动机控制单元的输出部分或信号线。捷达车的机油报警系统是在发动机2000r/min时，检查机油压力是否达到180kPa。当机油报警继电器接收不到发动机转速信号时，油压报警灯会报警。本车故障的原因，不太可能发生在发动机转速表或自动变速器电控系统，最有可能发在发动机控制单元。

更换发动机控制单元，进行防盗计算机与发动机计算机的匹配，路试车辆，一切正常，故障排除。

12. 捷达轿车自动变速器挂倒挡时发动机剧烈振动

1)故障现象：捷达AT行驶里程8万km。挂上R挡发动机剧烈振动，挂上前进挡发动机振动基本正常。

2)故障分析与诊断：打开发动机盖，挂上R挡后，看到发动机沿逆时针(从曲轴前端向后看)转动很大角度。挂上前进挡后，看到发动机沿顺时针转动很小角度。

此现象说明是机角垫损坏所致。手动变速器的车辆如果机角垫损坏，因为挂挡时离合器分离处在分离状态，所以挂挡时发动机没有振动，但当抬开离合器踏板时才发出“哐”的一声。

这是发动机加载后的振动，机角垫损坏越严重，振动幅度越大。自动变速器车辆在挂挡前，变矩器的泵轮搅起的自动变速器油冲击涡轮，挂挡后发动机的动力已与车轮接合，只是由于未放开制动踏板，车轮被制动，所以不能转动，泵轮受到液流的反作用力，促使发动机逆时针旋转。

拆下三个机角垫，均有损坏，靠近散热器的那一个损坏最严重，内部的自动变速器油已经泄漏。将三个机角垫更换，经试车故障排除。

（五）桑塔纳轿车自动变速器故障检修实例

1. 俊杰轿车更换变速器油后，在D位无法起步

1）故障现象：一辆上海大众桑塔纳2000型俊杰轿车，搭载01N自动变速器，车主开车进厂更换自动变速器油。维修人员查看车辆行驶里程已经有13万km，因此在更换变速器油之前，首先使用V. A. G1552检查变速器电控系统。

查询变速器计算机故障码存储，发现有故障码17114，含义是挡位/速度比错误，但是从故障码本身不能确定具体的故障部位。清除故障码，更换变速器油后试车，发现变速杆位于D位时车辆无法起步。为什么更换了变速器油后就不能起步了呢？试着挂其他挡位，发现变速杆位于手动一挡时车辆能够行驶，倒挡也正常，但是在其他挡位车辆均不能行驶。

2）故障诊断与排除：01N型自动变速器共有D位、手动一挡、手动二挡以及手动三挡四个前进挡，在D位和手动二挡、手动三挡失速转速无穷大，而手动一挡和倒挡失速正常，失速值在2000r/min左右。进行手动换挡试验，先挂入手动一挡起步，然后手动换入D位，变速器能够升至4挡，初步判断故障原因在于D位中的一挡失效。在此需要提醒大家注意的是，做失速试验时一定要注意操作时间，严禁时间过长，否则会烧毁变速器内摩擦片。01N型自动变速器的机械部分主要由1个行星齿轮组、3个离合器、2个制动器以及1个单向离合器组成。其中行星齿轮组是由1个小太阳齿轮、1个大太阳齿轮、3个短行星齿轮、3个长行星齿轮、行星齿轮架及齿圈组成的。其中离合器K1驱动小太阳齿轮，离合器K2驱动大太阳齿轮，离合器K3驱动行星齿轮架，制动器B1制动行星齿轮架。变速器在工作时阀体通过油压控制离合器、制动器的动作，以完成液力变矩器和行星齿轮组之间的动力传输。

因为变速杆位于手动一挡时车辆能够行驶，而且已经初步判断故障原因在于D位中的一挡失效，因此下面需要分析一下一挡状态下的动力传递方式。

①在D位的一挡状态下，变速器计算机通过控制电磁阀EV4使离合器K2分离，单向离合器参与工作，行星齿轮架固定不动，动力传递由涡轮轴—离合器K1—小太阳齿轮—短行星齿轮—长行星齿轮—齿圈，然后传递给主减速器实现动力输出。

②在手动一挡时，通过手动换挡阀操纵离合器K1和制动器B1闭合，其他控制功能都被切断。动力传递路径：涡轮轴—离合器K1—小太阳齿轮—短行星齿轮—长行星齿轮—齿圈。制动器B1制动行星齿轮架，因此在手动一挡时车辆可以实现加速和超速行驶。

通过分析以上两个工况中的动力传递路线，并结合失速试验中一挡和倒挡失速正常可以分析出，变速器油压基本正常，离合器K1和制动器B1工作也是正常的，问题应该出在单向离合器，于是进行了变速器的分解检查。

变速器解体后，笔者对各部分进行了仔细检查。检查结果与事先的分析相符，各离合器片和制动器片均无明显烧蚀现象，各摩擦片之间的间隙也未超标，只是行星齿轮架上的单向离合器锁止轮外缘被滚柱磨损了，这样就导致了锁止轮失效。锁止轮失效后就无法锁止行星齿轮架，造成动力输出中断，发动机空转，失速转速无穷大。

更换单向离合器行星齿轮组后试车，变速器挂入D位车辆能够起步，并能升至四挡，且换

挡比较平顺，笔者认为维修工作已经结束。但第二天再试车发现，除了变速杆位于N位和P位时踩制动踏板发动机不熄灭，在其他挡位时制动发动机均熄灭，但挂挡后快速松开制动踏板并踩加速踏板，车辆能前进。做失速试验发现D位的失速转速在1200r/min左右，此数值偏低，这应该是由于锁止离合器始终锁止引起的。用V.A.G1552检查变速器计算机故障码存储，发现有故障码17124，含义是锁止离合器故障。测试锁止离合器电磁阀工作正常，更换变矩器后试车，故障消失，至此故障彻底排除。

2. 俊杰轿车自动变速器变速杆不锁止

1)故障现象：桑塔纳2000俊杰轿车自动变速器变速杆在运行时不踩制动踏板可以在任意挡位间切换。

2)故障诊断与排除：该车配置01N四挡自动变速器，用故障诊断仪V.A.G1552查询自动变速器控制单元无故障码，用万用表测量变速杆锁止电磁阀的阻值与新的电磁阀一样，再测量其两端电压，当不踩制动踏板时为0V，踩下制动踏板时还为0V。该电磁阀通过变速器控制单元受控于制动灯开关F。当踩下制动踏板时，制动开关F闭合，从蓄电池正极传来的30号电源经过制动开关F分为两路，一路给制动灯供电，使制动灯亮；另一路给变速器控制单元一个制动踏板踩下信号，使其吸合换挡电磁阀，使电磁阀从P位到一挡之间任意转换。

接下来检查制动开关F，当踩下制动踏板时发现两制动灯都不亮，只有高位制动灯亮，而不踩制动踏板时高位制动灯微亮。首先检查制动灯，发现灯丝都已烧断，更换两灯泡后，奇迹发生了，以前的故障都消失了。

为了找到问题的根源，先取下两个制动灯泡，再测量与开关F相连的变速器控制单元的端子15号脚的电压。该电压为5.6V，这时高位制动灯微亮。再切断与15号脚有关的另一线路，即ABS控制单元到制动灯开关的线，15号脚的电压仍为5.6V。现在问题集中在变速器控制单元，刚好有一辆同型号的车进厂，将两制动灯泡取下，同样的故障也发生在这辆车上。其原因是当两制动灯完好时，来自变速器控制单元内部即15号脚的电流经两灯丝而搭铁；当两灯丝都熔断时，从控制单元内部来的电流经过高位制动灯的发光二极管搭铁(即发光二极管微亮)，使15号脚上有5.6V的电压，使控制单元误认为制动开关闭合，从而使变速杆锁止电磁阀吸合，变速杆处于解锁状态。

3. 桑塔纳俊杰轿车挂入倒挡时感到变速器抖振，再挂入D位时则感到剧烈地振动

1)故障现象：一辆桑塔纳俊杰轿车，搭载大众AG401N型电控自动变速器，用户反映当变速器变速杆挂入倒挡倒车时会突然感觉到变速器一振，同时当变速杆再挂入D位时也会感到剧烈地振动。

2)故障诊断与排除：维修人员连接故障诊断仪V.A.G1552对变速器电子控制系统进行了检测，结果发现了“00械93025——多功能开关F125未定义开关状态；01236031——自动变速器换挡锁止电磁阀N110接地线断路/短路”两个故障码。根据故障码描述的含义提示，首先检查了与自动变速器控制系统相关的熔丝，结果发现15号熔丝被烧断。经查阅该车相关线路图，得知15号熔丝为倒车灯、挡位指示灯及变速杆锁止电磁阀熔丝。更换该熔丝后故障排除，变速杆又反复挂入R位试了几次，没有出现问题。

当准备把车交付给用户时，变速器的上述故障再次出现，检查15号熔丝又烧断了。为此，怀疑与该熔丝相关的元件存在问题，于是先后更换了倒车灯继电器和F125多功能开关，但故障依旧，维修陷入了困境。

当笔者接触该车后，首先更换了一个熔丝进行试车，结果发现倒车时会突然出现用户反映

的故障现象，看来应该是某段线路中某处有短路的地方。由于更换倒车灯继电器、多功能开关都不起作用，笔者决定对换挡锁止电磁阀N110及其他相关线路进行检查。经仔细检查，N110及其线路未见异常。继续检查倒车灯线路时，倒车灯灯泡、灯座均没有问题。顺着线路继续检查，在检查到行李箱盖铰链处的线束时，发现倒车灯的黑/紫线破损，已漏出铜线，把该处重新包好后，试车故障再未出现。

至此，故障原因找到了，由于该车倒车灯的供电线破损，当变速器变速杆在挂上倒挡后，该线路偶尔直接搭铁短路，导致熔丝被烧断。同时，由于该线路的短路，使得变速器控制单元进入了应急运行状态。当变速器进入应急模式后，变速器只能以三挡行驶，同时油压达到最大值，这样变速器在换挡时就会产生强烈地冲击，也就出现了用户所述的故障症状。更换倒车灯的供电线，故障排除。

（六）本田轿车自动变速器故障检修实例

1. 雅阁轿车自动变速器挂挡延迟

1）故障现象：一辆2001年产本田雅阁轿车，自动变速器型号为MAXA。该车在其他维修厂大修变速器后，出现了挂挡延迟的现象，后送到我厂修理。经过问诊，了解到该车已经经过了两次修理，故障现象为在着车后刚挂上前进挡时，要过几秒才能上挡，车身才能前行。其他挡位在路试时，升挡降挡均正常。这是一个明显的前进一挡挂挡延迟故障。

2）故障诊断与排除：针对该车在前进挡D4、D3的一挡进挡延迟的现象，结合该变速器工作原理，对逐个可能产生故障的部位，采取由浅入深，先易后难的方法，进行逐项拆检分析。根据问诊的情况，对该车进行了检测。

首先，检查了ATF油，油品很好，很干净（因为刚从另一个修理厂送来，进厂前已经经过大修），并对其外观进行了检查。

其次，打开点火开关，D4灯点亮并无闪烁，因此，认为该车故障不大可能是电路故障。但为保险起见，还是对车辆进行了这方面的检测。对该车再次进行路试，故障依旧，且没有故障码。

接下来，根据故障现象和该自动变速器的工作原理，判断该车故障主要在一挡。我们选择性地对其进行了油压测试。

关闭点火开关，用油压表接到变速器体上的主油路油压测试口。着车，测得：P挡的油压为850kPa，倒挡的是950kPa，N挡的是830kPa，D挡的是690kPa。大家都一致认为油泵无故障，而D挡的油压偏低。

接着，将油压表接到一挡油压测试口，在从N挡挂入D4挡时，测得油压明显偏低，为450kPa，正常值应为800～850kPa。因此，可以确定一挡的油路有泄漏故障。于是，将检测重点放在了D挡一挡油路上。

那么，有什么原因导致一挡油路压力偏低呢？根据该自动变速器原理，我们分析，导致一挡油路油压偏低，可能由以下因素造成：阀体密封不良、换挡阀A、换挡阀B、CPC阀A和B及一挡蓄压器工作不良。

基于以上判断，其故障部位出现在油路控制系统上。在确定拆下变速器体前，我们又做了一次检查，包括A/T离合器压力控制电磁阀A和B的线路和电磁阀的电阻，均符合要求（12～25Ω）。

把变速器拆下来后，我们对其进行了认真细致的检查，并且把重点放在了检查油路阀板和一挡离合器上。

故障检查与排除步骤:①分解自动变速器,仔细地测试了一挡离合器的压力(用空气枪),结果发现一挡离合器没有泄压,因为此车在别的厂维修时已经换过了修理包,我们又接着检查尾盖上的离合器供压管和胶圈,结果都没发现问题;②检查主阀体,各滑阀良好;③检查伺服器阀体总成上的换挡阀 A 和换挡阀 B,正常;④检查一挡蓄压器阀,良好,但此时发现该一挡和二挡蓄压器阀体上的蓄压器体盖装反了。将其打开,正好把一个单向球阀的油孔露出一个小孔,造成泄压。⑤将装错的上盖重新对位,再次仔细地将变速器体进行了重新装复。装上车体后试车,原来的故障现象消失,挂挡顺畅,没有换挡迟滞现象。检测一挡油压为 850kPa,滞后时间为 0.8s,故障彻底排除。

通过上面的故障分析和排除过程可以看出,一个小小零件对变速器体的性能也有大大的影响。由于蓄压器体盖装反,导致一挡蓄压器中单向球阀错位泄压,使一挡离合器达不到足够的压力,进而不能锁止副轴一挡齿轮,将动力传给中间轴一挡齿轮,从而出现进挡延迟的故障。

2. 思域轿车挂挡冲击大

1)故障现象:一辆本田思域轿车,行驶里程 1.68 万 km。挂挡冲击大,进 D 位时冲击很大,在行驶过程中四挡降三挡时冲击明显。

2)故障诊断与排除:挡位开关调整无效,修理变速器总成后,故障依然存在。

此车热车后挂 N 位时,发动机转速偏低,只有 626r/min,正常转速应该在 750r/min 左右,所以此车应该还存在怠速过低的故障。于是笔者认为应该先进行怠速过低故障分析。用 PGM 本田专用诊断仪读取数据流发现,IAC 指令为 11%,MAP 为 28kPa,所以进气量符合要求。此外还发现喷油脉宽为 2.62ms,比标准怠速喷油脉宽稍短,而此时燃油短时调整为 0.94,标准值为 0.90,即表明目前的喷油脉宽还是由 PCM 控制加浓过的,为什么会造成喷油脉宽变短呢?由 FSS(燃油系统状态)关闭得知目前燃油供给控制是闭环控制状态,可能的原因是 PCM 对工况识别错误,即不是按照怠速工况控制喷油脉宽,而是按照小负荷工况控制喷油脉宽的(因为怠速工况喷油脉宽一般为加浓的)。通过以上分析,可以推断出 PCM 没有识别出怠速工况,而供给 PCM 怠速工况信号的只有 TP 传感器信号,观察 TP 传感器信号的数值为 26%,相对于标准值 10%偏高。对 TP 传感器稍微调整,将 TP 传感器的数值由 26%调整为 11%后,怠速转速提高到了 750r/min,而且挂挡冲击的故障解决了,经试车确认降挡冲击也解决了。

3. 本田雅阁乘用车行驶无力

1)故障现象:一辆广州本田雅阁乘用车,装备固定轴式自动变速器。发动机动力性能良好,但车辆起步困难,在坡道上基本不能正常起步。在水平路面上,车速不能随油门的踩下而提升或提升缓慢。

2)故障诊断与排除:检查油液数量,基本正常,油的颜色呈暗红色,也属正常。用专用故障诊断仪调阅自动变速器电控系统故障码,结果为 15,含义为主轴转速传感器有故障。测量主轴传感器电阻值为 450Ω,在正常范围内。检查主轴传感器至自动变速器控制单元的线路正常。检查传感器线束连接件,也无异常。拆下主轴传感器,从外观上看不出变形损坏处。

做失速试验:操纵杆在一挡位时失速转速为 2900r/min,高于标准的 2400~2700r/min。在其他挡位,失速时的转速均正常,说明一挡固定离合器可能有故障。为进一步确定故障点,连接故障诊断仪上路试车,当操纵手柄在 D4 位置时,读取换挡控制电磁阀的工作状态。结果观察到在 1 挡位起步时,换挡控制电磁阀 A、B 均处于断开状态,一切正常。观察主轴转速和中间轴转速,有明显的偏差。在其他挡位,电磁阀动作正常,而且主轴转速和中间轴转速一致。

这说明故障是出在一挡固定离合器上，同时也证明了自动变速器控制信号已通过电磁阀给了一挡固定离合器油压，而现在一挡固定离合器仍在打滑，说明其机械部分有问题。

分解变速器后，检查一挡固定离合器时发现该离合器的活塞O形密封圈破裂，摩擦片有轻微磨损，但不影响使用，其他零件均正常。更换O形密封圈，装复自动变速器，试车，故障排除。

(七)现代轿车自动变速器故障检修实例

1. 索纳塔变速杆置于D位时，车辆不能正常行驶

1)故障现象：一辆北京现代索纳塔事故车，搭载自动变速器，该车的变速器在事故中被撞坏。车辆在修复后，更换了变速器总成。进行试车，当变速杆置于D位时，车辆只能行驶几十米，之后便不能继续行驶。但若将变速器置于手动模式，则可以正常行驶。连接故障诊断仪进行检测，读取到了故障含义为一挡传动比错误，怀疑变速器有问题，于是又更换了一台变速器总成。但装复后试车，故障依然存在，只是没有发现故障码。为确定是否是变速器本身的问题，又拆了一辆在用车的变速器进行试验，但故障依旧。

2)故障诊断与排除：该款车应该搭载的是F4A42型4速电子控制自动变速器，虽然这款车型较新，但该车搭载的变速器与早已进入国内的三菱及现代车系多款车型搭载的变速器结构上基本相同。另外，这款变速器在目前国内很多企业生产的轿车上也被广泛应用，如奇瑞东方之子、中华、欧兰德及哈飞赛马轿车等。该款变速器设置7个油压检测孔，分别是5个换挡执行元件的检测孔(3个离合器：低挡离合器、高挡离合器、倒挡离合器；2个制动器：低/倒挡制动器和二/四挡制动器)和变矩器的2个检测孔(液压连接和机械连接)。因此，该款变速器出现故障后，在进行检测时比较方便，而且对很多故障可以进行针对性更强的检测。

对于所遇到的这个故障，应该比较容易解决，因为当变速器故障时，完全可以通过油压表同时借助专用故障诊断仪对变速器电控系统进行监测。主要是监测变速器控制单元是否对换挡控制电磁阀、低挡离合器控制电磁阀和低/倒挡制动器电磁阀发出工作指令，一旦控制单元发出指令，那么相应的一挡执行元件，即低挡离合器和低/倒挡制动器便会形成相应的工作压力。如果压力正常，那么车辆肯定能够行驶。由于更换了变速器总成，因此不排除是更换错误，因为开始时更换的是拆车部件，很可能造成了控制单元与变速器之间不匹配，继而出现了变速器控制单元设置一挡传动比错误的故障码。另外，变速器控制单元设置传动比错误的故障码是有条件的：变速器打滑，输入及输出速度传感器信息、线路、控制单元或控制单元与变速器之间不匹配等。根据上述可能的故障原因，结合该车的具体情况，判定该车变速器的故障原因是：错误的变速器传动比或变速器液压系统因压力泄漏导致传动机构打滑。

该车的维修过程基本表明，如果变速器本身信息正确(在用车上的变速器)，说明变速器机械和液压方面应该是没有问题的。考虑该车是事故车，必须从外围查起，包括各传感器的输入信息、控制单元的指令及变速器的工作压力等，一定会找到故障所在。

2. 索纳塔轿车自动变速器无挡

1)故障现象：一辆2001年款索纳塔轿车，采用KM175型自动变速器，在正常行驶中突然出现发动机空转，而后将变速杆挂入任何挡位都无法行驶的现象。

2)故障诊断与排除：将该车拖至修理厂进行检查，发现无论在热机还是在冷机的状态下，将变速杆挂入任何位置，该车都无法行驶。检查自动变速器油，其油量和品质都正常。检查传动轴、万向节和换挡机构，也均正常。用元征ADC2000故障诊断仪调得15(油温传感器低温侧开路)、41(换挡电磁阀A开路)、43(换挡电磁阀B开路)和51(液力变矩器锁止离合器故障)

等4个故障码。清除故障码(对于该车型,只需将蓄电池的负极线拆除15s以上,就可以清除自动变速器ECU内的故障记忆)时发现上述4个故障码无法清除,于是怀疑线路有问题。检查自动变速器至自动变速器ECU间的线路,正常。因在静态下无法清除故障码,该车也不能行驶,所以无法判断换挡电磁阀、油温传感器和自动变速器ECU这三者间哪个有问题。

根据维修经验,首先对该自动变速器的机械部分进行检查。将其解体后发现各挡离合器、制动器摩擦片没有损坏,各轴、齿轮、轴承及密封圈均完好无损。对阀体进行清洗后,将换挡电磁阀、压力控制阀通电试验,均有“咔嗒”声,说明它们均工作。更换油温传感器后将自动变速器装复试车,发现该车能够前进和后退,但路试发现当发动机转速达到4000r/min时,车速才达到80km/h,而且自动变速器不换挡。拔下自动变速器ECU导线侧连接器后试车,结果还是一样。用ADC2000故障诊断仪调取该系统的故障码,故障码15消失,而其他3个故障码依然存在。测量换挡电磁阀A和换挡电磁阀B的电阻,分别为2212Ω和2312Ω,在标准范围内,各自的导线也不存在短路和断路的现象。那么到底是自动变速器ECU故障还是液力变矩器锁止离合器故障呢?带着这个疑问将该车用举升机举起,让车主挂挡,此时在车下可以听到在自动变速器与发动机之间有金属摩擦声,但该声音瞬间就消失了。根据维修经验,一般可认为液力变矩器有故障,于是决定测量该自动变速器的油压。将变速杆置于D位,接通超速控制开关,当发动机转速为2500r/min时,在减压测试口测得的油压为0.3MPa(正常值为0.35～0.70MPa),液力变矩器的油压为0.12MPa(正常值为0.44～0.63MPa),两者的压力都较低,说明液力变矩器可能有问题。为了准确判断出故障部位,接着做了失速试验,结果发现在任何挡失速转速都过低,为1200r/min(正常值应为1800～2800r/min),因发动机动力性能良好,因此就可以判断为液力变矩器有问题。

再次拆下自动变速器,换上一只翻新的液力变矩器后,装复自动变速器,测量液力变矩器的油压,为0.6MPa。对该车进行路试,当发动机转速达2500r/min时,车速已达120km/h,而且自动变速器换挡正常。再次用ADC2000故障检测仪调取自动变速器系统的故障码,无故障码显示。至此,上述故障完全排除。

3. 伊兰特轿车自动变速器换挡冲击

1)故障现象:一辆北京现代伊兰特1.8轿车,搭载FA4A42型自动变速器,行驶里程为67000km,用户反映该车存在换挡冲击的故障,变速器在一挡升二挡时最为明显。

2)故障诊断与排除:同用户一起路试,故障确如用户所述,但没有规律性。首先检查了自动变速器油液面,在标准范围内,检查油质也未发现异常。于是连接诊断仪对自动变速器的控制系统进行检测,但没有发现任何故障码存储。之后又利用诊断仪对发动机系统进行了检测,结果也没有发现故障记忆。考虑到节气门位置传感器的信号电压直接影响变速器的换挡,查看了相关数据流,经仔细观察发现,发动机在怠速状态时,节气门位置传感器的输出电压为0.4V,数据正常。后来笔者对该车进行了失速试验,发动机的失速转速为2000r/min,在标准范围(1800～2600r/min)内。后来笔者又对变速器进行了换挡学习的操作,但问题仍然不能解决。至此,判定问题出在变速器内部。

为了不盲目拆解变速器,先测量了变速器的油压。经测量,变速器各离合器和制动器的油压均在标准范围内,未见异常,于是决定再次进行路试。就在车辆再次路试时,又出现了异常情况。变速器原本还是一挡升二挡冲击较为严重,而此时变速器每个挡位在换挡时冲击都很严重,看来故障是越来越严重了。为了使用户降低维修成本并缩短维修时间,决定不拆下变速器,而是就车进行维修。于是先将阀体拆下,对各控制阀及蓄压器的工作情况进行检查。就在检查蓄压器时，发现 LR、UD、2ND 及 OD4 蓄压器的活塞都很紧，根本取不出来，且表面已经变色，要用很大的力才能活动，其中 2ND 蓄压器的情况尤为严重。正常情况下，蓄压器的活塞应该是能用手轻松取出的。继续检查阀体上的各控制阀，无卡滞现象。看来问题很可能就出在这 4 个蓄压器上，因为蓄压器直接影响换挡平顺性。于是更换了 4 个蓄压器，并换了新的阀体修理包。最后，在对变速器进行清洗、换油后装复试车，故障排除。

（八）海马轿车自动变速器故障检修实例

1. 福美来轿车自动变速器油温过高

1）故障现象：一辆海南马自达福美来轿车，装备 R4A－EL 型电控自动变速器。该车高速行驶一段时间后“O/DOFF”指示灯点亮，读取故障码为“56——自动变速器油温传感器信号不良”。该车在其他修理厂更换了 4 次自动变速器油并清洗了阀体，但故障现象依旧。

2）故障诊断与排除：笔者接到该车后，首先检查自动变速器油，没有发现异味及金属杂质等。然后进行试车，冷车时“O/DOFF”指示灯不闪烁，但经高速行驶后，“O/DOFF”指示灯一直点亮，读取故障码，仍为“56——自动变速器油温传感器信号不良”。

检查自动变速器油温传感器，测量其电阻值，20℃时为 3.8kΩ，120℃时为 200Ω，而且随温度的升高，电阻呈非线性下降，均在标准值之内。根据上述数据，可以判断自动变速器油温传感器正常。

接下来，检查油温传感器线路。测量油温传感器连接线与自动变速器 ECU 连接端子的电阻，均为 1.3Ω（正常值为小于 4Ω），也没有发现与车身搭铁的现象。由于油温传感器自身没有问题，其线路也正常，所以怀疑自动变速器 ECU 损坏。

为了确定是否是自动变速器 ECU、电源或搭铁不良引起的上述故障，检查 1A、1N 及 1P 的电压，都为蓄电池电压，1J 与车身的搭铁电阻为 2Ω，上述检查结果均正常。更换自动变速器 ECU，但更换后试车，故障现象依旧。

经分析，笔者认为造成油温过高的原因主要是锁止系统有故障，或者是高速挡离合器或制动器打滑。先检查锁止离合器，将车举起后起动发动机，将变速杆置于 D 位（怠速运转），将试灯的一端接蓄电池正极，另一端接到锁止电磁阀上，此时发动机马上熄火。上述试验结果排除了锁止离合器打滑造成自动变速器油温过高的可能性。因为当锁止离合器打滑时，直接向锁止电磁阀通电，发动机怠速运转时是不会熄火的。

排除了锁止离合器打滑的可能性后，检查变速器自动机械传动部分。据车主反映，该车以前更换自动变速器油时发现变速器油有烧焦味，笔者判断自动变速器油温过高是由于自动变速器内部摩擦片打油印或液压油路循环不良所致。

拆检自动变速器，发现二/四挡制动器摩擦片烧坏，且二/四挡制动器活塞有泄压现象。对该车自动变速器进行大修后，故障排除。

2. 马自达 6 轿车自动变速器的行星齿轮被烧死

1）故障现象：一辆一汽马自达 M6 轿车，行驶了 18 万多 km 时，便出现了自动变速器里的行星齿轮被烧死，车辆不能行驶的现象。进行检查，没有发现其他情况，也没有找出行星齿轮烧死的原因，因此就更换了一组变速器后行星齿轮，装车后试车一切正常。但当跑长途时，却坏在外边，后拖回检修，却发现同样的毛病，最后更换了一个新变速器，试车，在行驶 100 多 km 时却听到变速器有异响。

2）故障诊断与排除：拆检变速器，发现变速器后行星齿轮总成又有轻微烧蚀的现象，彻底把变速器检修一遍，没有发现问题。得出的结论是：①行星齿轮润滑不良造成高温；②润滑油和油温冷却系统出现堵住现象，因为变速器中的液压油主要是通过一出一进两根油管通到散热器上，靠此冷却，因此把两根油管拆下进行通洗，没有问题，又把散热器拆下来清洗，却发现油温冷却的散热器有堵的现象。这个小散热器是和发动机散热器连在一起的。更换新散热器，故障排除。

故障总结：这种型号变速器只要是后行星齿轮烧掉，肯定是散热器堵住。因为后行星齿轮运转起来主要是靠液压油来冷却，而液压油又靠散热器旁的小油箱来回循环冷却，由于小油箱堵住，使油不能散热，从而使后行星齿轮温度迅速上升，就造成了上述情况。

（九）丰田轿车自动变速器故障检修实例

1. 丰田 LS400 型乘用车无法升入三挡

1）故障现象：一辆丰田 LS400 型乘用车，装备 A341E 型自动变速器，累计行驶近 20 万 km。车辆运行中，O/DOFF 灯闪亮，在 D 挡时加速不平顺。一挡升入二挡，有明显的挂挡感觉，二挡无法进入三挡，车速升高后，直接进入超速挡，并有打滑的现象。

2）故障诊断与排除：由于考虑该车只是没有三挡，所以油压应没有太大问题。根据故障现象，检查变速器油液的油量和质量，符合要求。

用手工方法调取故障码，把发动机舱内检测插座的 TT 插孔与 El 插孔短接，按下 O/D 开关，将点火钥匙旋至 ON 挡，观察 O/D OFF 灯闪烁情况，得到故障码 67，含义为直接挡离合器转速传感器故障。

检查位于变速器左前上方的直接挡离合器转速传感器，脱开线束连接器，测量传感器电阻值为 640Ω，在标准范围内，将线束连接器插牢。检查该传感器至电子控制单元的连线情况，拆下前排乘客席前方的工具箱，取出自动变速器控制单元，脱开线束连接器，用万用表欧姆挡测量线束检测 NOC＋与 NOC－两插孔的电阻值，结果为无穷大，说明线束有断路现象。检查线束至传感器处，发现在连接器处断路。将其修复后，测量 NOC＋与 NOC－两插孔电阻值为 640Ω，说明线路恢复正常，装复后试车，故障现象依旧。再次调取故障码，无故障码显示，说明问题可能是在电子控制单元或电磁换挡阀上。

在电子控制单元一侧的 S_1 和 S_2 端分别接入一只红色和一只绿色的发光二极管，这样当电子控制单元向换挡阀发出指令时，两个二极管就会发亮。举升车辆让车轮悬空，将操纵手柄置于 D 挡位试车，结果是：红灯亮时，绿灯灭，说明 1 号换挡电磁阀通电，2 号换挡电磁阀断电，车辆在一挡运行。提高发动机转速，当车速表在 20km/h 时，红灯、绿灯同时亮，说明 1、2 号换挡电磁阀同时通电，车辆进入二挡状态。当车速提升至 25km/h 时，红灯灭，绿灯一闪即灭，说明二挡升三挡的车速偏低，没有 3 挡而立即升入超速挡。以上的试验说明电子控制单元能发出正常信号，3 挡状态不能保持，可能是三/四挡换挡阀有故障，如换挡阀卡滞、油路泄漏等。

拆下变速器油底壳后，扳动三/四挡换挡电磁阀，该阀活动自如，扳动二/三挡换挡电磁阀时，发现该阀关闭不严，更换二/三挡换挡电磁阀后试车，三挡的跳挡现象消失，但打滑的感觉依然存在。拆下变速器后，分解检查前进挡离合器，发现离合器有烧损现象，更换全部离合器和制动器的摩擦片、钢片及全部密封件后装车路试，打滑现象消失，全车故障排除。

该故障车直接挡离合器转速传感器线路断路，警报灯闪烁。二/三挡换挡阀密封不严，造成三挡的油压过低，使三挡离合器不能正常工作，导致无三挡。前进挡离合器摩擦片烧蚀，造成自动变速器打滑。三挡不工作，只要检测油路压力就能发现问题所在，但本案例在一开始一、二挡及超速挡工作正常，就推断出油路压力应没有大问题。

2. 丰田乘用车无前进挡

1)故障现象:一辆丰田乘用车,挂前进挡加速时,发动机空转,汽车无驱动力。挂入倒挡时能正常倒车。

2)故障诊断与排除:汽车只有倒挡而无前进挡,有可能是前进挡的离合器或制动器有故障,或是主油路油压过低。做挂挡试验,操纵手柄能灵活正常地进入各挡。挂入前进挡加速起动时,能感觉到变速器内离合器、制动器的动作。检查油面高度正常,检查油质,发现变速器油发黑。用举升机将车辆举起,挂入前进挡时,车轮有空转现象,发动机加速时车速也能提升,但转速较慢,这说明变速器内部的离合器和制动器很可能有打滑的现象。拆下油压测试螺栓,接上一只油压表,测得D挡怠速时主油路压力为0.4MPa,失速时油压接近1.0MPa,说明液压系统压力正常,故障在变速器内部的可能性较大。但分解变速器检查,各离合器、制动器的钢片及摩擦片均正常。

该车装备的是A340E型自动变速器。末端单向离合器用来连接后排行星齿轮架与变速器壳体,从变速器前方看,如果后行星架逆时针转动,便会被该离合器锁止而不能转动。在一挡时,动力由太阳轮经过行星齿轮到齿圈减速后再输出,由于太阳轮是逆时针转动,就使得行星齿轮与行星架一起逆时针转动,这时如果不对行星架进行约束,行星齿轮就会与行星架一起空转,不能将动力传给齿圈输出。从上面的分析可以看出,如果末端单向离合器有问题,也会出现无前进挡的现象。检查末端单向离合器,结果发现离合器毂上有较深的金属压痕,已被挤压出凹槽,卡块端面也有被压伤的痕迹。当卡块倾斜到最大位置时,已不能将行星齿轮锁住,所以当车轮架空无负载时还能勉强传递动力,一旦车轮落地后就不能传递动力了。更换该离合器后装复试车,故障现象消失。

第四章 万向传动装置故障检修

第一节 万向传动装置故障检修概述

一、万向传动装置的功用和在汽车上的应用

(一)万向传动装置的功用

万向传动装置用于一对轴线相交且相对位置经常变化的转轴之间的动力传递。

(二)万向传动装置在汽车上的应用

在发动机前置后轮驱动的汽车上,变速器常与发动机、离合器连成一体支承在车架上,而驱动桥则通过弹性悬架与车架连接。变速器输出轴轴线与驱动桥的输入轴轴线难以布置得重合,并且在汽车行驶过程,由于不平路面的冲击等因素,弹性悬架系统产生振动,使二轴相对位置经常变化。故变速器的输出轴与驱动桥的输入轴不可能刚性连接,而必须采用一般由两个万向节和一根传动轴组成的万向传动装置(图 4-1)。

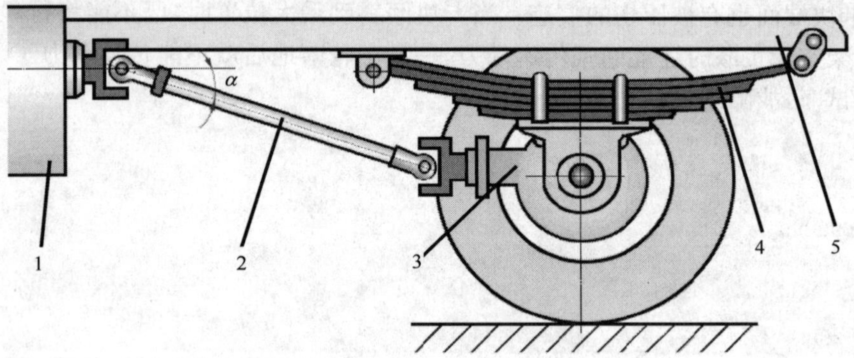

图 4-1 变速器与驱动桥之间的万向传动装置

1. 变速器 2. 万向传动装置 3. 驱动桥 4. 后悬架 5. 车架

在变速器与驱动桥距离较远的情况下,应将传动轴分成两段(图 4-2a),即主传动轴 2 和中间传动轴 3。采用三个万向节 1,且在中间传动轴后端设置了中间支承 4。这样,可避免因传动轴过长而产生的自振频率降低,高转速下产生共振;同时提高了传动轴的临界转速和工作可靠性。

在多轴驱动汽车的分动器与驱动桥之间或驱动桥与驱动桥之间需要采用万向传动装置(图 4-2b)。当变速器与分动器分开布置时,虽然它们都支承在车架上,而且在设计时,使其轴线重合,但为了消除制造、装配误差及车架变形对传动的影响,在其间也设有万向传动装置。

由于车架的变形,也会造成两传动部件轴线相互位置变化,图 4-2c 所示为在发动机与变速器之间装用万向传动装置的情况。

对于既转向又驱动的车桥,前轮既是转向轮又是驱动轮。作为转向轮,要求它能在最大转角范围内任意偏转某一角度;作为驱动轮,则要求半轴在车轮偏转过程中不间断地把动力从主减速器传到车轮。因此转向驱动桥的半轴不能制成整体而要分段,且用万向节连接(图 4-2e),

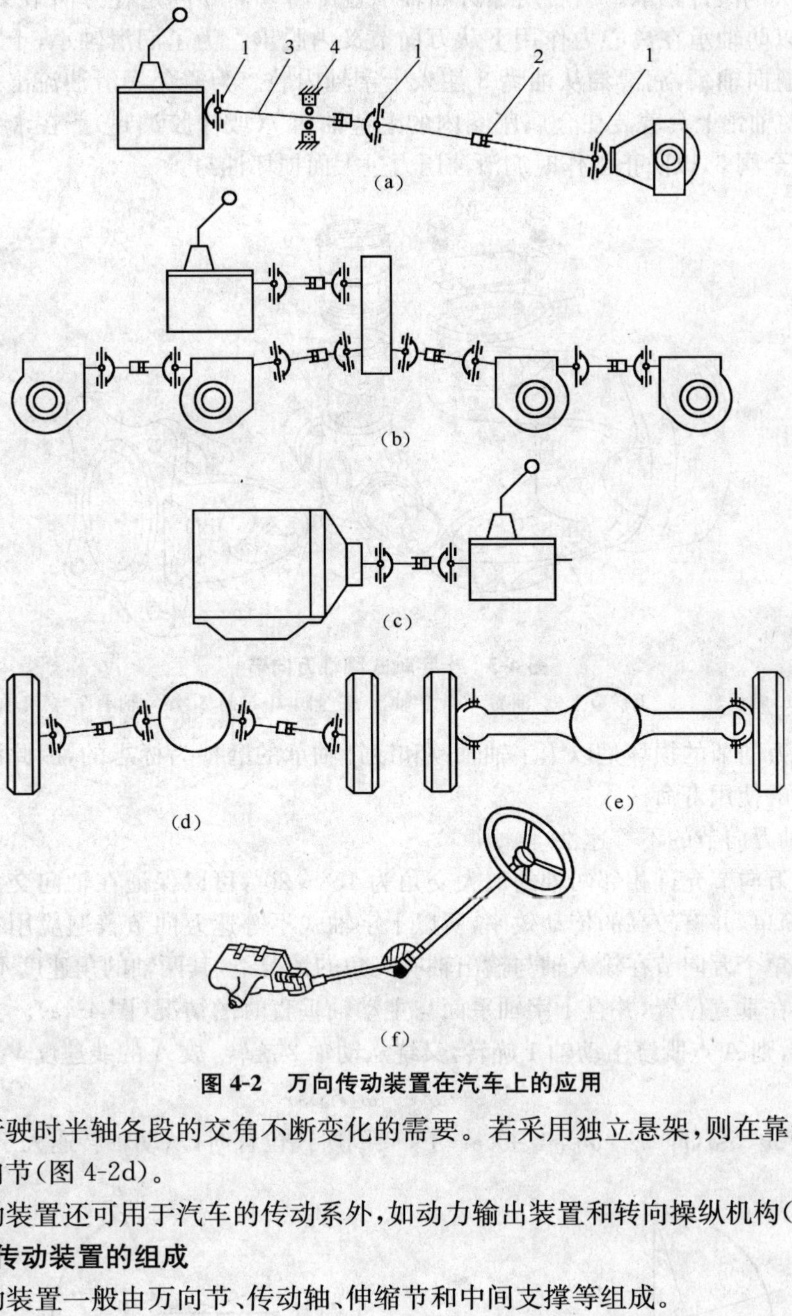

图 4-2　万向传动装置在汽车上的应用

以适应汽车行驶时半轴各段的交角不断变化的需要。若采用独立悬架，则在靠近主减速器处也需要有万向节(图 4-2d)。

万向传动装置还可用于汽车的传动系外，如动力输出装置和转向操纵机构(图 4-2f)等。

二、万向传动装置的组成

万向传动装置一般由万向节、传动轴、伸缩节和中间支撑等组成。

(一)万向节

汽车上使用的万向节有不等速万向节(十字轴式)、准等速万向节(双联式、三销轴式)和等速万向节(球叉式、球笼式)。

1. 不等速万向节(十字轴式)

(1)十字轴万向节的结构

图 4-3 所示为汽车上常用的十字轴式刚性万向节。两万向节叉 2 和 6 上的孔分别活套在十字轴 4 的两对轴颈上。这样当主动轴转动时，从动轴既可以随之转动，又可绕十字轴中心在任意方向摆动。为了减少摩擦损失，提高传动效率，在十字轴轴颈和万向节叉孔间装有由滚针

8 和套筒 9 组成的滚针轴承。然后用螺钉和轴承盖 1 将套筒 9 固定在万向节叉上，并用锁片将螺钉锁紧，以防轴承在离心力作用下从万向节叉内脱出。为了润滑轴承，十字轴做成中空的，并有油路通向轴颈，润滑油从油嘴 3 注入十字轴内腔。为避免润滑油流出及尘垢进入轴承，在十字轴的轴颈上套着装在金属座圈内的毛毡油封 7（或橡胶油封）。在十字轴中部还装有带弹簧的安全阀 5，以防止工作时润滑油压力过大而损坏油封。

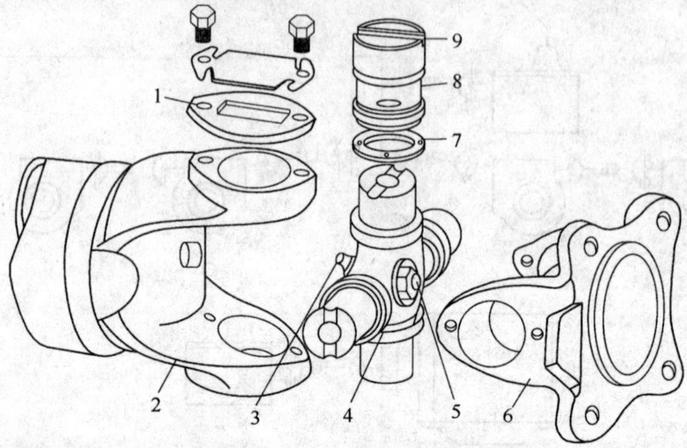

图 4-3 十字轴式刚性万向节

1. 轴承盖 2、6. 万向节叉 3. 油嘴 4. 十字轴 5. 安全阀 7. 油封 8. 滚针轴承 9. 套筒轴

十字轴式万向节的损坏是以十字轴轴颈和滚针轴承的磨损为标志的，因此润滑与密封直接影响万向节的使用寿命。

(2)十字轴万向节的不等速性

上述刚性万向节允许相邻两轴的最大交角为 15°～20°，可以保证在轴向交角变化时可靠地传动，结构简单，并有较高的传动效率，所以十字轴式不等速万向节普遍应用在汽车传动系中。其缺点是单个万向节在输入轴与输出轴有夹角的情况下，其两轴的角速度不相等。

1)主动叉在垂直位置，并且十字轴平面与主动轴垂直时的情况(图 4-4a)。主动叉与十字轴连接点为 A，则 A 点既绕主动轴 1 旋转，又绕从动轴 2 旋转，故 A 的线速度 V_A 为

$$V_A=\omega_1 r=\omega_2 r\cos\alpha$$

所以 $\omega_1=\omega_2\cos\alpha$，即 $\omega_2>\omega_1$，当主、从动叉转到所述位置时，从动轴转速大于主动轴转速。

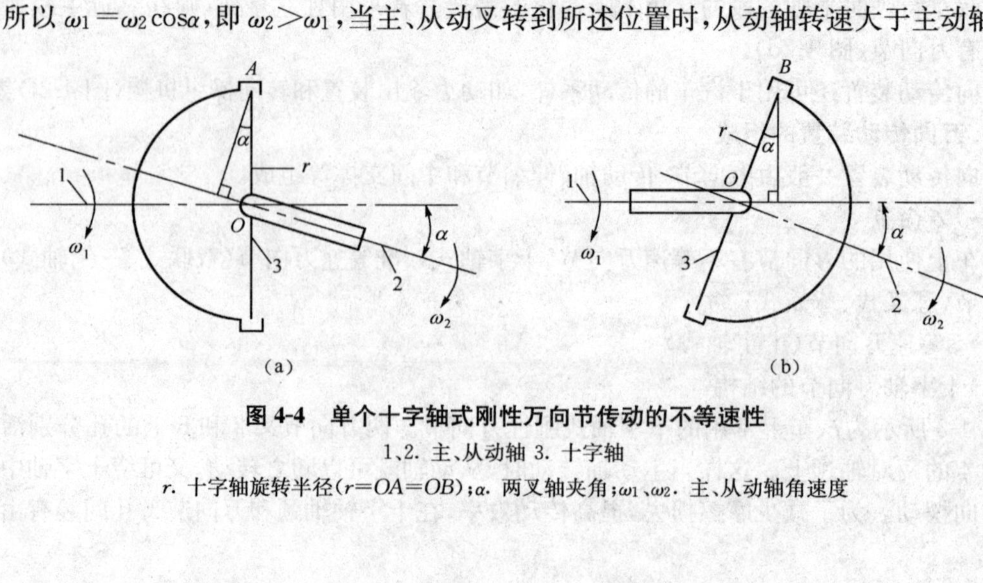

图 4-4 单个十字轴式刚性万向节传动的不等速性

1、2. 主、从动轴 3. 十字轴

r. 十字轴旋转半径($r=OA=OB$)；α. 两叉轴夹角；ω_1、ω_2. 主、从动轴角速度

2)主动叉在水平位置，并且十字轴平面与从动轴垂直时的情况(图 4-4b)。从动叉与十字轴连接点为 B，则 B 点既绕主动轴 1 旋转，又绕从动轴 2 旋转，故 B 的线速度 V_B 为

$$V_B=\omega_1 r\cos\alpha=\omega_2 r$$

所以 $\omega_1\cos\alpha=\omega_2$，即 $\omega_2<\omega_1$，当主、从动叉转到所述位置时，从动轴转速小于主动轴转速。

综上所述，单个十字轴万向节在有夹角传动时，若主动轴 1 匀速转动(ω_1＝常数)，则从动轴 2 角速度 ω_2 在 $\omega_1/\cos\alpha\sim\omega_1\cos\alpha$ 之间时快时慢地周期性变化——不等速性。必须注意的是，不等速性是指从动轴在一周中角速度不匀而言的，而主、从动轴的平均转速是相等的，即主动轴转过一周，从动轴也转过一周。

可以看出，两轴交角 α 越大，万向节传动的不等速性越严重。不等速性将使从动轴及与其相连的传动部件产生扭转振动，从而产生附加的交变载荷，影响部件寿命。所以现代汽车采用双十字轴万向节串联安装(用传动轴把两个万向节连接起来)的办法来实现两轴间的等速传动(图 4-5)。但必须满足两个条件：一是第一个万向节两轴间夹角 α_1 与第二个万向节两轴间夹角 α_2 相等；二是传动轴两端的万向节叉处于同一平面内。

在有些场合下，如转向驱动桥的分段半轴间，无法布置开两个十字轴万向节和一根传动轴，而且转向轮要求偏转角度大(30°～40°)，这就需要只用一个万向节即能实现或基本实现等角速传动。在转向驱动桥及独立悬架的后驱动桥中，广泛采用等角速万向节。

2. 准等速万向节

准等速万向节是根据上述双万向节等速传动的原理而设计成的。常见的有双联式万向节和三销式万向节。

(1)双联式万向节

双联式万向节实际是一套传动轴长度缩短至最小的双万向节等速传动装置。图 4-6 中的双联叉 3 相当于两个在同一平面上的万向节叉，在结构上保证了双万向节等速传动安装要求中的一个条件，即传动轴两端的万向节叉在同一平面内。欲使轴 1 和轴 2 的角速度相等，还须保证 $\alpha_1=\alpha_2$(实际转向后，只能保证 $\alpha_1\approx\alpha_2$)，为此在双联式万向节中，装有分度机构(用球销之类零件组成)，可使两轴上的叉互相联动，以期双联叉的对称线平分所连两轴的夹角，从而保证两轴角速度接近相等，其差值在允许范围内，故双联式万向节具有准等速性。

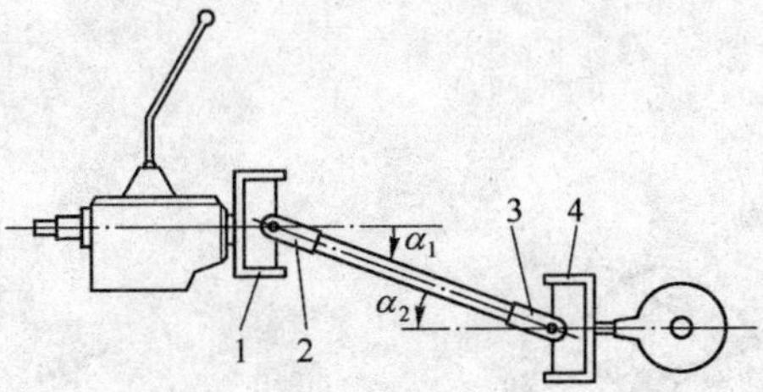

图 4-5　双万向节等速传动布置

1、2. 主动叉 3、4. 从动叉

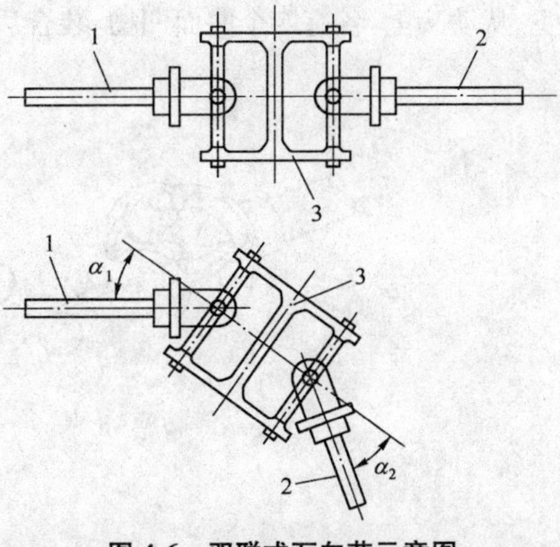

图 4-6　双联式万向节示意图

1、2. 轴 3. 双联叉

双联式万向节允许有较大的轴间夹角，且具有结构简单、制造方便、工作可靠的优点，其主要缺点是外廓尺寸较大。在转向驱动桥中应用逐渐增多。

(2)三销式万向节

三销式万向节是双联式万向节演变而来的准等速万向节。图 4-7 所示为某汽车转向驱动桥中的三销式万向节。其主要由两个偏心轴叉 1 和 3、两个三销轴 2 和 4 以及六个轴承、密封件等组成。

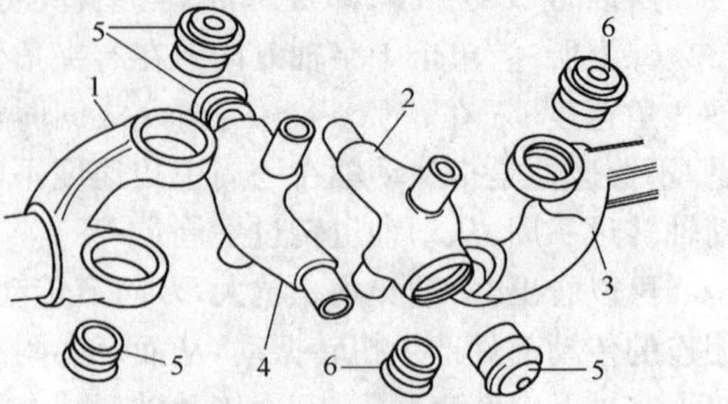

图 4-7　三销式准等速万向节

1. 从动偏心轴叉 2、4. 三销轴 3. 主动偏心轴叉 5、6. 轴承座

主、从动偏心轴叉分别与转向驱动桥的内、外半轴制成一体。叉孔中心线与叉轴中心线互相垂直，但不相交。两叉由两个三销轴连接。三销轴的大端有一穿通的轴承孔，其中心线与小端轴颈中心线重合。靠近大端两侧有两轴颈，其中心线与小端轴颈中心线垂直并且相交。装合时每一偏心轴叉的两叉孔与一个三销轴的大端两轴颈配合，而后两个三销轴的小端轴颈互相插入对方的大端轴承孔内。

在与主动偏心轴叉 3 相连的三销轴 2 的两个轴颈端面和轴承座 5 之间装有推力垫片，其余各轴颈端面均无推力垫片，且端面与轴承之间留有较大的空隙，以保证在转向时三销轴万向节不致发生运动干涉现象。

三销轴万向节的最大特点是允许相邻两轴有较大交角，最大可达 45°。在转向驱动桥中采用这种万向节可使汽车获得较小的转弯半径，提高了汽车的机动性。其缺点是所占空间较大，一般为大型越野车采用。

3. 等速万向节

等速万向节的基本原理是从结构上保证万向节在工作过程中，其传力点永远位于两轴交点的平分面上。目前较广泛采用的是球叉式等速万向节和球笼式等速万向节。

(1)球叉式万向节

球叉式万向节的构造如图 4-8 所示。主动叉 5 与从动叉 1 分别与内、外半轴制成一体。在主、从动叉上，各有四个曲面凹槽，装合后，形成两个相交的环形槽，作为钢球滚道。四个传

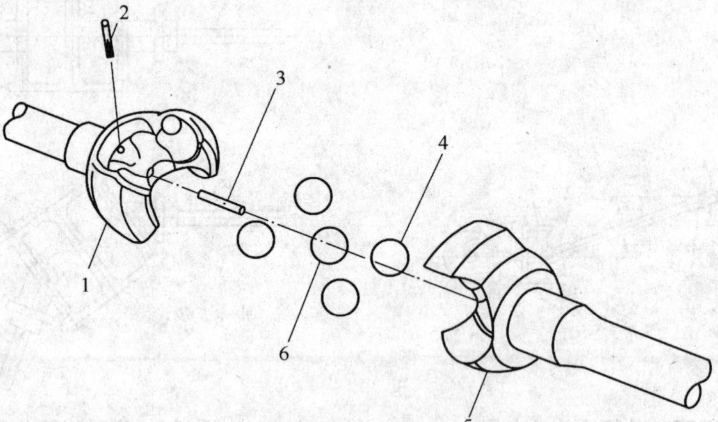

图 4-8　球叉式万向节

1. 从动叉 2. 锁止销 3. 定位销 4. 传动钢球 5. 主动叉 6. 中心钢球

动钢球 4 放在槽中，钢球 6 放在两叉中心的凹槽内，以定中心。

球叉式万向节结构简单，允许最大交角为 33°，一般应用于轻型越野车的转向驱动桥中。近年来，有些球叉式万向节省去了定位销和锁止销，中心钢球上也没有凹槽，靠压力装配。这样结构更为简单，但拆装不便。球叉式万向节工作时，只有两个钢球传力，反转时另外两个钢球传力，因此钢球与曲面凹槽之间的单位压力较大，磨损较快，影响使用寿命。

(2)球笼式万向节

球笼式万向节的结构如图 4-9 所示。星形套 7 以内花键与主动轴 1 相连，其外表面有六条凹槽，形成内滚道。球形壳 8 的内表面有相应的六条凹槽，形成外滚道。六个钢球 6 分别装在各条凹槽中，并由保持架 4 使之保持在同一平面内。动力由主动轴 1 及星形套 7 经钢球 6 传至球形壳 8 输出。

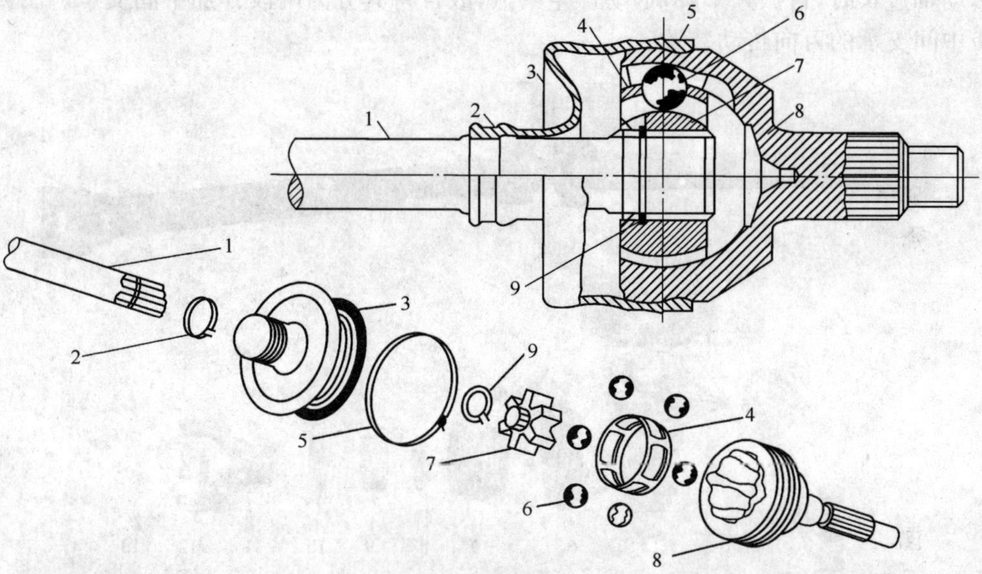

图 4-9　球笼式等速万向节

1. 主动轴 2、5. 钢带箍 3. 外罩 4. 保持架(球笼) 6. 钢球 7. 星形套(内滚道) 8. 球形壳(外滚道) 9. 卡环

球笼式万向节内的六个钢球全部传力，承载能力强，可在两轴最大交角为 47°的情况下传递转矩，同时其结构紧凑，拆装方便，因而广泛应用于轿车前转向驱动桥的转向节处。

(二)传动轴

汽车在行驶过程中，变速器与驱动桥的相对位置经常变化，为避免运动干涉，传动轴中设有由滑动伸缩轴和主传动轴管组成的滑动花键(伸缩节)连接，以实现传动轴长度的变化。在独立悬架的转向驱动桥中，工作时差速器与转向驱动轮之间的距离会发生变化，所以，连接它们的传动轴(又称驱动轴)必须是可伸缩的，一般靠差速器侧(内侧)的伸缩型球笼式万向节(VL 节)来适应这一变化，外侧则用轴向不能伸缩的 RF 节。为减少伸缩节的磨损，可对花键进行磷化处理或喷涂尼龙层，或是在花键槽内设置滚动元件。

传动轴在高速旋转时，由于离心力作用将产生剧烈振动。因此，当传动轴管与万向节伸缩轴装配后，必须满足动平衡要求。经过动平衡的传动轴两端一般都点焊有平衡片，并在伸缩轴与传动轴管上刻有标记，以便拆装后重装时保持二者的相对角位置不变。

为了得到较高的强度和刚度，传动轴多做成空心的，一般用薄钢板卷制而成。这样可以保证传动轴的质量沿圆周均匀分布，避免在高转速下因离心力作用而产生剧烈地振动，提高传动轴共振转速，使传动轴工作在危险的共振转速以下。超重型汽车的传动轴则直接采用无缝钢管。在转向驱动桥、断开式驱动桥或微型汽车的万向传动装置中，通常将传动轴制成实心的。

为了减少振动和噪声，一些厂商采用了新型的刚性万向传动装置。如：

①将厚纸板制成的圆形衬套塞入传动轴管中，通过增加强度来减少轴的振动。

②在传动轴钢管和硬纸板圆形衬套之间放置圆柱形橡胶块，在传动轴内降低噪声传递。

③管中管、双层钢管、内层钢管外往与伸缩缝处直径相等，两层钢管之间镶上橡胶衬套，可降低中速行驶中急剧改变车速带来的噪声和振动。

④用合成纤维取代无缝钢管，合成纤维线性刚性较强，和无缝钢比具有下列优点：重量轻，扭转强度高，疲劳抗力强，易于较好的平衡，降低了扭矩变换和冲击负载产生的干涉。

传动轴过长时，自振频率降低，易产生共振，故常将其分为两段并加中间支承。图 4-10 所示为带中间支承的万向传动装置。

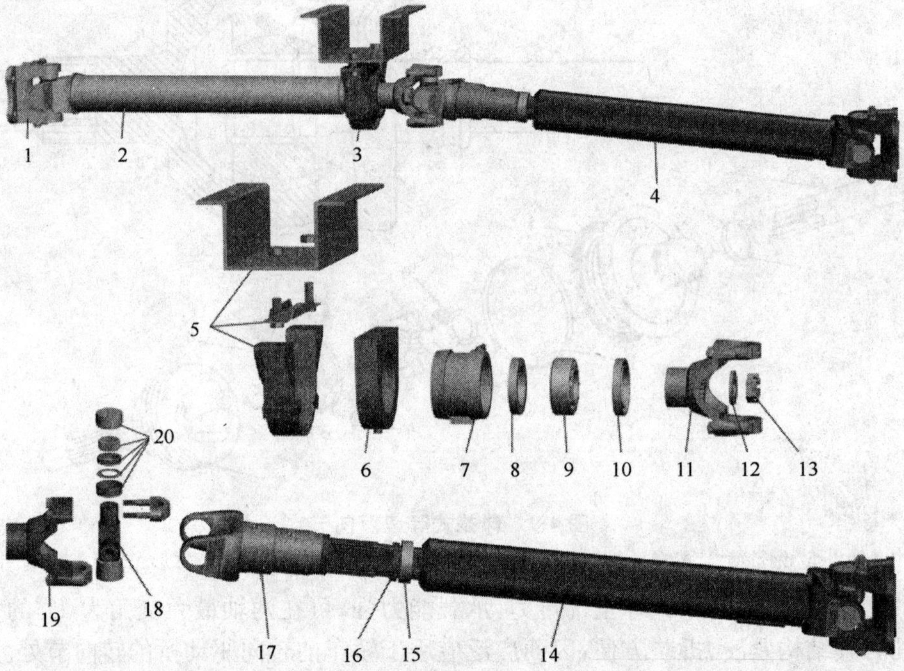

图 4-10 带中间支承的万向传动装置

1. 节叉 2. 中间传动轴 3. 中间支承 4、14. 传动轴带滑动叉总成 5. 支架总成 6. 橡胶垫环 7. 轴承座 8、10、16. 油封 9. 轴承 11. 凸缘 12. 垫圈 13. 螺母 15. 油封盖 17. 伸缩节 18. 十字节 19. 万向节叉 20. 滚针轴承总成

三、万向传动装置故障的类型和检修

在实际使用中，万向传动装置工作时，要在高转速下承受着较大的冲击负荷；同时，车辆在行驶中随着悬架变形，传动轴与变速器第二轴和减速器主动轴之间的夹角不断变化，传动轴的长度不断伸缩；而且，整个传动装置在汽车底部，泥泞和灰尘极易进入各个部件，从而加剧磨损，导致故障的产生。万向传动装置常见的故障有发响和摆振。

1. 万向节的异响

1)故障现象：在汽车起步或突然改变车速时，传动装置发出“吭”的一声，当汽车缓行时，传动装置发出“呱啦、呱啦”的响声。

2)故障原因：

①万向节轴承因磨损和冲击造成松旷。

②万向节轴承套筒与万向节叉孔磨损松旷。

③万向节凸缘盘联接螺栓松动。

④传动轴伸缩节花键因磨损和冲击造成松旷。

3)故障诊断：

①在车下用锤子敲击万向节凸缘，检查其松紧度。

②用两手分别握住万向节的主从动部分，检查游动间隙。若间隙过大，应调整或更换。

2. 传动轴的异响

1)故障现象：在万向节与伸缩节技术状况良好的情况下，汽车行驶中发出周期性的响声，速度越快时响声越大，严重时车身发生抖振，甚至握转向盘的手有麻木感。

2)故障原因：

①传动轴弯曲。

②传动轴上的平衡片失落或轴管凹缺。

③传动轴轴管与万向节叉或伸缩节花键轴焊接时，位置歪斜或焊接后传动轴未进行动平衡。

④伸缩节未按标记安装，使传动轴失去平衡，并有可能造成传动轴两端的叉不在同一平面上。

⑤中间支撑支架固定螺栓或万向节凸缘盘联接螺栓松动，使传动轴位置偏斜。

⑥橡胶夹紧式中间支撑紧固方法不妥，造成中间传动轴前端偏离原轴线。

3)故障诊断：

①检查中间支撑和万向节凸缘盘螺栓是否松动，若松动应紧固。

②检查传动轴是否有凹陷或平衡片脱落，如有应检修传动轴。

③检查安装标记是否对准。

3. 中间支撑异响

1)故障现象：汽车行驶中产生一种连续的“呜、呜”响声，车速越快，响声越大。

2)故障原因：

①中间支撑滚动轴承润滑不良，滚道表面有麻点、凹痕、退火变色等损伤。

②中间支撑支架安装偏斜，橡胶圆环垫破碎，油封盖螺栓拧紧方法不妥等，使中间支撑的轴承承受附加载荷。

③车架变形。

3)故障诊断与排除：

①检查中间支撑是否润滑不良。

②拆检中间支撑滚动轴承。

4. 传动轴不平衡摆振

1)故障现象：汽车在行驶中，底盘发出一种周期性的“隆隆”声，且随车速加快，响声增大，严重时车身发抖，驾驶室振动，转向盘抖动严重。

2)故障原因：

①传动轴中间支架装配不当，使传动轴偏离原轴线。

②伸缩节安装错位，造成传动轴失去平衡，且可能造成传动轴两端的万向节叉不在同一平面上。

③十字轴两端垫片装配调整不当，使中心偏离传动轴的旋转中心线。

④传动轴弯曲变形或轴管凹陷。

⑤传动轴轴管与万向节叉焊接时未找正或未进行动平衡试验。

⑥中间支架的固定螺栓或万向节与凸缘盘联接螺栓松动，使传动轴位置偏斜等。

3)故障诊断：

①首先检查中间支承吊架固定螺栓和万向节凸缘盘联接螺栓是否松动，视情紧定。

②检查传动轴轴管是否凹陷，平衡片是否丢失或装错，传动轴两端万向节叉是否装配在同一平面上。

③上述检查正常，则松开中间支架固定螺母，旋转传动轴数圈后，边转动传动轴，边紧定，将固定螺母拧紧。

④若故障不在中间支架，应检查十字轴中心是否偏移，检视十字轴两端垫片厚度是否相同，如垫片不一致，还应进行调整。

⑤如调整后不能消除故障，应检查传动轴动平衡状况。

四、万向传动装置的主要技术参数

万向传动装置的要求：在运转过程中不得有任何异响和抖动，传动轴垂直度和动平衡必须符合厂家规定。

轿车等速万向节润滑脂型号：G-6。

万向节允许最大交角：普通十字轴万向节最大交角为15°，空载时通常都在7°以内，最常见的为4°～5°，越野车因特殊需要最大交角为20°；球叉式万向节可在两轴夹角32°～33°时正常工作，球笼式万向节可在42°转向驱动桥上工作；销式万向节允许两轴间有较大的夹角，最大可达45°。

万向节和伸缩节之间配合间隙为0.4mm，大于0.8mm时必须更换，不得过度松旷。

按国家标准，中型汽车传动轴不平衡量不大于100g/cm^2，轻型汽车传动轴不平衡量不大于50g/cm^2 为合格品。

装配时，将伸缩花键两端的等速排列标记对正即可。如等速排列记号看不清了，可找到两端万向节叉的润滑油嘴，传动轴所有的润滑油嘴都在同一平面内，找到后将两端万向节叉在平面位置上安装即可。

第二节　万向传动装置故障检修实例

一、万向传动装置故障检修的程序和方法

万向传动装置松旷和摆振故障检查的基本方法是用手转动或晃动传动轴，检查其旷量大小；用眼观察传动轴的安装是否有误，平衡片是否丢失；用量具测量伸缩节、十字轴等配合间隙的大小，传动轴的弯曲度等。另外伸缩节、万向节的润滑及防尘是防止其早期损坏的有效措施，在维修和使用中应引起重视。

二、万向传动装置故障检修实例

1. 桑塔纳轿车外万向节损坏故障检修

1)故障现象：一辆桑塔纳2000GSi型轿车，传动系统采用发动机前置前轮驱动的布置形式。车主反映，该车近日在起步和滑行时左前轮有明显的异常响声。在车辆起步和车速变换的瞬间，左前轮有明显的金属挤压和撞击声，空挡滑行时声响清晰。

2)故障诊断与排除：桑塔纳 2000GSi 型轿车左前轮处装有盘式制动器、前悬架、轴毂轴承和球笼式万向节等，任何一处损坏或机构运动不协调，都有可能出现异响。为判断故障的大致范围，进行以下检查：站在车辆的左前方，双手反复用力下压发动机罩，在左前轮处听不到异响，说明悬架机构基本正常；让左前轮悬空，沿顺时针和逆时针方向反复转动车轮，听不到摩擦声，但有"咯、咯"金属挤压声，并且车轮转动的阻力明显不均匀，说明轮毂轴承或万向节可能有问题。分解左前轮，检查轮毂轴承正常。分解外万向节后，发现外万向节的钢球保持架有多处裂纹，钢球疲劳磨损严重，星形套和钟形壳的钢球轨道磨损变形严重。因此判断为左前轮 RF 型外万向节损坏。换用新的 RF 型万向节后，故障现象消失。

2. 桑塔纳轿车内万向节松旷故障检修

1)故障现象：桑塔纳 2000GSi 型轿车左转弯时，底盘左前部出响声。

2)故障诊断与排除：举升车辆，用手晃动各传动部件，发现左半轴内侧万向节松旷，防尘罩破损。

更换左半轴内侧万向节后，装复试车，异响排除。

3. 桑塔纳轿车防尘套破损故障检修

1)故障现象：桑塔纳 2000GSi 型车辆行驶中，车前部有不规则的异响，脚踏板处有明显振动。

2)故障诊断与排除：①检查底盘螺栓无松动现象；②检查传动轴无明显松旷，且无漏油痕迹；③检查发现右半轴内球笼防尘套表面泥垢多于其他防尘套，拆下半轴发现万向节内严重缺油，其原因是万向节防尘套破损，灰尘侵入导致万向节过早损坏。

更换万向节后试车，异响消失，故障排除。

4. 捷达轿车防尘套损坏故障检修

1)故障现象：一辆捷达轿车，行驶里程 6.5 万 km。车辆行驶时，左前轮处有"咔吧、咔吧"声，类似金属挤压声，转向时异响更加严重。

2)故障诊断与排除：用举升器将车辆升起，检查后发现右传动轴外等速万向节防尘套破裂，其内部润滑脂溢出。拆下右传动轴，拆下防尘套，发现外等速万向节珠架滚道内有许多泥沙。用汽油清洗干净后，发现万向节珠架有两处裂纹，滚道有划痕和麻点，已无法使用。

更换新外等速万向节及防尘套后试车，异响排除。按要求捷达轿车应定期进行检查、保养，一旦发现球笼防尘套损坏应及时更换，以免造成球笼损坏。

第五章　驱动桥故障检修

第一节　驱动桥故障检修概述

一、驱动桥的功用和类型

（一）驱动桥的功用

驱动桥的功用是将万向传动装置传来的发动机转矩传给驱动车轮，实现降速，增大转矩；通过主减速器锥齿轮副改变转矩的传递方向；通过差速器实现两侧车轮差速作用，保证内、外侧车轮以不同转速转动。

（二）驱动桥的类型

驱动桥总成的结构形式可分为非断开式和断开式两种。

1. 非断开式驱动桥

非断开式（或整体式）驱动桥与非独立悬架相配合，驱动桥用刚性桥壳连接两侧车轮，因而两侧半轴和驱动轮不可能在横向平面内作相对运动。非断开式驱动桥通过弹性悬架与车架或车身相连接。

如图 5-1 所示，它由驱动桥壳 1、主减速器 2、差速器 3、半轴 4 和轮毂 5 组成。输入驱动桥的转矩首先传到主减速器 2，在此增大转矩并相应降低转速后，经差速器 3 分配给左右两半轴 4，最后通过半轴外端的凸缘盘传至驱动车轮的轮毂 5。驱动桥壳 1 由主减速器壳和两边与之刚性连接的半轴套管组成。轮毂 5 借助轴承支承在半轴套管上。

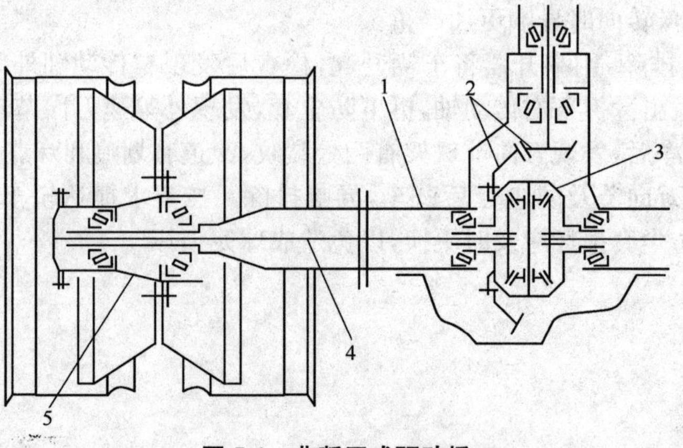

图 5-1　非断开式驱动桥

1. 驱动桥壳 2. 主减速器 3. 差速器 4. 半轴 5. 轮毂

2. 断开式驱动桥

如图 5-2 所示，断开式驱动桥与独立悬架相配合，应用在轿车和越野车全部或部分驱动轮上，以提高汽车行驶的平顺性和通过性。独立悬架是将两侧驱动轮 1 分别用弹性悬架（包括弹性元件 3、减振器 2 和摆臂 7）与车架（或车身）相连，两轮可各自独立地相对于车架（或车身）上下跳动。为适应车轮绕摆臂轴 6 上下跳动的需要，差速器与轮毂之间的半轴 4 各段之间用万向节连接。

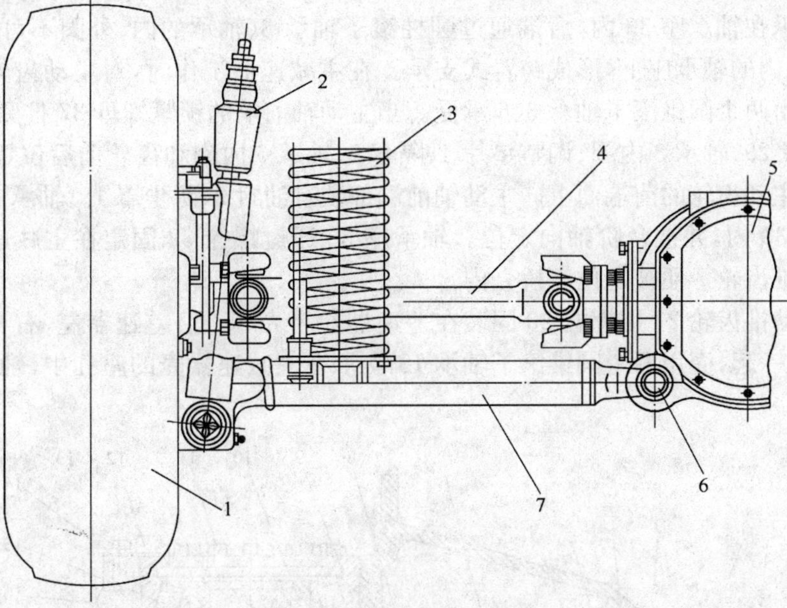

图 5-2　断开式驱动桥

1. 驱动轮 2. 减振器 3. 弹性元件 4. 半轴 5. 主减速器 6. 摆臂轴 7. 摆臂

二、驱动桥的组成

驱动桥由主减速器、差速器、半轴及桥壳等组成。

(一)主减速器

主减速器的功用是将输入的转矩增大并相应降低转速，当发动机纵置时，还具有改变转矩旋转方向的作用。按传动齿轮副不同，主减速器可分为单级主减速器、双级主减速器、轮边减速器和贯通式驱动桥主减速器。不同的主减速器的结构满足不同的使用要求，见表 5-1。

表 5-1　主减速器的分类及应用

分类方法	类别		应用
按参加传动的齿轮副分	单级主减速器		一般汽车
	双级主减速器		重型汽车、越野车、大型客车
按齿轮副结构形式分	圆柱齿轮式		发动机横置、前轮驱动的汽车
	锥齿轮式	曲线锥齿轮式	发动机纵置的汽车
		准双曲面锥齿轮式	发动机纵置的汽车

1. 单级主减速器

轿车和一般轻、中型货车基本采用单级主减速器。单级主减速器具有结构简单、体积小、重量轻和传动效率高等优点。图 5-3 所示为某驱动桥的单级主减速器。其减速传动机构为一对双曲面齿轮 7 和 27。

主动和从动齿轮之间必须有正确的相对位置，方能使两齿轮啮合传动时冲击噪声较轻，而且轮齿沿其长度方向磨损较均匀。为此，在结构上一方面要使主动和从动锥齿轮有足够的支承刚度，使其在传动过程中不至于发生较大变形而影响正常啮合；另一方面应有必要的啮合调整装置。

为保证主动锥齿轮有足够的支承刚度，主动锥齿轮7与轴制成一体，前端通过两个圆锥滚子轴承3、6支承在轴承座33内，后端通过圆柱滚子轴承8（轴承的内、外圈不可分离）支承在主减速器壳28内的轴承座上，形成跨置式支承。在主减速器工作时，对主动齿轮产生的轴向和径向力分别由两个圆锥滚子轴承3、6承受。当主动轴前端的锁紧螺母37拧紧在轴上时，就把垫圈35、突缘29、轴承3内圈、调整垫片4、隔套5、轴承6内圈和齿轮前后位置调整垫片30等轴向固定在主动齿轮的前端面上。主动轴前端部装有油封2、防尘罩1。轴承3、6的外圈都安装在轴承座33内，并被台阶轴向定位。轴承座33通过螺栓32固定在主减速器壳的前端面，这样，主动锥齿轮7便被定位于桥壳内。

环状的从动锥齿轮27用螺栓20固装在差速器左半壳25上，差速器左、右半壳25、10用螺栓19固定在一起，壳用两个圆锥滚子轴承15支承在主减速器壳的座孔中，轴承15外侧拧有调整螺母11。

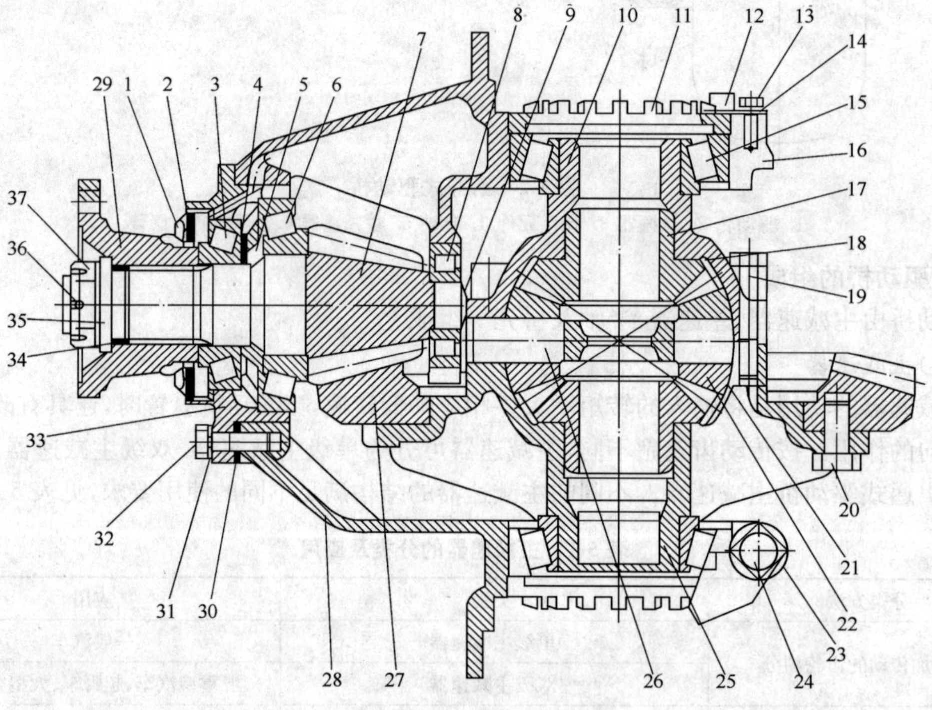

图5-3 单级主减速器及差速器

1. 防尘罩 2. 油封 3、6、15. 圆锥滚子轴承 4、30. 调整垫片 5. 隔套 7. 主动锥齿轮 8. 圆柱滚子轴承 9. 弹性挡圈 10. 差速器右半壳 11. 轴承调整螺母 12. 锁片 13、19、20、24、32. 螺栓 14、23、31. 弹簧垫圈 16. 差速器轴承盖 17. 半轴齿轮 18. 半轴齿轮推力垫片 21. 行星齿轮垫片 22. 行星齿轮 25. 差速器左半壳 26. 行星齿轮轴（十字轴） 27. 从动锥齿轮 28. 主减速器壳 29. 突缘 33. 轴承座 34. 密封圈 35. 止推垫圈 36. 开口销 37. 锁紧螺母

装配主减速器时，圆锥滚子轴承应有一定的装配预紧度，即在消除轴承间隙的基础上，再给予一定的压紧力。其目的是减小在锥齿轮传动过程中产生的轴向力所引起的齿轮轴的轴向位移，以提高轴的支承刚度，保证锥齿轮副的正常啮合。但也不能过紧，以防止传动效率低及加速轴承磨损。为了调整轴承3和6的预紧度，在两轴承内座圈之间的隔套5前端装有一组

厚度不同的调整垫片4。支承差速器壳的圆锥滚子轴承15的预紧度通过调节调整螺母11进行调整。应该指出，圆锥滚子轴承预紧度的调整必须在齿轮啮合调整之前进行。

锥齿轮啮合的调整是指齿面啮合印迹和齿侧啮合间隙的调整。先在主动锥齿轮轮齿上涂以红色颜料（红丹粉与机油的混合物），然后用手使主动锥齿轮往复转动，于是从动锥齿轮轮齿的两侧工作面上出现红色印迹。若从动齿轮轮齿正转和逆转工作面上的印迹均位于齿高的中间偏于小端，并占齿面宽度的60%以上，则为正确啮合（图5-4）。通过调整主动齿轮的前后位置和从动齿轮的左右位置，可以调节齿面啮合印迹和齿轮间啮合间隙。

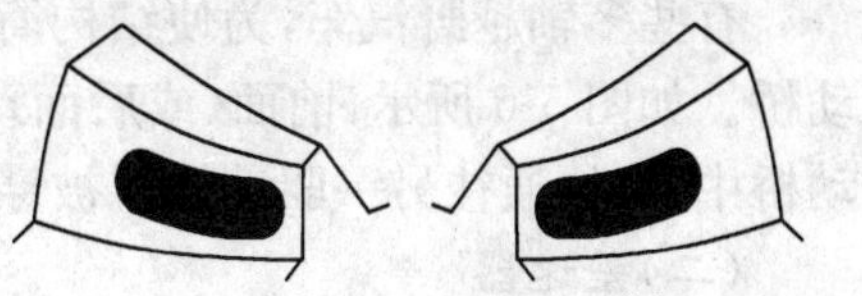

图5-4　从动锥齿轮正确的啮合印迹位置

(a)正转工作时　(b)逆转工作时

增减主减速器壳28与轴承座33之间的调整垫片30的总厚度（图5-3），可以移动主动锥齿轮的前后位置。调整垫片30有整片和半片两种，装配时整片靠在减速器壳一侧，以顶住O形密封圈，防止端面漏油，半片的自左、右插入，用以调整齿轮的齿面啮合印迹。可以通过拧动调整螺母11改变从动锥齿轮的左右位置。为保持已调好的差速器圆锥滚子轴承15预紧度不变，一端调整螺母拧入的圈数应等于另一端调整螺母拧出的圈数。为了对主减速器中的齿轮和轴承进行润滑，在主减速器壳后面设有加油口，应按加油口高度加注齿轮油。主减速器齿轮转动时，飞溅起的润滑油甩溅到各齿轮、轴及轴承上进行润滑。为保证主动齿轮轴前端的圆锥滚子轴承得到可靠润滑，飞溅起的润滑油从进油道通过轴承座的孔进入两圆锥滚子轴承小端之间，在离心力作用下，润滑油自轴承小端流向大端。流出圆锥滚子轴承大端的润滑油经回油道流回主减速器内。在主减速器壳上装有通气塞，防止壳内气压过高而使齿轮油渗漏。在更换齿轮油时，可通过设在主减速器壳下面的放油口将齿轮油放出。

2. 双级主减速器

一些要求大传动比的中、重型车中，为了提高齿轮轴刚度，增大汽车最小离地间隙，一般采用双级主减速器（图5-5）。

3. 轮边减速器

在重型货车、越野车或大型客车上，当要求有较大的主传动比和较大的离地间隙时，往往将双级主减速器中的第二级减速齿轮制成同样的两套，分别安装在两侧驱动车轮的近旁，实际上构成了两个车轮处的独立部件，称为轮边减速器，而第一级称为主减速器。

轮边减速器多为行星齿轮式，也可以由一对外啮合式圆柱齿轮副构成。当采用圆柱齿轮副进行轮边减速时，主动小齿轮与半轴相连，从动大齿轮与轮毂相连。可以通过调节两齿轮的相互位置，改变车轮轴线与半轴之间的上下位置关系。当主动齿轮位于上方时，可增大驱动桥离地间隙，以适应提高越野车通过性的需要；当主动齿轮位于下方时，能降低驱动桥壳的离地高度，以利于降低客车底板的高度。但采用这种布置时，由于轴向和径向空间的限制，轮边减速器的传动比是有限的。采用这种结构的车桥称为“门”式车桥，常用于对车桥高低位置有

图5-5　双级主减速器及差速器

特殊要求的大型客车和同级越野车。

4. 贯通式驱动桥主减速器

有些多轴越野汽车，为使结构简化，部件通用性好及便于形成系列产品，常采用贯通式驱动桥。如图 5-6 所示，前面(或后面)两驱动桥的传动轴是串联的，传动轴从离分动器较近的驱动桥中穿过，通往另一驱动桥。被穿过的驱动桥称为贯通式驱动桥。

(二)差速器

差速器是使同一驱动桥的左右车轮或两驱动桥之间以不同角速度旋转，并传递转矩的机构。装在同一驱动桥两侧驱动轮之间的差速器称为轮间差速器，装在多轴驱动的汽车各驱动桥之间的差速器称为轴间差速器。

轮间差速器的功用是当汽车转弯或在不平路面上行驶时，使左右驱动车轮以不同的转速滚动，即保证两侧驱动车轮作纯滚动运动(图 5-7)。

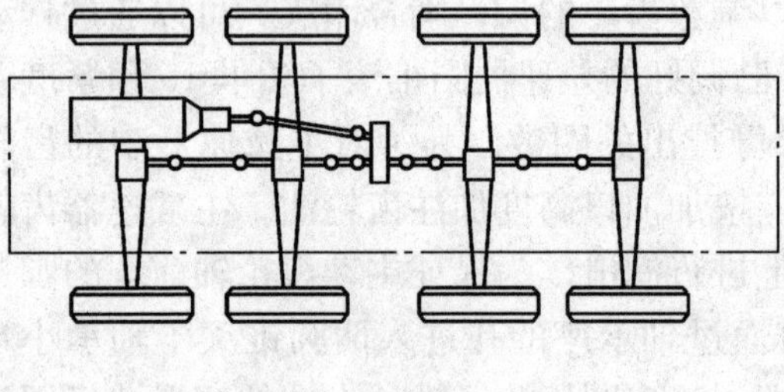

图 5-6 贯通式驱动桥

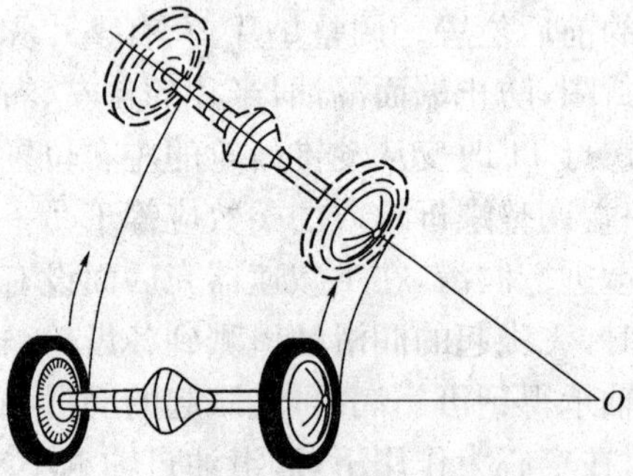

图 5-7 汽车转向时驱动轮运动示意图

当汽车转弯行驶时，内外两侧车轮在同一时间内要移动不同的距离，外侧车轮所移过的路程要比内侧的路程长。若两侧车轮都固定在同一刚性转轴上，两轮角速度相等，则此时外轮必然是边滚动边滑移，内轮必然是边滚动边滑转。

差速器按其工作特性不同可分为普通齿轮式差速器和防滑差速器两类。

1. 普通齿轮式差速器

普通齿轮式差速器按齿轮结构不同可分为锥齿轮式和圆柱齿轮式两种，按两侧的输出转矩是否相等，可分为对称式(等转矩式)和不对称式(不等转矩式)两类。目前，汽车上广泛应用的是对称式锥齿轮差速器。

(1)对称式锥齿轮差速器的结构

如图 5-8 所示，对称式锥齿轮差速器由行星齿轮、半轴齿轮、行星齿轮轴(十字轴或一字

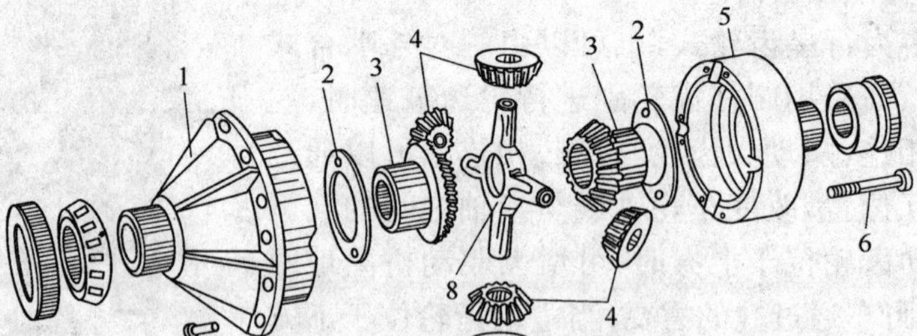

图 5-8 对称式锥齿轮差速器零件分解图

1. 差速器左壳 2. 半轴齿轮垫片 3. 半轴齿轮 4. 行星齿轮
5. 差速器右壳 6. 螺栓 7. 行星齿轮垫片 8. 行星齿轮轴(十字轴)

轴)和差速器壳等组成。

差速器壳由两半壳1、5组成,二者用螺栓6固连。主减速器从动齿轮用螺栓固装在差速器左壳1的凸缘上。行星齿轮轴8的四个轴颈装在差速器两半壳端面上相应的半圆槽所形成的孔内,每个轴颈上松套着一个直齿圆锥行星齿轮4,四个行星齿轮与两个直齿圆锥半轴齿轮3常啮合;半轴齿轮以其轴颈支承在差速器壳相应的孔中,并通过内花键与半轴相连。发动机输出的动力传至主减速器从动齿轮后,依次经差速器壳、十字轴、行星齿轮、半轴齿轮、半轴传给左右驱动轮。与差速器壳一起转动(公转)的行星齿轮拨动两侧的半轴齿轮转动,当两侧驱动轮所受阻力不同时,行星齿轮还要绕自身轴线转动(自转),实现对两侧驱动轮的差速驱动。

在传力过程中,行星齿轮和半轴齿轮这两个锥齿轮间作用着很大的轴向力,为减少齿轮和差速器壳之间的磨损,在行星齿轮及半轴齿轮与壳体之间分别装有行星齿轮垫片7和半轴齿轮垫片2。行星齿轮垫片7还可以保证行星齿轮对正中心,以利于和两个半轴齿轮正确地啮合。

差速器的润滑是和主减速器一起进行的。为了使润滑油进入差速器内,在差速器壳上开有窗口。为保证润滑油顺利到达行星齿轮和十字轴轴颈之间,在行星齿轮轴轴颈上铣出平面,并在行星齿轮的齿间钻出径向油孔。

在中、小排量的汽车上,由于驱动轮的转矩不大,差速器内多用两个行星齿轮,相应的行星齿轮轴为一根直销轴(一字轴),差速器壳可以制成开有大窗孔的整体式壳,通过大窗孔还可以进行拆装行星齿轮和半轴齿轮的操作。

(2)差速原理

差速器中的差速原理可用图5-9来说明。

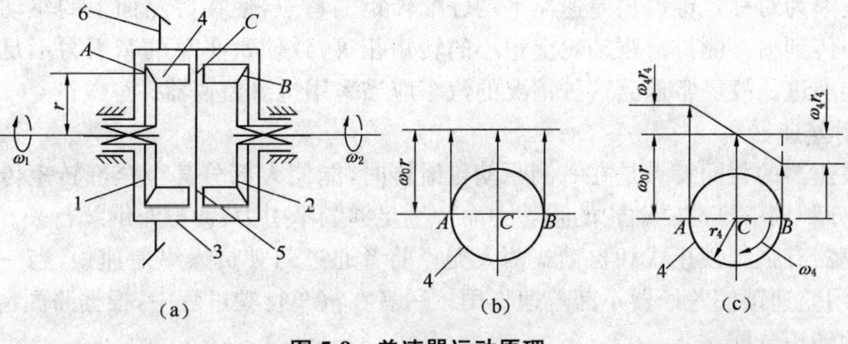

图5-9　差速器运动原理

(a)差速器结构示意图　(b)行星齿轮只公转　(c)行星齿轮公转的同时还自转

1、2. 半轴齿轮 3. 差速器壳 4. 行星齿轮 5. 行星齿轮轴 6. 主减速器从动齿轮

对称式锥齿轮差速器是一种行星齿轮机构。差速器壳3与行星齿轮轴5连成一体,形成行星架,因为它又与主减速器从动齿轮6固连,故为主动件,设其角速度为ω_0,半轴齿轮1和2为从动件,其角速度为ω_1和ω_2。A、B两点分别为行星齿轮4与半轴齿轮1和2的啮合点,行星齿轮的中心点为C,A、B、C三点到差速器旋转轴线的距离均为r(图5-9a)。

当行星齿轮只是随同行星架绕差速器旋转轴线公转时,处在同一半径上的A、B、C三点的圆周速度相等(图5-9b),其值为$\omega_0 r$。于是$\omega_1=\omega_2=\omega_0$,即差速器只传递转矩而不起差速作用,两半轴角速度等于差速器壳3的角速度,两侧驱动轮以相同的转速旋转。

当行星齿轮在公转的同时又绕自身的轴5以ω_4角速度顺时针自转(如汽车右转向行驶)时,如图5-9c所示,啮合点A的圆周速度为$\omega_1 r=\omega_0 r+\omega_4 r_4$,啮合点$B$的圆周速度为$\omega_2 r=$

$\omega_0 r-\omega_4 r_4$。于是，两半轴齿轮通过半轴带动两侧驱动轮以不同转速旋转，且外轮转速大于内轮转速，差速器在传递转矩的同时起差速作用。

因 $$\omega_1 r+\omega_2 r=(\omega_0 r+\omega_4 r_4)+(\omega_0 r-\omega_4 r_4)$$

故 $$\omega_1+\omega_2=2\omega_0$$

若角速度以每分钟转数 n 表示，则

$$n_1+n_2=2n_0 \tag{5-1}$$

式(5-1)为两半轴齿轮直径相等的对称式锥齿轮差速器的运动特性方程式，它说明左右两侧半轴齿轮转速之和等于差速器壳转速的两倍，而与行星齿轮转速无关。因此，在汽车转弯行驶或其他行驶情况下，都可以借行星齿轮以相应转速自转，使两侧驱动轮以不同转速在地面上滚动而无滑动。

由式(5-1)还可得知：①当差速器壳转速为零(如用中央制动器制动传动轴)时，若一侧半轴齿轮受其他外来力矩而转动，则另一侧半轴齿轮即以相同转速反向转动；②当任何一侧半轴齿轮的转速为零时，另一侧半轴齿轮的转速为差速器壳转速的两倍。

在传力过程中，上述对称式锥齿轮差速器行星齿轮相当于一个等臂杠杆，而两个半轴齿轮半径也是相等的。因此当行星齿轮没有自转时，总是将主减速器传来的转矩 M_0 平均分配给左、右两半轴齿轮，即 $M_1=M_2=0.5M_0$。当行星齿轮轴自转时，由于行星齿轮空套在行星齿轮轴上，产生的内摩擦力矩较小，可忽略不计。因此可以认为，无论左右驱动轮转速是否相等，其转矩基本上总是平均分配的。这样的分配比例对于汽车在好路面上直线行驶或转弯行驶时，都是满意的。但当汽车在坏路面行驶时，会严重影响其通过能力。例如当汽车的一侧驱动轮驶入泥泞路面，由于附着力很小而打滑时，即使另一侧驱动轮在好路面上，汽车往往也不能前进。这是因为对称式锥齿轮差速器平均分配转矩的特点，使在好路面上的驱动轮分配到的转矩只能与传到另一侧打滑驱动轮上很小的转矩相等，致使汽车总的牵引力不足以克服行驶阻力而不能前进。故经常遇到这种情况的汽车应当采用抗滑差速器。

2. 防滑差速器

防滑差速器的共同特点是在一侧驱动轮滑转时，能使大部分甚至全部转矩传给不滑转的驱动轮，充分利用不打滑驱动轮的附着力而产生足够的牵引力，使汽车继续行驶。汽车上常用的防滑差速器有强制锁止式和自锁式两大类。前者通过驾驶员操纵差速锁，当一侧驱动轮滑转时，可利用差速锁使差速器不起差速作用。后者在汽车行驶过程中，根据路面情况自动改变驱动轮间的转矩分配。

军用汽车上应用较广的是强制锁止式差速器。强制锁止式差速器结构简单，但一般要在停车时进行操纵，而且接上差速锁时，左右驱动轮刚性连接，只允许直线行驶，而不允许转弯行驶。另外，通过坏路后应立即脱开差速锁(图 5-10)，因过早接上和过晚脱开差速锁，在良好路面上左右驱动轮仍刚性连接，将会使差速器不起差速作用，从而打坏驱动桥齿轮及其连接部件。

(三)半轴与桥壳

1. 半轴

半轴用来将差速器半轴齿轮的输出转矩传到驱动轮或轮边减速器上。在非断开式驱动桥内，半轴一般是实心的；在断开式驱动桥处，往往采用万向传动装置给驱动轮传递动力；在转向驱动桥内，半轴一般需要分为内半轴和外半轴两段，中间用等速万向节相连接。

在非断开式驱动桥内，半轴与驱动轮的轮毂在桥壳上的支承形式决定了半轴的受力状况。

现代汽车基本上采用全浮式和半浮式两种支承形式。

(1)全浮式半轴支承

全浮式半轴支承广泛应用于各型货车上。如图 5-11 所示，半轴 6 外端的凸缘借螺栓 7 与轮毂 9 连接。轮毂通过两个圆锥滚子轴承 8 和 10 支承在半轴套管 1 上。半轴套管与空心梁 12 压配成一体，组成驱动桥壳，因而半轴与桥壳无直接联系。由于两个圆锥滚子轴承和半轴套管承受了可能出现的弯矩，所以半轴外端不承受弯矩。

图 5-10　防滑差速器差速锁

半轴内端用花键与差速器的半轴齿轮连接。由于差速器壳左右两边有圆锥滚子轴承支承，几个行星齿轮对半轴齿轮的径向作用力又是相互平衡的，因而半轴内端也不受弯矩。这种使两端都不承受弯矩的半轴支承形式称为全浮式支承(所谓“浮”即指卸除半轴的弯曲载荷而言)。

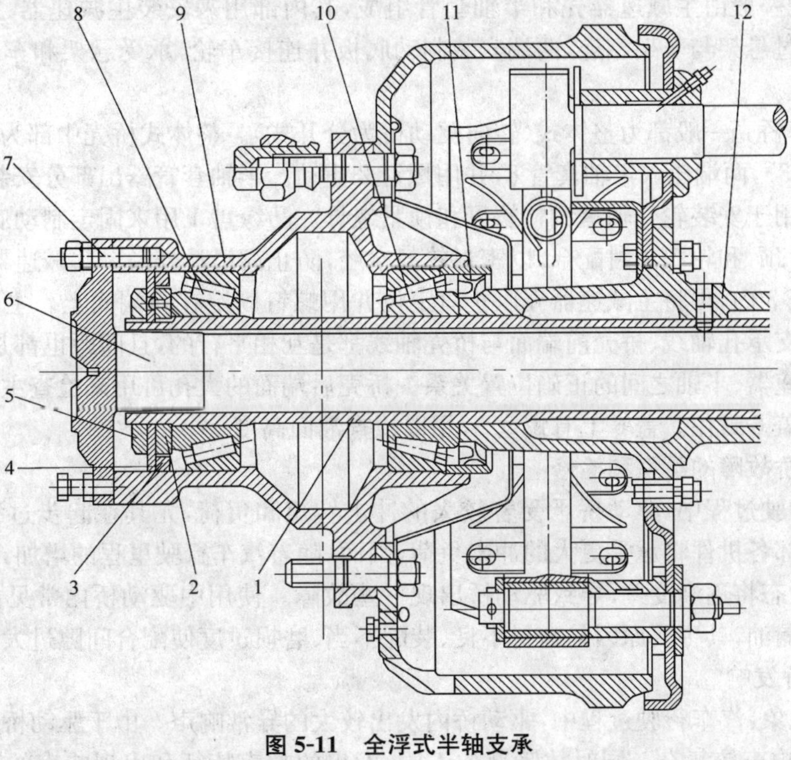

图 5-11　全浮式半轴支承

1. 半轴套管 2. 调整螺母 3、11. 油封 4. 锁紧垫圈 5. 锁紧螺母
6. 半轴 7. 轮毂螺栓 8、10. 圆锥滚子轴承 9. 轮毂 12. 空心梁

为防止轮毂连同半轴在侧向力作用下发生轴向窜动，轮毂内的两个圆锥滚子轴承 8 和 10 的安装方向必须使它们能分别承受向内和向外的轴向力。轴承的预紧度可借调整螺母 2 调整，并用垫圈 4 和螺母 5 锁紧。

全浮式半轴在汽车静止时是不受力的，因而不用支起车桥就可以卸下半轴，在驱动桥驱动车轮转动时，半轴只承受转矩。

(2)半浮式半轴支承

如图 5-12 所示，半轴 1 内端支承方法与上述相同，即半轴内端不受力及弯矩。车轮支承于半轴外端，距支承轴承 2 有一段悬臂 b；且半轴用圆锥滚子轴承 2 直接支承在桥壳凸缘内。显然，作用于车轮的各反力都必须经过半轴传给桥壳。因此这种支承只能使半轴内端免受弯矩，而外端却承受全部弯矩，故称为半浮式支承。

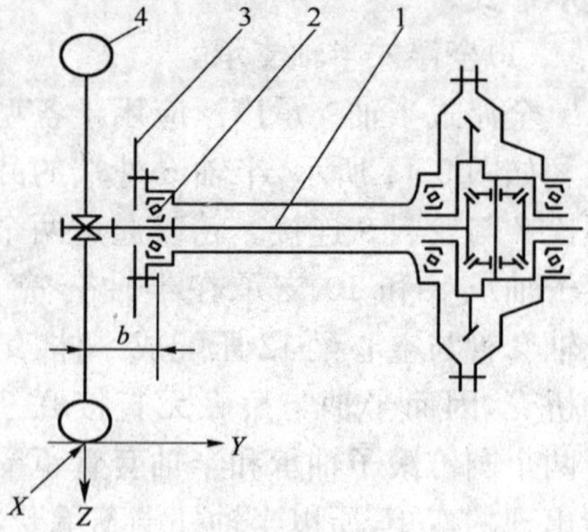

图 5-12 半浮式半轴支承受力图

1. 半轴 2. 圆锥滚子轴承 3. 轴承盖 4. 车轮

半浮式支承中，半轴与桥壳间的轴承一般只用一个，为使半轴和车轮不致被向外的侧向力拉出，该轴承必须能承受向外的轴向力。另外，还必须有承受向内的侧向力限位装置。半浮式半轴支承结构简单，但半轴受力复杂，拆装不便，多用于反力弯矩较小的各类轿车上。

2. 桥壳

驱动桥壳一般由主减速器壳和半轴套管组成，其内部用来安装主减速器、差速器和半轴等，其外部通过悬架与车架相连，两端安装制动底板并连接车轮，承受悬架和车轮传来的各种作用力和力矩。

现代轿车桥壳一般都为整体式(转向驱动桥为分开式)。整体式桥壳中部为一环形空心的壳体 7(图 5-13)，两端压入半轴套管 8，并用螺钉 2 止动。半轴套管露出部分安装轮壳轴承，端部制有螺纹，用于安装轮壳轴承调整螺母和锁紧螺母。凸缘盘 1 用来固定制动底板，壳 7 的端部加工有油封颈，和轮毂油封配合，以密封轮毂空腔，防止润滑油外溢。主减速器、差速器先装入主减速器壳 3 内，再将主减速器壳以止口定位并用螺钉固定在前端面上。主减速器壳前后端面、中间轴支承孔轴线、桥壳前端面与桥壳轴线都是互相平行的，且间距也都是一定的，保证主减速器、差速器、半轴之间的正确位置关系。桥壳后端面的大孔可用来检查主减速器的技术状况，平时用盖 6 封住。盖 6 上有螺塞 5，用以检查油面高度。

三、驱动桥故障的类型和检修

汽车在行驶过程中，驱动桥承受着较大的冲击转矩和负荷，尤其在起步过猛或紧急制动时，驱动桥内部各机件将承受更大的冲击负荷，因而，随着汽车行驶里程的增加，驱动桥各机构零件的技术状态将逐渐变差，导致驱动桥出现一些故障。使用中驱动桥内常见的故障主要有发响、过热和漏油，其主要原因是密封不良、装配不当、磨损过度使配合间隙过大等。

1. 驱动桥发响

1)故障现象：汽车行驶过程中，驱动桥内发出较大的异常响声。由于驱动桥内部机件和零件较多，所以响声较复杂。同时故障部位不同，发出的响声特征和出现响声的时机也有所不同，有的响声随车速升高而增大；有的响声在汽车起步或突然改变车速的瞬间明显；有的响声在汽车转弯行驶时出现；而有的响声则在汽车匀速行驶时明显。

2)故障原因：

①润滑不良，驱动桥内部缺少齿轮油，齿轮油标号不符或油质低劣。

②轴承紧度调整不当。

③轴承磨损松旷或烧蚀损坏。

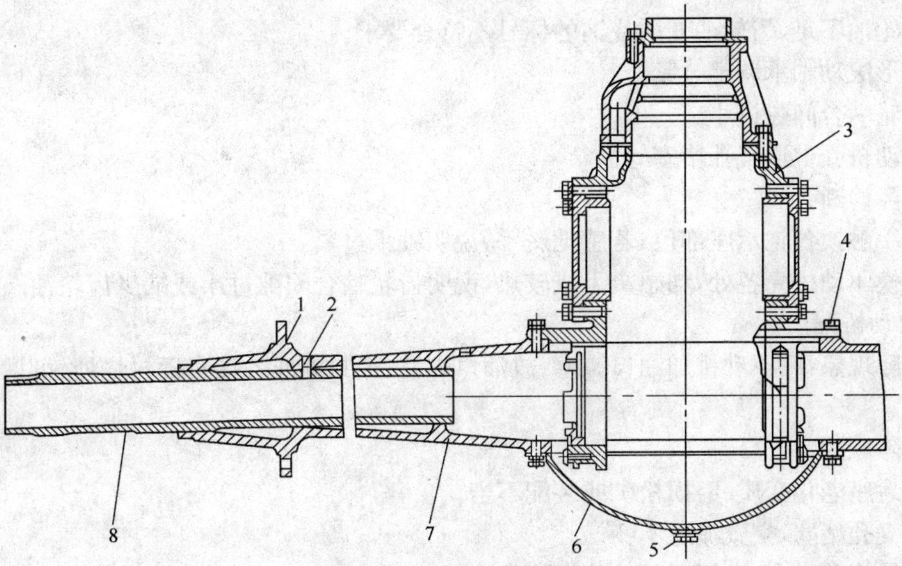

图 5-13 整体式驱动桥壳

1. 凸缘盘 2. 止动螺钉 3. 主减速器壳 4. 固定螺钉 5. 螺塞 6. 后盖 7. 桥壳 8. 半轴套管

④齿轮啮合间隙或印痕调整不当。

⑤齿轮磨损严重，齿面烧蚀剥落或牙齿断裂；

⑥主减速器从动齿轮铆钉或螺栓松动；

⑦差速器行星齿轮中心孔与其轴配合松旷或行星齿轮与半轴齿轮花键配合松旷。

⑧半轴齿轮与半轴花键配合松旷。

3）故障诊断：

①对于驱动桥发响故障的诊断，应先对驱动桥内齿轮油的数量、粘度、品质等进行检查并视情更换。

②如汽车在起步、变速瞬间或车速不稳定时，驱动桥内发出“咯噔、咯噔”的金属撞击声，停车后，转动驱动桥主动轴凸缘，手感较松旷（转动凸缘，圆周上的凸长超过了 3mm）且有撞击声，则说明齿轮啮合间隙过大而造成异响。

③汽车加速行驶时，驱动桥内发出一种连续的“嗷嗷”声，且随车速升高而加大，停车后触摸驱动桥壳，感觉发烫，则说明齿轮啮合间隙过小造成异响。

④汽车在稳定速度下，驱动桥内发出一种有节奏的“哽哽”声，其节奏随车速变化而变化，则说明齿轮啮合间隙不均匀或机件松动相互碰刮产生异响。

⑤汽车转弯时，驱动桥内发出一种轻脆的“嗒嗒”声，严重时，驱动桥则有抖动现象，说明是由于行星齿轮与半轴齿轮啮合不当而产生异响。

⑥汽车加速时，驱动桥内有时发出一种连续均匀的“嘤嘤”声，且随车速升高而增大。用手触摸驱动桥轴承座处有发热现象，说明是轴承过紧发响。

⑦若听到驱动桥内发出杂乱的“哗啦、哗啦”声，车速快响声大，且减速更清晰，说明是轴承过松发响。

2. 驱动桥过热

1）故障现象：汽车行驶一定里程后，用手触摸桥壳感到很烫手，且达到不能忍受的程度。

2)故障原因：

①齿轮油不足，齿轮油变质或油的标号不符合要求。

②锥形滚动轴承调整过紧。

③齿轮啮合间隙过小。

④驱动桥壳上通气孔堵塞等。

2)故障诊断：

①用手触摸各轴承座部位，若感觉烫手，说明轴承过紧。

②触摸驱动桥壳各处，均感烫手或较热，说明齿轮啮合间隙过小或缺少齿轮油。

3. 驱动桥漏油

1)故障现象：在驱动桥加油口螺塞、放油口螺塞、油封处或各接合面衬垫处，可见明显的漏油痕迹。

2)故障原因：

①油封座老化变质、磨损松旷或装配不当。

②通气孔堵塞，空气流通不畅。

③螺纹间隙增大，专用润滑油从螺纹处渗漏。

④衬垫损坏或紧固螺栓松动，导致接合面不严密。

⑤油封配合的轴颈磨损或表面有沟槽。

⑥专用润滑油加注过多，运转中壳体内压增高，专用润滑油渗出。

⑦放油螺栓松动或壳体有裂缝。

3)故障诊断：

①专用润滑油经半轴凸缘周围渗漏，说明半轴油封不良，更换半轴油封。无半轴油封的汽车则因加注专用润滑油过多或汽车在横向坡较大的路面上行驶导致泄漏。

②主减速器主动齿轮凸缘处漏油，说明该处油封不良或凸缘轴颈表面磨损产生沟槽，应更换油封。

③其他部位漏油可根据油迹查明原因。

对过热、异响故障，通常需分解检查，如主要零件表面有疲劳剥落、磨损过度、沟槽等，均需换用新品。装复驱动桥时要将轴承紧度、齿轮啮合间隙及印痕调整到位，有条件的情况下，对换件后的驱动桥要进行磨合试验。

四、驱动桥的调整

1. 减速器主动齿轮轴支承轴承预紧力的调整

①使用弹性隔套调整预紧力。现代汽车除少数低档车仍运用调整垫片来调整主减速器主动齿轮轴支承轴承预紧力外，大部分车早已改用简便的弹性隔套调整预紧力。

按规定扭矩的下限拧紧凸缘螺母，测预紧力。如果预紧力不足，则继续提高螺母拧紧力矩，每到一个缺口测一次；如果预紧力过大，则更换新的弹性隔套。

②凸缘螺母紧固力矩。后轮驱动轿车、吉普车使用弹性隔套的，紧固力矩通常为110～240N·m。

③主动齿轮轴支承轴承预紧力检测。绝大多数减速器在凸缘处测预紧力为10～30N·m。旧车因轴承质量下降，预紧力会减半。

顺时针沿切线方向拉动凸缘，读取凸缘刚开始旋转时的数值。

注意：主动齿轮轴支承轴承预紧力过小，轴的位移量会成数倍地放大；预紧力过大，前轴承摩擦面上的润滑油无法形成油膜，前轴承和主动轮轴会发生摩擦焊接。

2. 差速器内齿轮调整垫

差速器内齿轮调整垫有软钢、铜和塑料三种。后两种垫片在大修时必须全部更换，新垫片厚度误差不得大于0.05mm。

3. 减速器主动轮与差速器壳之间的装配

安装前需将差速器壳放在平台上，以自身轴承定位，用指示表测量差速器壳上从动轮装配平面的轴向圆跳动，轴向圆跳动量必须小于0.05mm。测后按规定扭矩对角拧紧固定螺栓，并采取锁紧措施。

对于用调整螺母调整预紧力的，应先将两侧轴承盖螺母或螺栓用手拧紧，将两侧调整螺母等量拧入，待主从动轮齿隙几乎没有时，将主动轮一侧调整螺母完全紧到位，再将两侧调整螺母退回到最近的一个缺口。

4. 减速器主、从动轮齿隙的调整

(1)测试从动轮的轴向圆跳动

指示表架固定在减速器壳上，指示表触针压缩1～2mm，与从动轮齿背面外端10mm以内处垂直接触，将从动轮旋转一圈，表针摆动的范围为从动轮的轴向圆跳动。从动轮的轴向圆跳动就是主、从动齿轮齿隙变化的数值。从动轮的轴向圆跳动和啮合区位置是减速器最重要的两项指标，如丰田公司要求累计轴向圆跳动小于0.05mm。此处所测轴向圆跳动是差速器壳和从动轮两处轴向圆跳动之和。

(2)主、从动齿轮齿隙的检测

指示表架固定在减速器壳上，指示表触针垂直与从动轮驱动面大端一侧接触，主动轮保持不动，用手晃动从动轮，指示表针摆动的范围为该处所测齿隙。每隔120°测量1个点，共测3个点，取两头的数。最小处齿隙不得小于0.13mm，否则无法形成润滑油膜。

(3)主、从动齿轮齿隙的调整方法

1)对于用调整垫片调整齿隙的，在差速器轴承预紧力已调整好，需要调整齿隙的大小时，若某一边增加一定厚度的调整垫片，则另一边应减去相同厚度的调整垫片。

2)对于用调整螺母调整齿隙的，需增大齿隙时，将从动轮一侧螺母松一定的角度(以缺口计算，每个缺口转化成齿隙约为0.10mm)，另一侧调整螺母紧同样的角度。

5. 主、从动齿轮啮合区的检查与调整

(1)准双曲面齿轮啮合区的特点

准双曲面齿轮从齿形上分为格里森和奥利康两种，奥利康为等高齿，格里森为渐缩齿，小端高，大端低。目前普遍使用的是格里森齿轮。格里森齿轮承载后啮合区由小端向大端转移，由齿面中部向齿顶和齿根转移。所以格里森齿轮在承载前啮合区应距小端部2～7mm，离齿顶和齿根不小于1.5mm，啮合区形状应呈枣核形，占齿长的1/2～2/3。正反两个齿面啮合区不能在同一位置，反齿略靠中部。

奥利康齿轮承载后啮合区由大端向小端转移，由齿顶向齿根转移，所以奥利康齿轮在承载前啮合区应靠近大端和齿顶。

啮合区位置不对，会明显降低齿轮的工作寿命，啮合区形状不对，在大负荷、急剧转换车速时会听到“噌噌”的异常响声。

(2)准双曲面齿轮啮合区的调节方法

啮合区是加工出来的，又是通过精确调整调到位的。主动轮轴上后轴承和主动齿轮之间的调整垫片是负责调节啮合区位置的。

调整垫片的总厚度是基数加上调整数。基数由各个厂家自定，确定后就应固定下来，绝大部分厂家的基数都在1mm左右。而调整数是特指该对齿轮的加大误差，调整数通常在0.20～0.50mm之间，0.20mm以下不用调，超过0.50mm为不合格品。

啮合区的检查要在减速器齿隙调整完后进行。用红丹粉涂抹从动轮的3个齿，将这3个齿反复地和主动齿轮啮合，转上来看啮合印痕。

(3)啮合区校正的方法

如啮合区(从动轮)啮合印痕位置不对，就需重新调整。

①大进从出主。即啮合区若靠近大端，减少后轴承和主动轮之间的调整垫片，将从动轮向主动轮移近。

②小出从进主。即啮合区若出了小端，增加后轴承和主动轮之间的调整垫片，将从动轮从主动轮处移开一些。

③顶进主。啮合区若出了齿顶，则需增加后轴承和主动轮之间的调整垫片。

④根出主。啮合区若出了齿根，则需减少后轴承和主动轮之间的调整垫片。

第二节　驱动桥故障检修实例

一、驱动桥故障检修的程序和方法

驱动桥的主要作用是减速增扭，改变动力传递方向，并实现左右两轮的差速转动，它由主减速器和差速器、半轴及桥壳等组成。使用中常见的故障现象有漏油、过热和发响等，其主要原因是密封不良、装配不当、磨损过度使配合间隙过大等。对过热、异响故障通常需分解检查，如主要零件表面有疲劳剥落、磨损过度和沟槽等，均需换用新品。装复驱动桥时要将轴承紧度、齿轮啮合间隙及印痕调整到位，有条件的情况下，对换件后的驱动桥要进行磨合试验。

二、驱动桥故障检修实例

1. 福美来323LX轿车后轮严重打滑的现象

1)故障现象：一辆马自达323LX轿车，当在泥泞的陡坡上行驶时会出现一侧后轮严重打滑的现象。

2)故障诊断与排除：因该车装有摩擦片式差速器，当轿车以直线行驶时，两后半轴的转速相同，差速器将转矩平均分配给两侧车轮。当轿车转弯或一侧后车轮打滑时，两后半轴的转速不一致，左右半轴齿轮和差速器壳之间有转速差，使差速器的主从动摩擦片出现相对滑移，并产生摩擦力矩。在转速快的一侧，摩擦力矩与驱动力矩方向相反，使传向该侧的驱动力矩变小；在转速慢的一侧，摩擦力矩和驱动力矩的方向相同，使传向该侧的驱动力矩变大。

根据以上分析，故障部位应在差速器。拆检差速器总成，发现十字轴、推力盘及轴承等部件无异常，但主从动摩擦片和止推垫片磨损严重，主动摩擦片厚度小于1.9mm(标准厚度应为1.98～2.02mm)，从动摩擦片的厚度小于1.9mm(标准厚度应为1.98～2.02mm)，止推垫片的厚度小于1.4mm(标准应为1.57～1.63mm)。更换主从动摩擦片和止推垫片，并按照技术要求装配差速器。

2. 东风本田CRV滑行时后部异响

1)故障现象：东风本田CRV车的车速在90km/h以下滑行时车后部有“呜呜”的声音。

2)故障诊断与排除:凭经验判断这种情况一般是由于前后轮胎的磨损不一致或者在更换轮胎时没有对全车轮胎进行更换,造成前后轮胎的花纹深度不一样;也有可能是装用的轮胎规格不一样。上述几种情况都会造成后差速器液压离合器不正常啮合。如果前后轮胎的磨损差别不是很大,可以将花纹较深、磨损较轻的轮胎换到前轮;如果是轮胎规格不一致,应换上相同规格的轮胎(轮胎规格应为205/70R1598T)。经检查,判定是由前后轮胎的磨损不一致引起的。由于前后轮胎的磨损差别不是很大,遂将花纹较深、磨损较轻的轮胎换到前轮,故障排除。

3. 富康轿车转弯时变速驱动桥内异响

1)故障现象:1995年款富康ZX(1.36L)型轿车。在维修差速器总成后不久,车主找到服务站,声称底部维修后有异响,要求返工维修。

2)故障诊断与排除:用千斤顶架起前部,用三角木楔好后轮,作起步加速试验,将变速器由低挡挂入高挡,听响声,并无严重异响。试车途经转弯处出现“哗哗”异响,甚至车身有抖动现象,而车行直路时,响声渐小。

从异响在车辆转弯时出现和曾拆装过差速器判断,故障部位仍在差速器内。拆检差速器,发现行星齿轮轴遗忘装配卡环,致使行星齿轮与半轴齿轮(侧齿轮)不能良好啮合,异响由此产生。将行星齿轮及半轴齿轮(侧齿轮)成对装入,再装入差速器壳内,然后装入行星齿轮轴,最后装上新卡环,该故障即排除。

多数货车的行星齿轮轴为十字架式,依靠盒盖与差速器壳螺栓紧固。而富康轿车的行星齿轮轴为一根直轴,行星齿轮套装在该轴上,为防止行星齿轮轴的轴向窜动,轴的两端均由卡环定位。如卡环未装,行星齿轮轴轴向窜动,致使行星齿轮在车辆转弯时,在左侧齿轮上来回游动冲击,发出异响,时间一久,必然导致侧齿轮和行星齿轮磨损加剧,提早损坏。

4. 宝来1.8TAT差速器异响

1)故障现象:车主介绍放松制动踏板起步时车辆有抖动现象,开始并不在意,后来故障现象逐渐严重,挂前进挡时出现“哨”的一声金属撞击声,同时感觉车身抖动一下,再试异响和振动更加明显。

2)故障诊断与排除:用V.A.G1552检查,无故障码,试车发现各挡位升、降挡正常。检查自动变速器油,发现油量正常,无变质现象,也无焦糊味及金属粉末等异常情况。拆下车速表蜗杆检查差速器油,发现油质特别黑,并有大量的金属粉末颗粒。将车辆升起,用手向前或向后分别转动两前轮,可以转动30°~40°,并且伴有金属撞击声。

根据检查情况综合分析,故障原因是差速器的行星齿轮或行星齿轮轴磨损、松旷,导致异响和抖动。将差速器解体检查发现,差速器壳体的行星齿轮轴孔变成椭圆形孔,固定差速器壳体与行星齿轮轴的膨胀销已断为三截,由此确定故障原因是行星齿轮轴膨胀销先断裂,行星齿轮轴在差速器壳体的孔内不断地转动、磨损、撞击,使差速器壳体上的行星齿轮轴孔逐渐失圆,起步时行星齿轮轴与差速器壳体碰撞,产生异响和抖动。更换差速器总成,故障排除。

第六章　行驶系统故障检修

第一节　行驶系统故障检修概述

一、行驶系统的功用

汽车发动机提供的动力，经过汽车传动系和行驶系，才能产生足以克服行驶阻力的牵引力而使汽车行驶。行驶系的功用是接受传动系传来的动力，通过驱动轮与路面的作用产生牵引力，从而克服外界阻力使汽车正常行驶；支承整车质量，传递和承受路面作用于车轮的各种力和力矩；缓和冲击、吸收振动，以保持汽车行驶的平顺性；与转向系配合，共同保证汽车行驶方向的稳定性。

行驶系统的基本工作原理如图 6-1 所示。车架 1 是整个汽车的装配基体，汽车绝大多数部件和总成(如发动机、传动系统、悬架、转向、驾驶室、货厢和有关操纵机构)都是通过车架来固定其位置的；车轮 4 和 5 分别支承着驱动桥 3 和从动桥 6；从动桥 6 通过前弹性悬架 7 与车架连接，驱动桥 3 通过后弹性悬架 2 与车架连接，以缓和车辆在不平路面行驶时对车架的冲击和振动。

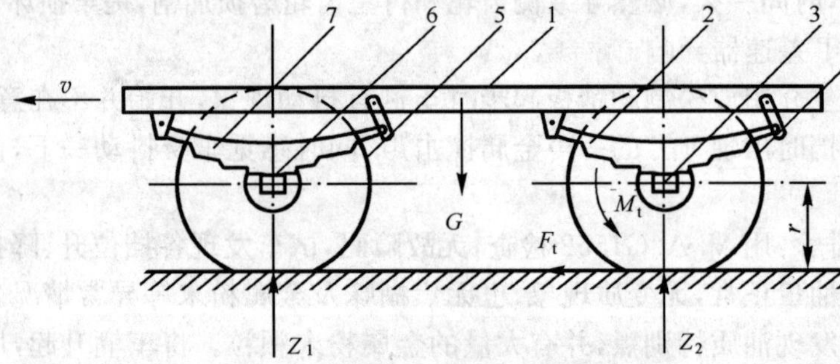

图 6-1　行驶系统组成及部分受力情况

1. 车架 2. 后悬架 3. 驱动桥 4. 驱动轮 5. 从动轮 6. 从动桥 7. 前悬架

汽车总重力 G_a 通过前后车轮传到路面，引起路面分别作用于车轮上的垂直反力 Z_1、Z_2。由发动机经传动系传到驱动轮 4 上的驱动力矩 M_t，通过路面与车轮的附着作用，在驱动轮边缘上产生路面作用的向前的纵向反力——驱动力 F_t。汽车行驶时，F_t 的一部分用以克服驱动轮本身的滚动阻力，其余大部分经过桥壳、后悬架传给车架，一方面用来克服作用于汽车上的空气阻力和坡道阻力，另一方面由车架通过前悬架传到从动桥，作用于从动轮的中心，使前轮克服从动轮所受的滚动阻力，于是整个汽车向前行驶。

汽车制动时，路面加于车轮的向后的制动力使汽车减速，以致使汽车停车。由制动引起的反力矩经车轮、半轴套管和悬架传至车架。

汽车转弯或在横向坡道上行驶时，路面对车轮的侧向作用力，也是经车桥及悬架传至车架上。由此可见，路面作用于车轮的垂直反力、驱动力、制动力、侧向力及其力矩都必须经行驶系中的其他部件最后传至车架上、才能使汽车行驶、转向和制动。

二、行驶系统的组成

汽车行驶系统由行路机构和承载机构组成。按与地面接触部分不同可分为轮式、半履带式、全履带式和车轮—履带式行驶系统等几种。轮式行驶系统由车架、车桥、车轮与轮胎、悬架等部件组成。

(一)车架

车架按纵梁、横梁结构特点分为边梁式、中梁式(或称脊梁式)和综合式三种。边梁式车架广泛应用于各种类型载货、载客汽车和少量轿车上;中梁式车架主要用于越野汽车和少量轿车上;大多数轿车都是采用承载式车身,如上海桑塔纳、捷达、奥迪、CA7220 等轿车均为此种结构形式;现代大型客车上越来越多采用整体承载式车身骨架和桁架式车架结构。

图 6-2　承载式车身

车架的结构形式首先应满足汽车总布置的要求,其次应具有足够的强度和适当的刚度。为了使整车轻量化,要求车架质量尽可能小。此外,降低车架高度,以使汽车质心位置降低,有利于提高汽车的行驶稳定性。在货重车车架前端或轿车车架的前后两端,装有缓冲件——保险杠。当汽车受到撞击时,它可以保护车身、翼子板及散热器,使之免受损伤。轿车上的保险杠还同时起着美化汽车外观的作用。

承载式车身(图 6-2)由于无车架,可以减轻整车质量;可以使地板高度降低,上、下车方便。但是传动系统和悬架的振动与噪声会直接传入车内,为此,应采取隔音和防振措施。

(二)车桥

车桥通过悬架与车架(或承载式车身)相连,两端安装车轮。根据与之配用的悬架结构不同,车桥分为整体式车桥和断开式车桥。非独立悬架配用整体式车桥;断开式车桥与独立悬架配用。根据车桥上车轮的作用,车桥又可分为转向桥、驱动桥、转向驱动桥和支持桥四种类型。

转向桥是利用车桥中的万向节使车轮可以偏转一定角度,以实现汽车转向。转向桥可与独立悬架或非独立悬架匹配,主要由前梁、主销和万向节等组成。

转向桥在保证汽车转向功能的同时,应使转向轮有自动回正作用,以保证汽车稳定直线行驶。即当转向轮在偶遇外力作用发生偏转时,一旦作用的外力消失后,应能立即自动回到原来直线行驶的位置。这种自动回正作用是由转向轮的定位参数来保证的,也就是转向轮、主销和前轴之间的安装应具有一定的相对位置——转向轮定位。转向轮定位内容有主销后倾与内倾、车轮前束与外倾。转向轮定位的参数及其形成和作用见表 6-1。

汽车在使用中,如果安装车轮的车架发生永久变形,或车轮在车架上定位不准、坚固不良,或汽车的左右侧车轮及前后车轮之间的距离、位置关系不正确,都会影响汽车稳定行驶,并会造成轮胎异常磨损。所以汽车上每个车轮的安装位置、方向及同其他车轮之间的相互位置关系都应当保持正确、适当。

转向驱动桥的特点如图 6-3 所示，与转向轮相连的半轴必须分成内外两段，其间用等角速（或准等角速）万向节连接；主销也分制成上下两段，分别固定在万向节的球形支座上；万向节轴颈部分做成中空，以便外半轴穿过。

表 6-1　转向轮定位参数

内容	图　示	形　成	作　用
主销后倾角 α	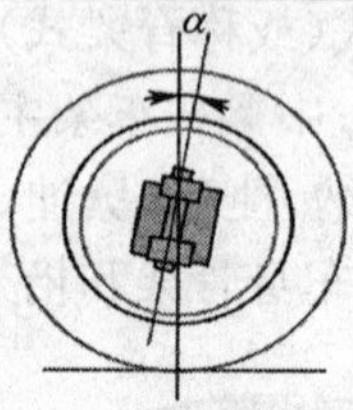	前梁、钢板弹簧和车架三者装配时钢板弹簧前高后低，使前梁向后倾斜形成	自动回正
主销内倾角 β	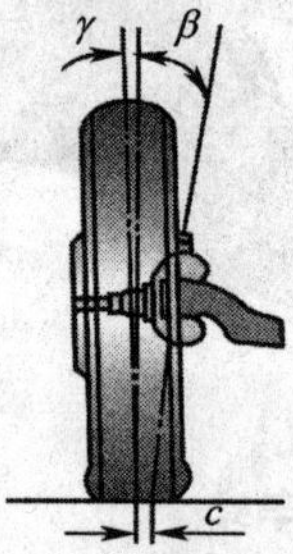	加工时将前梁两端的主销拳形孔轴线上端向内倾斜	自动回正，转向轻便
前轮外倾角 γ		设计时使万向节轴颈的轴线与水平面成一角度，使万向节轴下倾	防止满载时轮胎磨损
前轮前束值 A-B	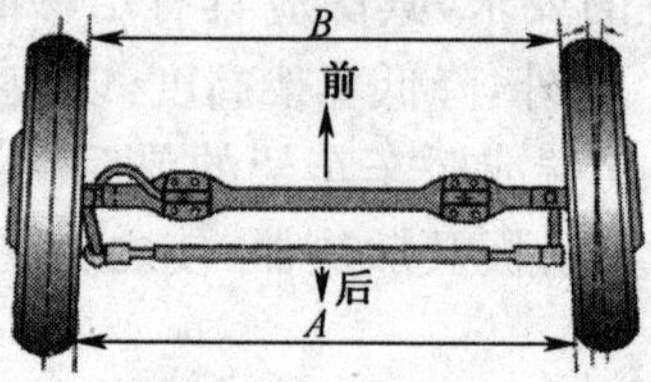	通过调整转向横拉杆长度调节	减少外倾引起的轮胎磨损

（三）车轮与轮胎

车轮是介于轮胎与车轴之间承受负荷的旋转组件，通常由轮辋和轮辐组成。轮胎按用途分为轿车轮胎和载货汽车轮胎及特种用途轮胎，而载货汽车轮胎又分为重型、中型和轻型载货汽车轮胎；按胎体结构不同可分为充气轮胎和实心轮胎，现代汽车绝大多数采用充气轮胎；充气轮胎按组成结构不同，又分为有内胎轮胎和无内胎轮胎两种；充气轮胎按胎体中帘线排列的方向不同，还可分为普通斜交轮胎和子午线轮胎。

轮胎必须有适宜的弹性和承受载荷能力。与路面直接接触的胎面部分应具有用以增强附着作用的花纹。轮胎温度不能过高。子午线胎与斜交胎混装将会影响汽车的操纵性能，故两种胎不能混装于一辆车上。

随着汽车工业的发展，我国轮胎制定了与国际通用标准相应的标准。现执行的标准为轿车轮胎 GB 9743—1997；轿车轮胎系列 GB/T 2978—1997；载货汽车轮胎 GB 9744—1997；载货汽车轮胎系列 GB/T 2977—1997。标准规定了轮胎规格、基本参数、主要尺寸、气压负荷对应关系等。如某轮胎标记为 185/60R13 80 H，其中：

185——轮胎名义断面宽度（mm）；

60——轮胎名义高宽比（扁平率）；

R——子午线结构代号（英语单词 Radial 的第一个字母）；

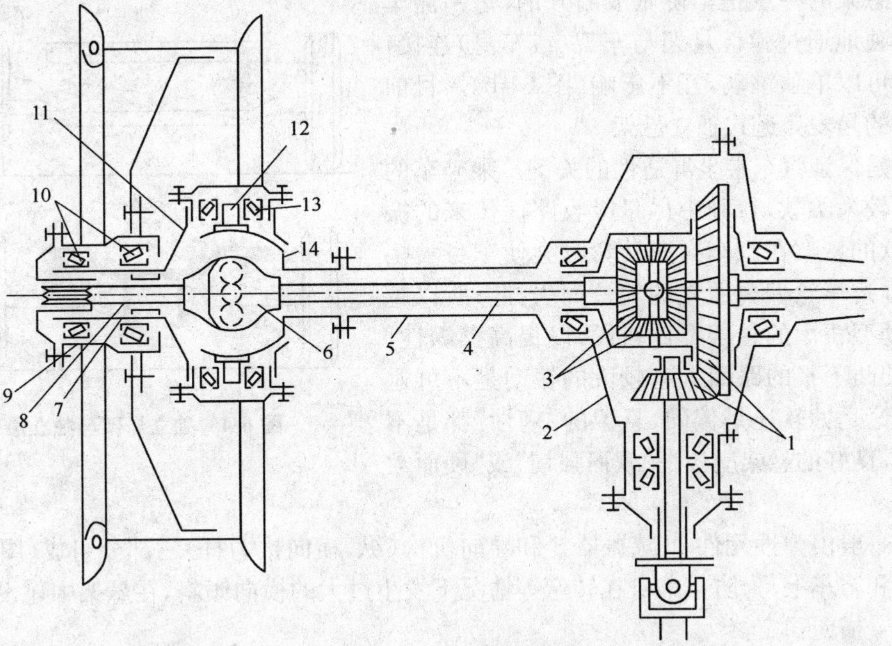

图 6-3　转向驱动桥

1. 主减速器 2. 主减速器壳 3. 差速器 4. 内半轴 5. 半轴套管 6. 万向节 7. 万向节轴颈 8. 外半轴 9. 轮毂 10. 轮毂轴承 11. 万向节壳体 12. 主销 13. 主销轴承 14. 球形支座

13——轮辋名义直径(in)；

80——负荷指数；

H——速度级别代号。

轮胎速度级别代号与最高行驶速度对应，见表 6-2。负荷指数从 GB/T 2978—1997 标准中可以查阅。

表 6-2　轮胎速度级别与最高行驶速度(km/h)对应表

速度级别	最高车速	速度级别	最高车速	速度级别	最高车速	速度级别	最高车速
A1	5	B	50	K	110	S	180
A2	10	C	60	L	120	T	190
A3	15	D	65	M	130	U	200
A4	20	E	70	N	140	H	210
A5	25	F	80	P	150	V	240
A6	30	G	90	Q	160	W	270
A7	35	J	100	R	170	Y	300
A8	40						

(四)悬架

悬架按导向机构的形式可分为两大类，非独立悬架和独立悬架(图 6-4)。

非独立悬架的特点是两侧车轮安装在一根整体式车桥两端，车轮连同车桥一起通过弹性悬架与车架(或车身)相连。当一侧车轮跳动时，必然引起另一侧车轮在汽车横向平面内发生摆动，因此也称非独立悬架(图 6-4a)。

独立悬架的特点是车桥做成断开的，每一侧车轮可以单独地通过弹性悬架与车架（或车身）连接，两侧车轮可以单独跳动，互不影响（图 6-4b）。目前应用最多的是麦弗逊式独立悬架。

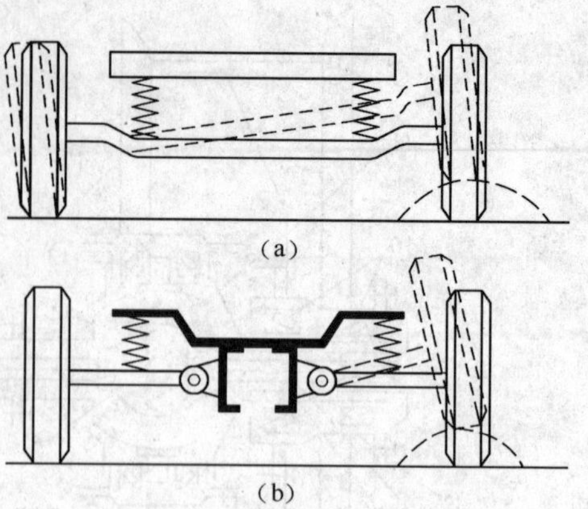

图 6-4 独立悬架与独立悬架

悬架是保证汽车乘坐舒适性的关键。乘坐车的悬架一般较为柔软，行驶中尽量吸收路面传来的振荡；但较软的悬架在汽车高速转弯时会使车身大幅度倾斜，导致车轮偏离原先的轨迹而失控。所以越野车、运动型轿车的悬架都比较硬，以提高操纵性，当然，在凹凸不平的路面上有较大的振动是不可避免的。不论是偏软还是偏硬，悬架的"韧性"都是不可缺少的，良好的悬架应该是"软而强韧"或"硬而柔韧"的。

悬架一般由弹性元件 1、减振器 3 和导向机构（纵、横向推力杆）三部分组成（图 6-5）。在多数轿车和客车上，为防止车身在转弯等情况下发生过大的横向倾斜，在悬架中还设有辅助弹性元件——横向稳定器。

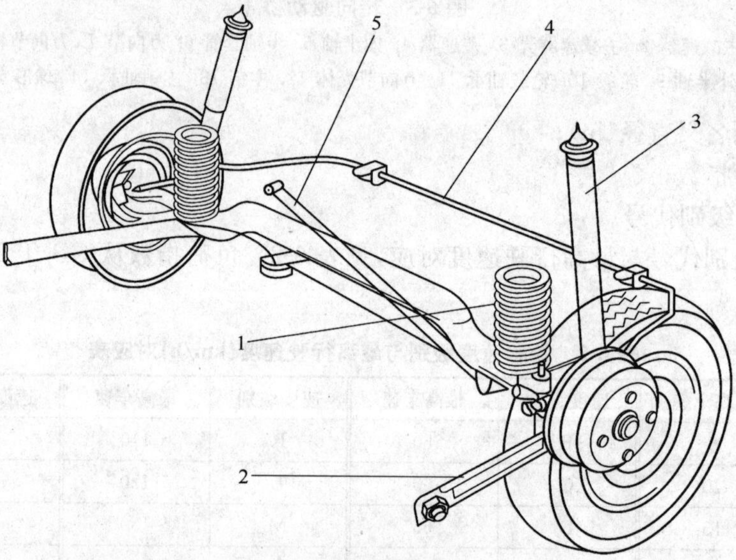

图 6-5 悬架的组成

1. 弹性元件 2. 纵向推力杆 3. 减振器 4. 横向稳定器 5. 横向推力杆

1. 弹性元件

弹性元件的作用是承受和传递垂直载荷，缓和并抑制不平路面所引起的冲击。弹性元件有钢板弹簧、螺旋弹簧等。

货车及越野车上多采用钢板弹簧（图 6-6）；钢板弹簧 2 本身既是弹性元件，又有减振和导向传力的功能，因而使用钢板弹簧的悬架，无需安装导向杆件。此外，一般钢板弹簧是由多片叠成的，本身具有一定的减振能力，在对减振要求不高的车辆上，也可以不装减振器。

螺旋弹簧广泛应用于独立悬架，特别是前轮独立悬架中。为了防止车身在转弯行驶等情况下发生过大的倾斜，这类悬架中一般还设有辅助弹性元件——横向稳定器。有些轿车的后

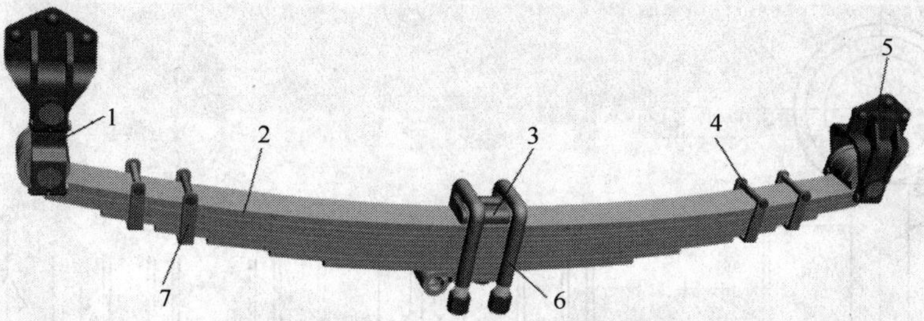

图 6-6　EQ1118G 汽车前钢板弹簧

1. 活动吊耳 2. 前钢板弹簧总成 3. 限位块 4. 活动吊耳 5. 螺栓套筒 6. 固定吊耳 7. U 形螺栓 8. 弹簧夹

轮非独立悬架中，其弹性元件也采用螺旋弹簧。

2. 减振器

减振器和弹性元件并联安装。汽车悬架系统中广泛采用液力减振器，其作用原理是利用孔壁与油液间的摩擦及液体分子内摩擦便形成对振动的阻尼力，使车身和车架的振动能量转化为热能，被油液和减振器壳体所吸收，然后散到大气中。

液力减振器按其作用方式不同，又可分为双向作用式减振器和单向作用式减振器。在压缩和伸张两行程内均能起作用的称为双向作用式减振器，仅在伸张行程内起作用的称为单向作用式减振器。目前汽车上广泛采用双向作用筒式减振器，其典型结构如图 6-7a 所示，一般由一个杆、两个环、三个筒和四个阀组成。

一个杆是指活塞杆 1，其下端用压紧螺母固定着活塞 3。两个环是指上吊环和下吊环，上吊环连车架，下吊环连车桥。三个同心钢筒是指防尘罩 10、贮油缸 5 和工作缸 2。防尘罩和上吊环、活塞杆焊接在一起；贮油缸和下吊环焊接在一起；工作缸装于贮油缸内，贮油缸和工作缸之间形成贮油腔，内装减振油液，但不装满，工作缸内则充满油液。四个阀分别是指压缩阀 6、流通阀 8、伸张阀 4 和补偿阀 7。

双向作用筒式减振器的工作原理如图 6-7b、c 所示。压缩行程(图 6-7b)时，减振器受压缩，此时减振器内的活塞 3 下移，压缩阀 6 和流通阀 8；伸张行程(图 6-7c)时，减振器受拉伸，伸张阀 4、补偿阀 7 开启，这些阀对液压油的节流作用形成了对悬架运动的阻尼力。

减振器阻尼力越大，振动消除得越快，但却使并联的弹性元件的作用不能充分发挥，同时，过大的阻尼力还可能导致减振器连接零件及车架损坏。为解决弹性元件与减振器之间的这一矛盾，要求压缩行程减振器阻尼力要小，充分利用弹性元件来缓和冲击；伸张行程减振器阻尼力要大，以迅速减振。为满足此要求，减振器流通阀和补偿阀弹簧做得较软，压缩阀和伸张阀弹簧做得较硬。

三、行驶系统故障的类型和检修

行驶系统使用中常见的故障现象有车辆振动颠簸明显、轮胎磨损异常、有异常响声、车轮摇摆等，其主要原因是减振器损坏、钢板弹簧折断、骑马攀螺栓松动、减振橡胶块丢失、转向或悬架杆系连接处松旷、轮毂轴承松旷、轮胎动平衡块丢失、前轮定位失常、车架或车身变形严重等。

1. 行驶跑偏

1)故障原因：

①两侧轮胎气压不相等。

②前轮制动器分离不彻底。

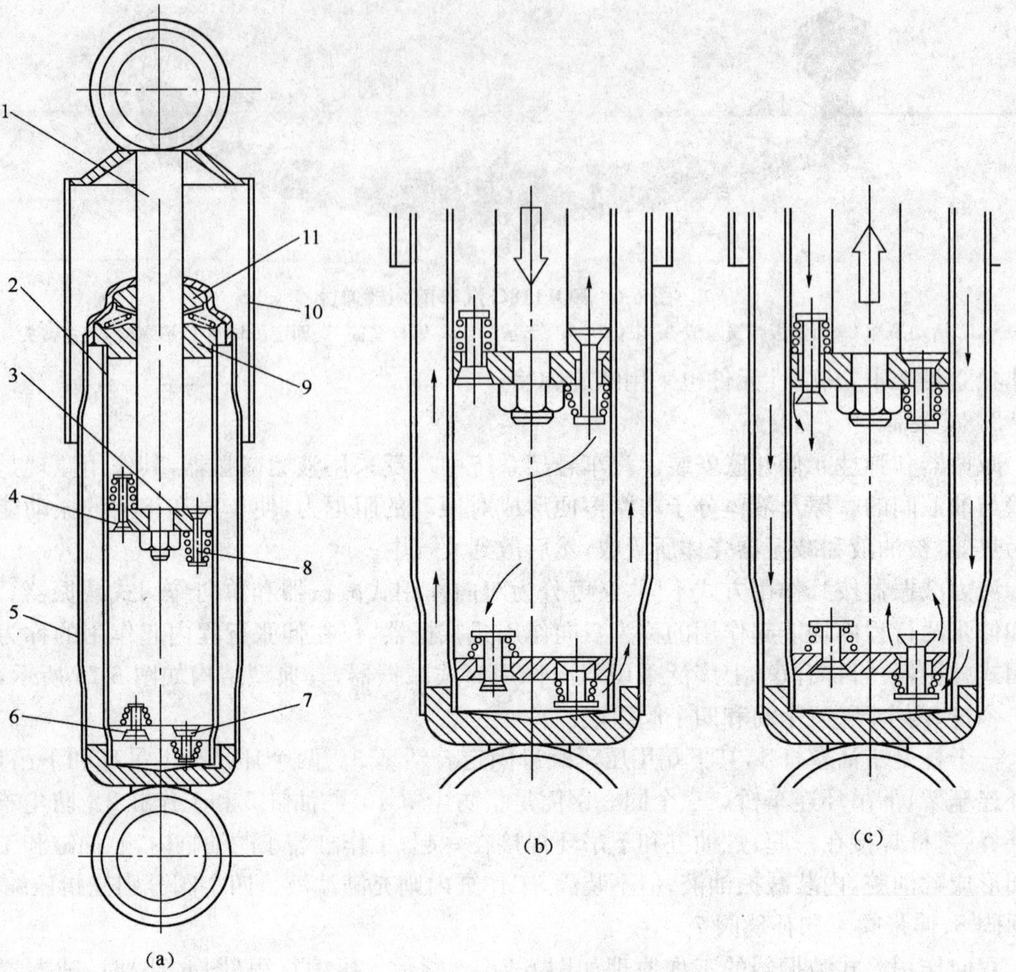

图 6-7 双向作用筒式减振器

1. 活塞杆 2. 工作缸 3. 活塞 4. 伸张阀 5. 贮油缸
6. 压缩阀 7. 补偿阀 8. 流通阀 9. 导向座 10. 防尘罩 11. 油封

③前弹簧失效。

④两侧前轮定位不同。

⑤前轮轴承过紧。

⑥车身底部或车架变形。

⑦减振器失效。

2)排除方法：

①调整轮胎气压。

②检修前制动器。

③更换前弹簧。

④调整两侧的前轮定位数据，使其一致。

⑤调整前轮轴承。

⑥校正或更换车身或车架。

⑦更换减振器。

2. 转向盘抖振

1)故障现象:汽车行驶达到一定车速时,转向盘有明显的抖振,车速越高,抖振现象越强烈。

2)故障原因:

①两侧前轮气压不相同。

②车轮不平衡。

③减振器失效。

④轮毂轴承松动。

⑤前轮定位不正确。

⑥稳定器失效。

⑦控制臂轴套磨损严重。

⑧转向机件磨损严重。

⑨转向器调整不当。

⑩转向器在车架上的固定螺栓松动。

3)排除方法:

①调整轮胎气压。

②平衡车轮。

③更换减振器。

④调整轮毂轴承。

⑤正确调整前轮定位。

⑥更换稳定器。

⑦更换控制臂轴套。

⑧更换磨损严重的转向机件。

⑨调整转向器。

⑩拧紧转向器固定螺栓。

3. 行驶系统有噪声

1)故障原因:

①减振器安装松动。

②转向器安装松动。

③转向器调整间隙过大。

④稳定器衬套磨损严重。

⑤控制臂衬套磨损严重。

⑥转向拉杆磨损严重。

⑦前轮轴承调整松动。

⑧悬架支杆衬套松动。

2)排除方法:

①拧紧减振器紧固螺栓。

②拧紧转向器紧固螺栓。

③调整转向器。

④更换稳定器衬套。

⑤更换控制臂衬套。

⑥更换转向拉杆不合格零件。

⑦调整前轮轴承。

⑧紧固悬架支杆衬套。

4. 轮胎磨损不均匀

1)故障原因：

①前轮定位不正确，前束和外倾调整不当。

②轮胎气压过高。

③车轮摆差过大。

④制动器分离不彻底。

⑤悬架零件磨损严重。

⑥转弯速度过快。

2)排除方法：

①正确调整前束和外倾。

②按标准充气。

③更换车轮。

④检修制动器。

⑤更换悬架不合格零件。

表 6-3 轮胎异常磨损及检测

轮胎异常磨损部位或状态	检 测 项 目
中央早期磨损	测量轮胎气压，并且让轮胎按期换位
一边磨损严重	测量轮胎气压
个别轮胎磨损量过大	检查车轮定位及独立悬架弹簧和减振器
斑秃形磨损，特定速度车辆有轻微抖动	对车轮进行平衡处理，如轮胎偏摆，则为轮辐变形
胎面锯齿状磨损	及时调整前轮定位，检查前悬架系统和球头销

5. 乘坐性不良故障

1)故障原因：

①轮胎气压过高。

②轮胎型号不对。

③减振器失效。

④减振弹簧失效。

⑤转向器调整过紧。

⑥后倾角不对。

2)排除方法：

①保持轮胎标准气压。

②按原厂规定选用轮胎。

③更换减振器。

④更换减振弹簧。

⑤调整转向器。

⑥检查调整后倾角。

6. 前轮侧滑

1)故障原因:

①前束不符合规定。

②轮胎气压不符合标准。

③前轮毂轴承和横直拉杆松旷。

④前轮偏摆。

2)排除方法:

①按规定数据调整前束。

②按标准给轮胎充气。

③消除前轮毂轴承和横直拉杆松旷现象,必要时更换不合格零件。

④检查轮辋是否变形,必要时更换轮辋。

7. 钢板弹簧折断

1)故障现象:车身向一侧倾斜,行驶中方向定向跑偏。

2)故障原因:

①车辆在不平道路上超载、超速行驶,或转弯时车速过快,负荷突然增大。

②车辆长期超载或在装载不均匀状况下行驶,在封存车辆时,未按规定解除钢板弹簧负荷,使钢板弹簧承受较大的动负荷和静负荷,造成材料疲劳及应力集中而断裂。

③维护不及时,钢板弹簧片间润滑不良或根本无润滑,使钢板弹簧片间相对移动时磨损加剧,造成承载能力下降而发生断裂。

④钢板弹簧U形螺栓松动,负荷集中在钢板弹簧的上面几片,上面的几片容易断裂。

⑤更换的某钢板弹簧片曲率与原片曲率不同,若各片工作负荷相差较大,由于受力不均匀而断裂。

⑥汽车紧急制动过多,尤其当前轮制动好而后轮制动差,或满载下坡时,使用紧急制动将造成汽车负荷前移,前钢板弹簧受额外负荷而易断裂,钢板销、衬套和吊环支架间磨损过重而配合松旷等。

3)故障诊断:

①当轮胎气压正常,将空载状态下的汽车停放在平坦场地上,若汽车向一侧歪斜,则歪斜一侧是钢板弹簧有故障的一侧。

②用钢丝刷认真清除钢板弹簧表面的泥土污物,仔细检查钢板弹簧片出现的裂纹或折断情况。

③检查曾更换的钢板弹簧片的曲率是否符合规定。

④检查钢板弹簧销、衬套及吊环支架间是否松旷;位于同一车轴上的两架钢板弹簧的弧高差是否符合要求。

⑤检查钢板弹簧U形螺栓的拧紧力矩是否符合规定,U形螺栓是否松动等。

8. 钢板弹簧移位

1)故障现象:汽车在行驶中,有斜扭的感觉,并感到转动转向盘轻重不一,有时车辆会发生跑偏。

2)故障原因:

①钢板弹簧U形螺栓松动。

②钢板弹簧中心螺栓折断。

③钢板弹簧与车轴间的定位凸点磨平或车轴定位孔与定位销间配合松旷。

3)故障诊断：

①测量左右两侧轴距是否符合规定。若不符合规定，则说明钢板弹簧发生位移。

②检查钢板弹簧U形螺栓拧紧力矩是否符合规定，若始终无法达到规定的拧紧力矩，则需进一步检查钢板弹簧U形螺栓与螺母的螺纹是否损伤而脱扣。

③若经检查钢板弹簧U形螺栓完好，则用锤子敲击钢板弹簧片端头。若中心螺栓折断，钢板会发生窜动；

④最后将钢板弹簧U形螺栓拧松，使钢板弹簧与车架脱开，检查钢板弹簧定位为何失效。

9. 钢板弹簧异响

1)故障现象：汽车行驶中，钢板弹簧发生撞击异响并伴有抖动。

2)故障原因：

①钢板弹簧销、衬套、吊耳磨损过甚，零件间的间隙增大。

②钢板弹簧疲劳变形，弧高减小。

③行驶时的振动，使钢板弹簧与零件或车架发生撞击而产生异响。

3)故障诊断：

①汽车行驶中，听到一种“呱嗒、呱嗒”的金属撞击声，将车辆支起，使钢板弹簧处于自由状态，在钢板弹簧吊耳支架端，用撬棒上下撬动钢板弹簧，若能撬动，则说明钢板弹簧销、衬套、吊耳支架间的间隙过大。

②若汽车在正常装载情况下行驶，车架与钢板弹簧之间发生撞击，当行驶在不平的路面时，产生的异响更大，那么，将车辆支起，使钢板弹簧处于自由状态，测量钢板弹簧弧高。若钢板弹簧弧高不符合规定或钢板弹簧弧反垂，则说明钢板弹簧因疲劳而失效。

四、行驶系统的主要技术参数(以奥迪轿车四缸机为例)

轮距(mm)	
前轮	1476
后轮	1483
轴距(mm)	2683
车桥允许载荷(kg)	
前桥	910
后桥	950
最小离地间隙(mm)	144
前轮定位	
主销后倾角	1.16°
主销内倾角	14.2°
前轮外倾角	0°±30/
前轮前束	$0°^{+5'}_{-10'}$
后轮定位	
后轮外倾角	−0°40/±30/
后轮前束角	−0°15/±10/
轮胎型号	185SR14
接近角	17.88°

离去角 12°

第二节 行驶系统故障检修实例

一、行驶系统故障检修的程序和方法

不同型号的车辆，行驶系统的具体结构差别很大，但它们的结构功能是基本相同的，所以从系统功能的角度去分析故障，对迅速判断行驶系统的故障十分有帮助。如车辆振动颠簸明显，说明系统的减振阻尼作用减弱，应首先检查减振器；轮胎非摆振造成的异常磨损，说明系统中车轮的定位失常，首先应检查前束和外倾角。

二、行驶系统故障检修实例

(一)捷达轿车行驶系统故障检修实例

1. 捷达轿车半轴异响

故障现象：捷达 AT，行驶里程 8.5 万 km。路试时车速在 20km/h 以上，底盘前部发出"哐、哐"有节奏异响，车速提高节奏加快，车底板振动。

故障诊断与排除：举升车辆，用手晃动各万向节，发现右半轴内侧万向节存在径向间隙。半轴万向节磨损后，在转动中会振动，转向时会发出"咯嘣"异响。万向节在使用中磨损是不可避免的，如能及时更换破损的防尘套和加注润滑脂，则会延长万向节的使用寿命。右半轴万向节磨损大于左半轴，这是因为右半轴比左半轴长和粗，转动惯量大，磨损就大；另外，右半轴万向节离排气管近，万向节的润滑脂容易被烤干。自动变速器车辆的半轴寿命，又比手动变速器车辆的半轴寿命低，这是因为自动变速器车挂上挡后，虽然踩住制动踏板车轮不转，但万向节要承受转矩和磨损。更换右半轴内侧万向节，异响消失。

2. 捷达轿车前轮轴承响(1)

故障现象：捷达 GiX 转弯时前轮部位会发出"咔嘣、咔嘣"的清脆响声。

故障诊断与排除：举升车辆，检查底盘，无损伤，车轮无松旷，用手转动车轮未见异常。发动车挂挡，将听诊器杆抵到右前轮毂，听到转动噪声较大；将右前车轮的大螺母拧松，试车听到噪声减弱。该轴承备件号是 T357498625B，制造厂家 SKF。分析认为可能的原因是轴承有质量问题，或行驶中车辆驶过深坑造成。更换同型号的轴承，经试车，响声消失。

3. 捷达轿车前轮轴承响(2)

故障现象：捷达 ATi 行驶里程 7.3 万 km。路试时车速在 50km/h 以上，底盘前部发出"嚓、嚓"异响，节奏感不明显。车速提高，异响音量加大，如同飞机起飞。

故障诊断与排除：举升车辆，起动发动机，挂上前进挡，断续踩加速踏板，将听棒抵到左前轮毂，听到的声音与异响相同。

捷达前轮轴承是整体密封式，不需调整间隙，也无法加润滑脂，轻微缺油时发出"噜噜"异响，严重缺油则发出"嚓嚓"异响，轴承损坏后要及时更换。更换轴承，异响消失。

4. 捷达轿车转向异响(1)

故障现象：捷达 CiF，每次将转向盘转到极限起步或倒车，车下左前部都会发出"嘣"的一声，声音较大。

故障诊断与排除：将此车用举升机举起后，检查了前悬架的各个螺栓及各个万向节，均无松旷现象，减振器及上托盘也完好正常。将车辆放下举升机后，将左前轮的轴头大螺栓松开三圈，在院中缓慢试车，异响消除。由于滚子在滚道内滚动异常，在将转向盘转到底时，轴承受到

较大的侧向力，于是发出异响。更换车轮轴承，按规定力矩拧紧轴头螺栓，故障排除。

5. 捷达轿车转向异响(2)

1)故障现象：捷达 GiX 行驶里程 7.3 万 km。转向时车身前部发出“嘎吱”异响。

2)故障诊断与排除：用手上下晃动右前车轮，感到上下有旷量间隙。拆卸右悬架，发现减振弹簧上方的悬架轴承损坏。

捷达悬架轴承与橡胶衬垫制成一体，长久使用造成轴承损坏和橡胶衬垫挤压变薄，以致出现上述检查时的松旷现象。更换悬架轴承，异响排除。

6. 捷达轿车控制臂下球头异响

1)故障现象：捷达 GiX 车轮经过凹凸路面，底盘前部发出“咯噔”声。

2)故障诊断与排除：举升车辆，用手晃动左前车轮，摸到控制臂下球头振动。将下球头拆下，发现球头松旷。

控制臂下球头磨损松旷后，不仅出现异响，在行驶中还会发生方向打摆。如出现这两种现象，就应考虑某个悬架机件有故障。更换下球头，异响消失。

7. 捷达轿车副车架异响

1)故障现象：捷达 GiX 行驶里程 3.8 万 km。起步时听到底盘前部发出“嘣”的一声，好像有两个部件相对移位。

2)故障诊断与排除：举升车辆检查，发现连接控制臂、副车架及车身的 M12 螺栓有一条松动，螺栓孔的钢片衬套也没装。

通过询问用户得知，此车曾发生过碰撞事故。修理过程中未安装衬套，螺栓未拧紧到规定转矩，所以出现异响。路试中如果感到底盘有两个部件相互位移，就要把底盘所有螺栓按照规定转矩拧紧一遍。安装衬套并拧紧螺栓，异响消失。

8. 捷达轿车后轮轴承异响

1)故障现象：捷达 GLX 行驶里程 12 万 km。车速在 60km/h 以上，底盘后部发出“噜、噜”异响，节奏感不明显，车速提高，异响音量加大。

2)故障诊断与排除：用手晃动左后轮，感到有旷量。拆下后轮轴承，看到滚道烧蚀。据分析：老产品捷达的后轮轴承是圆锥滚子轴承，可调整轴承预紧力。如果间隙调整得过大或过小，以及缺少润滑脂，都会发生异响和早期损坏。新产品捷达的后轮轴承是整体密封式，轴承预紧力不需调整。更换轴承，异响消失。

9. 捷达轿车减振器异响

1)故障现象：捷达 CL 行驶里程 18 万 km。车轮过深坑时，底盘后部发出“咚”的一声。

2)故障诊断与排除：减振器缓冲块套在减振器杆上，其作用是当车轮过坑时，避免因减振弹簧压缩到底而发生撞击，如减振器缓冲块破损残缺就会出现这种现象。经检查，果然是左后轮悬架的减振器缓冲块(橡胶挡块)破损残缺。更换缓冲块，异响排除。

10. 捷达轿车行驶中轮胎异响

1)故障现象：捷达 GTX 行驶里程 6 万 km。车速在 30km/h 以上，底盘发出“咚、咚”的有节奏异响；车速提高，节奏加快，车底板有较大振动。

2)故障诊断与排除：底盘异响中出现概率最高的是车轮异响，并且与振动并存。车轮故障严重的，车速在 20km/h 以上即可发生异响和振动，听似轮胎墩地的声音。车轮故障轻微的，多发生在车速为 110km/h 时，感觉车身下部剧烈振动，车速降低或升高，振动减小。同样的损坏程度，前轮引起的振动对驾驶员来说比后轮敏感。车轮异响的原因是：①轮胎故障：轮胎的结构分为胎体、帘布和胎面三部分。紧急制动时，胎面磨损出现小的平台。冲击障碍物后，使胎体、帘布损伤，轮胎不圆，在滚动时发出噪声。轮胎因被扎进行热补或穿入橡胶条而造成动平衡不合格，或轮胎使用1～2万km以后，也会出现动平衡不合格，动不平衡量大于5g的轮胎，应装在后轮或报废。②轮辋故障：轮辋变形，会使轮辋径向圆跳动量、轴向摆动量超差，钢制轮辋的径向圆跳动量极限为0.6mm，摆动量极限为1.0mm；铝合金轮辋的径向圆跳动量极限为0.3mm，摆动量极限为0.3mm。超差应更换轮辋，如只换轮胎，则不能完全消除异响和振动。

检查发现右后轮的胎面磨损至磨损标记，轮辋有磕碰痕迹。更换车轮，异响消失。

11. 捷达轿车右前轮在行驶中左右摇摆，轮胎磨损异常

1)故障现象：一辆捷达轿车行驶中，右前轮左右摇摆，低速时明显。轮胎胎面磨损异常。

2)故障诊断与排除：轮胎胎面磨损异常，应是车轮滚动时左右偏摆造成的，所以排除左右摇摆故障后，在车轮定位正常的情况下，轮胎应不会出现异常磨损。造成车轮左右摆摇的结构因素主要有轮毂轴承松动、悬架变形严重、前轮定位失常、各杆件连接部位松旷等。将车辆停放在水平路面上，一人在车上左右转动转向盘，一人在车前观察两转向轮开始偏转的起始时间，发现右前轮始终是晚于左轮偏转，这说明右轮轮毂轴承松动、悬架系统杆件连接部位松旷的可能性较大。举起车辆，并使右轮悬空，检查轮毂轴承紧度，结果正常。检查右横拉杆与减振器支柱的连接，较松旷。检查横向稳定杆，发现该杆与副车架连接的橡胶块丢失，检查下摇臂的3个连接点，结果是一个橡胶块损坏，一处松旷明显。更换松旷的球头、所有橡胶块，将备胎装于右轮，在四轮定位仪上检调好车轮外倾角和前束后，试车时已观察不到前轮的摇摆现象。

诊断结论是转向及悬架杆系连接处松旷，使车轮在滚动时的横向摆振在一定的偏摆角内成为无阻尼振动(不计轮胎与地面的摩擦阻尼)，造成车轮左右偏摆，并加速了轮胎的磨损。

更换松旷及损坏件，补齐丢失件，紧固松动件。车辆出站约一个月，询问驾驶人得知，该车行驶2000多km，车轮左右摇摆现象没有再出现，轮胎磨损正常，故障彻底排除。

(二)宝来轿车行驶系统故障检修实例

1. 宝来1.8轿车在颠簸路面行驶时右后轮发出异响

1)故障现象：一辆宝来1.8轿车，行驶3.6万km。车主反映该车在不平路面行驶时右后轮发出响声。

2)故障诊断与排除：与车主一同进行路试，明显听到右后轮处发出类似胶套摩擦的响声。因为是右后部车身上下移动发出的异响，于是将车开到四柱举升器上举升起来，两个人站在举升器上往下压车辆的右后部，一个人站在车下听，当上面往下压时异响发出。车下的人在右后轮螺旋弹簧的上部系上一根绳子，当上面往下压的同时也往下拉螺旋弹簧，异响没有发出，可见是螺旋弹簧上部的橡胶座摩擦而发出响声。

此种因橡胶摩擦发出的响声对车辆技术性能并不影响，响声不大可以继续使用。因为该车在索赔期内，应用户要求更换了右后减振弹簧的上部橡胶座，上述响声消除。

2. 宝来轿车减振器异响

1)故障现象：一辆宝来1.8轿车，行驶1.3万km。行驶在不平路面时，好像是左侧C柱内有小金属片敲击声。

2)故障诊断与排除：拆检左侧C柱，未发现异常，用手压车身，发现左后减振器处是异响的来源。故障现象：宝来1.8轿车，ABS故障灯亮，低速行驶轻踩制动时有“刺啦、刺啦”异响，

并且伴随脚部轻微抖动。

用 V. A. G1551 查询故障记忆，读出一个故障码：00285——右前转速传感器 G45 电路故障。试车发现，轻踩制动踏板使车减速时有上述故障现象，对制动踏板再加一点力，故障现象就几乎消失。将车辆举升，发现右前轮速传感器与齿圈之间夹有细树枝，轮速传感器已因树枝缠绕受力而弯曲断裂，与齿圈贴在一起，车轮转动时齿圈与轮速传感器相互摩擦发出异响。轮速传感器的线圈已断路，所以 ABS 控制单元记忆故障码。更换右前轮速传感器后，消除故障记忆，故障排除。

3. 宝来轿车半轴异响

1)故障现象：宝来轿车行驶里程 4 万 km。行驶中出现"咯噔、咯噔"响声，且不规则变化，脚踏板处有明显振动，经多次维修均未解决。

2)故障诊断与排除：底盘螺栓无松动现象，传动轴无明显松旷，并且无明显漏油痕迹，但发现右半轴内球笼防尘套表面泥垢多于其他防尘套，故怀疑此球笼有问题。拆下半轴，发现万向节内严重缺油。万向节防尘套破损就会使润滑脂泄漏，导致万向节因缺少润滑而过早损坏。更换万向节后试车，此故障消失。

4. 宝来轿车轮胎异常磨损

1)故障现象：一辆 2003 年款宝来车，行驶 5.9 万 km 时，驾驶员反映方向不稳，轮胎磨损快，进厂维修。

2)故障诊断与排除：轮胎磨损主要是轮胎与地面间滑动产生的摩擦力造成的。轮胎异常磨损与轮胎的气压、前轮定位以及驾驶习惯有关。转弯速度过快、起步过急、制动过猛，轮胎的磨损就快。另外，轮胎的磨损还与汽车的行驶速度有关，行驶速度越快，轮胎磨损越严重。路面的质量也直接影响到轮胎与地面的摩擦力，路面较差时，轮胎与地面滑动加剧，轮胎的磨损加快。以上情况产生的轮胎磨损，基本上是均匀的，属正常磨损。若轮胎使用不当或前轮定位不准，将产生故障性不正常磨损。

维修技工仔细检查轮胎的气压、轮胎的尺寸、型号，轮毂轴承松紧和轮胎花纹的磨损情况。检查结果为，轮胎气压正常，轮毂轴承稍微松旷，不太明显。轮胎花纹呈锯齿形磨损，诊断为四轮定位不正确。

为进一步确定故障部位，首先进行路试检查，检查转向盘是否能够校直，是否有不正常行走的迹象，如转向困难、行驶不稳等现象。随后把车开到举升机上，检查转向系统的部件，转向臂衬套、上支撑、摇臂、中央拉杆、转向横拉杆的各端、球头销以及减振器等是否工作正常，然后用四轮定位仪器检查。根据检查和测量结果，紧固轮毂轴承和松动的球头销，调整前轮外倾角。

(三)其他轿车行驶系统故障检修实例

1. 桑塔纳轿车减振性能差

1)故障现象：一辆桑塔纳 2000GSi 型轿车，行驶中路面稍差时，在右后排座位处，有明显的颠簸振动感，且振动衰减时间较长，乘客极不舒服。

2)故障诊断与排除：双手用力下压行李箱盖，当双手松开时，车辆尾部振幅大，且振动衰减时间较长，说明减振器可能有故障。举起车辆，观察右后减振器有漏油痕迹，左侧无漏油，说明右后减振器损坏。拆下右后减振器后上下推拉活塞杆时，已无任何阻力，证明该减振器已不起减振作用。更换减振器后，故障现象消失。

双向筒式减振器油封损坏后，将使油液泄漏，减振阻尼作用消失，造成悬架中螺旋弹簧的振幅加大，振动时间增长，使乘客感觉车辆颠簸严重，舒服感降低。

2. 桑塔纳轿车行驶跑偏

1)故障现象：一辆桑塔纳2000型轿车，行驶里程近2万km。该车在行驶过程中总是向右跑偏，驾驶员手不能离开转向盘，同时伴有转向盘摆振、轮胎偏磨等现象。

2)故障诊断与排除：桑塔纳2000型轿车前桥采用的是承载式车身、麦弗逊式独立悬架装置。悬架装置与前侧梁连接，前侧梁以点焊方式固定在驾驶室的前围板(即挡泥板)上。减振器起主销的作用，转向器为齿轮齿条式，通过转向横拉杆与转向节臂形成转向梯形。

造成汽车行驶跑偏的原因很多，主要包括：轮胎气压不一致；轮胎磨损不一致；前轮定位角或前束失准；一侧轮毂轴承紧度过大；前轮一侧制动器拖滞；悬架装置变形，弹簧折断或过软，一侧减振器失效等。当汽车发生行驶跑偏故障时，应依据上述原因，本着由简到繁的原则进行检查排除。

在进行故障排除之前，先向驾驶员详细了解车辆的使用情况。该车基本上可以算是新车，在使用中没有发生其他异常情况，只是在一次上马路便道台阶时，由于车速较高，致使车体发生剧烈跳动，之后便出现行驶跑偏现象，并致使轮胎偏磨。在一家上海大众维修站更换了右前下支臂，但没有排除故障。

首先检查轮胎气压及轮胎磨损情况。经检查，两侧轮胎气压正常，均为220kPa。根据驾驶员的介绍，轮胎偏磨发生在行驶跑偏故障之后，故可以确定轮胎偏磨不是导致行驶跑偏的原因。

检查轮毂轴承紧度与制动器拖滞情况。将汽车前轮用千斤顶顶起，转动车轮，车轮转动自如，可以断定轮毂轴承与制动器正常。

测量轮距，发现两侧轮距相差15mm(左侧长、右侧短)。经仔细观察，发现右前轮后边缘与挡泥板之间的距离明显小于左侧。据驾驶员称，在上海大众维修站就是因为这个原因更换下支臂的，但并没有解决问题。

根据悬架装置的结构与连接关系，对该车进行了详细的检查与分析。将车用举升机升起后，检查悬架装置的各部件及连接部位，发现驾驶室前围板有后移的痕迹。至此，可以初步确定轴距的变化是由于驾驶室前围板后移所致。

针对检查结果，将车开到车架校正仪上，将汽车固定好，拆下前保险杠，用拉具向外牵引右侧梁，同时测量轮距，直到两侧轮距相等。右侧梁校正完毕后，装复前保险杠试车，汽车跑偏故障现象消除。在本次故障修复过程中，未更换任何零部件。

该故障的直接原因是驾驶员在上便道台阶时车速过快，导致悬架装置受到强烈冲击。由于三角形结构的下支臂强度较高，不易受损，因而撞击力通过右侧梁传到驾驶室前围板，前围板属薄壁结构，强度较弱，受到撞击后带动右侧梁一起向后产生位移，致使右侧轮距变小，减振器下端后摆，主销后倾角变小甚至为负值，使汽车行驶时向右侧跑偏，并伴有转向盘摆振及轮胎偏磨等故障现象。

3. 江淮轿车转向轮轮胎磨损异常

1)故障现象：一辆江淮轿车新车行驶不足4000km，车辆行驶时，始终有向右跑偏现象，右转向轮外侧胎肩基本磨光，转向轮出现早期异常磨损。

2)故障诊断与排除：该车前悬架采用的是独立悬架，左右两轮分别通过两只拉杆与液压助力的转向机相连，以实现两轮的同时转向。左转向轮轮胎磨损正常，而右轮异常，说明右轮悬架或车轮定位可能有故障。考虑到该车是新车，磨损松旷、受撞变形的可能性较小，应重点考虑调整不当因素。将车辆停放在水平路面上，仔细观察两转向轮的胎压、车辆的左右高度，都基本正常。在车辆前方观察两轮，当左轮摆正时，总感觉右轮外张明显，将转向盘向左转一些，右轮摆正时，左轮又有外张的现象，说明当转向盘处于中间位置时，右侧车轮的横拉杆可能较长。测量前束，结果是反前束。用该车备胎更换右轮，将左右两轮气压调到标准值，转向盘转至中间位置，调整左右拉杆长度，使右轮摆正，同时调整左右拉杆，使前束值为零，拧紧拉杆锁紧螺母。试车时跑偏现象消失，回站后用四轮定位仪复检前轮定位参数，均在标准范围内。

4. 别克轿车紧急制动后轮向左侧甩尾

1)故障现象：一辆别克凯越轿车在车速 50～60km/h 时，如果在湿滑路面紧急制动，汽车后轮就会向左侧甩尾。该车前后修理了 5 次左后轮制动器，也未能排除故障。

2)故障诊断与排除：由于后轮制动力矩明显大于前轮制动力矩，造成的制动甩尾通常表现为车速越高，制动力矩越大，道路附着力越差，制动甩尾就越厉害。由于是两前轮制动力矩明显差距造成的制动跑偏，且这种情况和道路附着力无关，于是表现为车速越高、制动力矩不大不小时，制动跑偏最厉害。

车轮定位失调的前悬架或后悬架会产生持续的拉力，而在特定车速下，在附着力较差的路面上紧急制动会使轻微的拉力加剧，从而出现车轮横向滑移。

特定车速下的制动跑偏和特定车速下的制动甩尾多数情况下与车轮定位失调有关，而和制动系统没有关系。所以对于此类故障，应使用四轮定位仪进行检测，而不是使用制动试验台和制动压力表进行检测，更不应该盲目地更换制动系统的零部件。

经过四轮定位检查发现轿车左侧后轮外倾角明显超差。经询问了解到，用户在过一个积水的隧道时遇事紧急制动，左后轮跑偏撞在隧道墙上。举升汽车检查左后轮轮毂和与其相连的减振器，发现防锈漆脱落非常严重，左后轮毂和左后减振器严重变形。更换左侧后悬架排除故障。

5. 吉利轿车转向盘抖动

1)故障现象：吉利自由舰行驶里程 11 万 km。当车速达到 80km/h 时，转向盘抖动严重(打手)。当行经乡间路面时，驾驶员几乎握不住转向盘。

2)故障诊断与排除：由于只是转向盘打手，没有其他故障，于是对转向器、转向传动机构进行了仔细检查，发现该车维护较差，转向传动机构各间隙均有不同程度的增大，润滑脂基本上都已经用光，各球头处于摩擦状态。给转向传动机构各球头加好润滑脂，并重新紧固松动的螺钉，调好各部分间隙。经检查，底盘各部分无异常，但车轮前束超差。为消除四轮定位对转向系的影响，将车开上四轮定位仪，重新调好四轮定位值，使之在标准范围内。然后路试，感觉故障现象有所减轻，但转向盘还是有些打手，故障没能彻底排除。最后怀疑是影响转向系统工作的另一个主要因素：轮胎气压及车轮动平衡。先用气压表测试四轮气压，结果轮胎气压符合要求，再逐个拆下轮胎做动平衡试验，发现左前轮轮胎不平衡量超差严重。原来自由舰车型使用的是无内胎的轮胎，但由于漏气严重，车主便加装了内胎，使该轮原来的动平衡遭到破坏，导致转向盘抖动。由于轮胎出厂时已做过动平衡试验，满足动平衡要求，因此不可随意加装内胎，以免破坏动平衡，引发故障。更换左前轮胎后试车，故障消除。

第七章　转向系统故障检修

第一节　转向系统故障检修概述

一、转向系统的功用和类型

(一)转向系统的功用

转向系统的作用是按驾驶员的意愿改变或恢复汽车的行驶方向。转向系是保证行车安全的重要装置之一,因此要求它工作可靠,操纵要轻便灵活;转向盘自由行程适当;转向系还应能减弱或避免地面施加在转向轮上的冲击传到转向盘上,同时又要使驾驶员通过转向盘对转向过程中车轮与地面之间的运动情况保持适当的"路感";要保证转向轮转向时作纯滚动;另外,当汽车发生碰撞时,转向系应能减轻或避免对驾驶员的伤害。

当汽车发生碰撞时,从安全性考虑,不仅要求转向盘应具有柔软的外表皮,可起缓冲作用,而且还要求转向盘在撞车时,其骨架能产生变形,以吸收冲击能量,减轻驾驶员的受伤程度。有些轿车的转向盘上还装有车速控制开关和撞车时保护驾驶员的安全气囊装置。

近年来,由于公路的改善和汽车车速的提高,许多国家都制定了严格的安全法规。对于轿车除要求装有吸能式转向盘外,还要求转向柱管必须装备能够缓和冲击的吸能装置。转向轴和转向柱管的吸能装置有多种形式,其基本结构原理是:当转向轴受到巨大冲击而产生轴向位移时,使支架或某些支承件产生塑性变形,从而吸收冲击能量。

CA7220 轿车的转向轴分为上、下两段,中间用柔性万向节连接。万向节的上、下凸缘盘靠两个销子与销孔扣合在一起。销子通过衬套与销孔配合。当发生猛烈撞车时,将使车身、车架产生严重变形,导致转向轴、转向盘等部件后移。与此同时,在惯性作用下驾驶员人体向前冲,致使转向轴上的上、下凸缘盘的销子与销孔脱开,从而缓和了冲击,吸收了冲击能量,有效地减轻了驾驶员的受伤程度。

(二)转向系统的类型

按转向能源的不同,转向系统分为机械转向系统和动力转向系统两大类。机械转向系统由转向操纵机构、转向器和转向传动机构三部分组成(图 7-1);动力转向系统是在机械转向系统的基础上加设一套转向助力装置而形成的。

转向操纵机构是驾驶员操纵转向器的工作机构,包括转向盘 1、转向轴 2、转向传动轴 4 和转向万向节 3 等零部件。

转向器是转向系中的减速传动装置(有合适的角传动比),使转向器转向轻便灵敏;并且将转向盘的旋转运动变为转向摇臂的摆动(或齿条轴的直线往复运动)。

转向传动机构将转向器输出的力和运动传给车轮(万向节),并使左右车轮按一定关系进行偏转。传动机构包括转向摇臂 6、转向纵拉杆 7、转向节臂 8、转向梯形臂 10、12 和转向横拉杆 11 等。

当汽车需要改变行驶方向时,驾驶员转动转向盘,转向力矩经由转向轴、转向万向节和传动轴、转向器、纵拉杆、横拉杆和梯形臂等机件使万向节偏转,实现汽车转向。

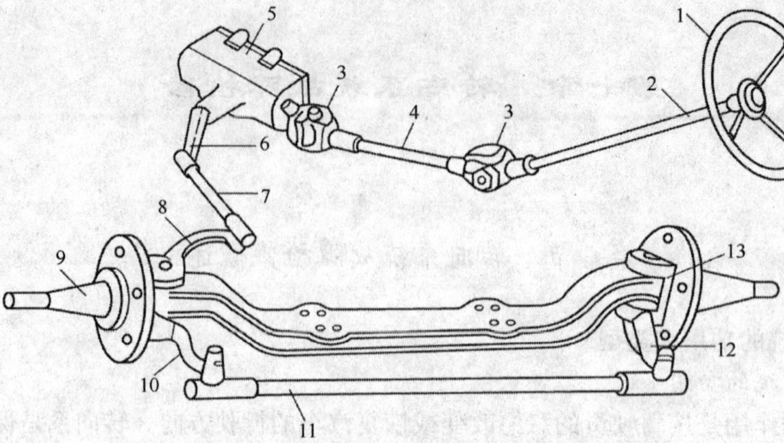

图 7-1　机械转向系

1. 转向盘 2. 转向轴 3. 转向万向节 4. 转向传动轴 5. 转向器 6. 转向摇臂 7. 转向纵拉杆 8. 转向节臂 9. 左转向节 10、12. 梯形臂 11. 转向横拉杆 13. 右转向节

动力转向系兼用驾驶员体力和发动机(或电动机)的动力为转向能源的转向系。在正常情况下,汽车转向所需的能量,只有一小部分由驾驶员提供,而大部分是由发动机(或电动机)通过转向加力装置提供的,使转向操纵比较轻便。但在转向加力装置失效时,应当能由驾驶员独立承担汽车转向任务。图 7-2 所示为某车动力转向系,属于转向加力装置的部件有转向油罐 1、转向液压泵 2、整体式动力转向器 3(或转向控制阀和转向动力缸)等。在转向过程中,转向加力装置将发动机输出的部分机械能转化为液压能,对转向传动机构或转向器中某一传动件施加与所进行转向方向相同的液压作用力,以助驾驶员施力不足。

二、转向系统的组成

(一)转向操纵机构

转向操纵机构由转向盘、转向轴、转向柱管及转向万向传动装置等组成。

转向盘由轮缘、轮辐和轮毂组成。转向盘上都装有喇叭按钮,有些轿车的转向盘上还装有车速控制开关和撞车时保护驾驶员的安全气囊装置。大多数国家规定车辆右侧通行,相应地应将转向盘安置在驾驶室左侧。这样,驾驶员的左方视野较广阔,有利于两车安全交会。相反,在一些规定车辆左侧通行的国家和地区(如日本、英国)使用的汽车上,转向盘安置在驾驶室右侧。为了方便不同体形驾驶员的操纵,转向盘可以进行角度和上下位置的调整。转向盘轮毂孔具有细牙内花键,借此与转向轴连接。

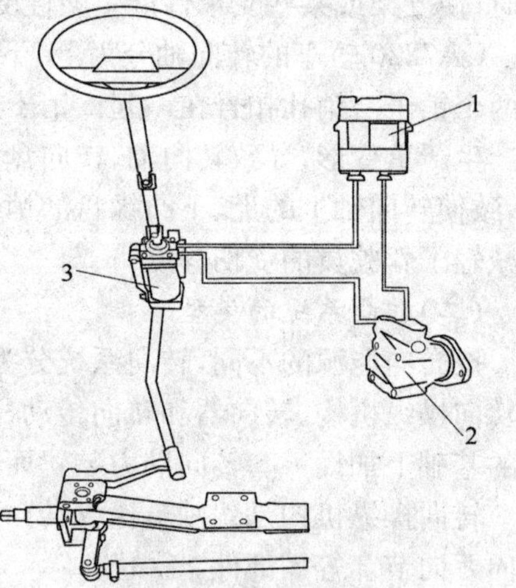

图 7-2　动力转向系

1. 转向油罐 2. 转向液压泵 3. 整体式动力转向器

转向轴下端与转向万向传动装置相连。为了兼顾汽车底盘和车身(驾驶室)总体布置的要求,需要将转向器与转向盘的轴线布置得相交成一定角度,甚至处于不同平面内。为此许多新车型采用了万向传动装置。这有助于转向盘和转向器等部件和组件的通用化和系列化,只要适当改变转向万向传动装置的几何参数,便可满足各种变型车总体布置的要求。即使在转向

盘与转向器同轴线的情况下,也采用了万向传动装置,以补偿由于部件在车上的安装误差和安装基体(如驾驶室、车架)的变形所造成的二者轴线实际上的不重合。

(二)转向器

转向器按传动副不同分为循环球—齿条齿扇式和齿轮—齿条式。

1. 齿轮—齿条式转向器

图 7-3 所示为轿车常使用的齿轮—齿条式转向器。作为传动副主动件的转向齿轮 1 垂直地安装在壳体 10 中,转向齿轮的上端通过花键与转向轴上的柔性万向节连接。转向齿轮与水平布置的转向齿条 2 相啮合。弹簧 3 通过压块 6 将齿条压靠在齿轮 1 上,保证无间隙啮合。弹簧的预紧力可用调整螺栓 4 调整。

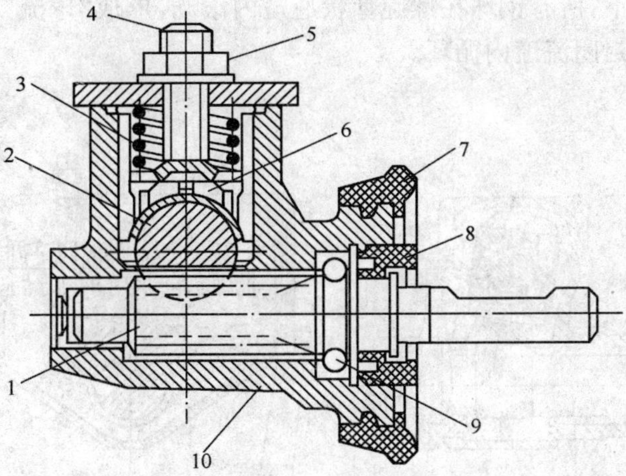

图 7-3 齿轮—齿条式转向器

1. 转向齿轮 2. 转向齿条 3. 弹簧 4. 调整螺栓 5. 螺母 6. 压块 7. 防尘罩 8. 油封 9. 轴承 10. 壳体

在转向齿轮 1 的中部用螺栓与转向拉杆内、外托架连接,借此与转向左、右横拉杆相连。左、右横拉杆的外端与转向节臂相连。当转动转向盘时,转向齿轮转动,使与之啮合的齿条沿轴向移动,从而使左右横拉杆带动左右万向节转动,使转向车轮偏转,实现汽车转向。

为了避免转向轮的摆振,在该结构中装有转向减振器。

齿轮—齿条式转向器只有一级传动副,故其转向传动比较小,因此,为满足转向附加阻力较大的高速轿车和重型汽车行驶的需要,现在越来越多地采用带转向加力装置的齿轮—齿条式转向器。

齿轮—齿条式转向器不需要转向摇臂和转向纵拉杆等,使转向传动机构简化。因此,齿轮—齿条式转向器工作可靠,重量轻,刚度大,转向灵敏,制造容易,成本低,正、逆效率都高,操纵手感好;齿轮—齿条无间隙啮合,无需调整,结构紧凑而便于布置。故特别适用于与烛式和麦弗逊式悬架配用,目前,在轿车和微型、轻型货车上得到了广泛应用。如红旗 CA7220、捷达、桑塔纳、夏利轿车,天津 TJ1010 微型货车、依维柯轻型货车等型汽车转向器均采用。

2. 循环球式转向器

循环球式转向器是应用最广泛的一种结构形式。循环球式转向器中一般有两级传动副,第一级是螺杆螺母,第二级是齿条齿扇。

图 7-4 所示为循环球—齿条齿扇式转向器。转向螺杆 23 的轴颈支承在两个球轴承 10 上,轴承紧度可用调整垫片 21 调整。转向螺母 3 的下平面上加工成齿条,与齿扇轴(摇臂轴)

14 内端的齿扇部分啮合。转向螺母既是第一级传动副的从动件，也是第二级传动副的主动件。通过转向盘和转向轴转动转向螺杆时，转向螺母轴向移动，并驱使齿扇轴 14 转动。

为了减少转向螺杆 23 和螺母 3 之间的摩擦，二者的螺纹并不直接接触，转向螺母的内径大于螺杆的外径，其间装有多个钢球 22，以实现滚动摩擦。

转向螺杆和螺母上都加工出断面轮廓为近似半圆的螺旋槽，配合形成近似圆形断面的螺旋管状通道。螺母侧面有两对通孔，可将钢球从此孔塞入螺旋形通道内。螺母外有两根钢球导管 9，每根导管的两端分别插入螺母侧面的一对通孔中。导管内也装满了钢球。这样，两根导管和螺母内的螺旋管状通道组合成两条各自独立的封闭的“球道”。

转动转向螺杆时，通过钢球将力传给转向螺母，使螺母轴向移动。同时，在螺杆、螺母和钢球间的摩擦力矩作用下，所有钢球在螺旋管状通道内滚动，形成“球流”。在转向器工作时，两列钢球只是在各自的封闭流道内循环。

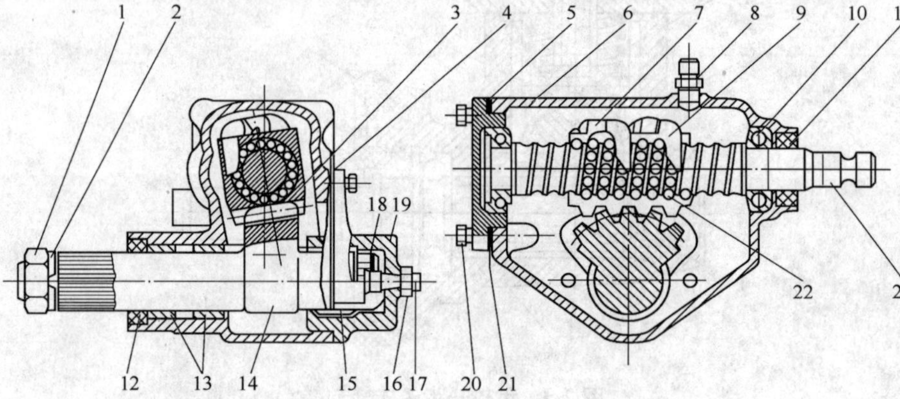

图 7-4 循环球—齿条齿扇式转向器

1. 螺母 2. 弹簧垫圈 3. 转向螺母 4. 转向器壳体垫片 5. 转向器壳体底盖 6. 转向器壳体 7. 导管卡子 8. 加油螺塞 9. 钢球导管 10. 球轴承 11、12. 油封 13、15. 滚针轴承 14. 齿扇轴(摇臂轴) 16. 锁紧螺母 17. 调整螺钉 18、21. 调整垫片 19. 侧盖 20. 螺栓 22. 钢球 23. 转向螺杆

与齿条相啮合的齿扇是变齿厚的。只要使齿扇轴 14 相对齿条轴向移动，即能调整二者的啮合间隙。调整螺钉 17 旋装在侧盖 19 上。调整螺钉 17 旋入，则啮合间隙减小；反之，啮合间隙增大。

循环球式转向器的正传动效率很高(可达 90%～95%)，故操纵轻便，使用寿命长，工作平稳、可靠。但其逆效率也很高，容易将路面冲击力传给转向盘。不过，对于前轴轴载质量不大而又经常在平坦路面上行驶的轻、中型货车而言，这一缺点影响不大。因此，循环球式转向器已广泛应用于各类各级汽车。

(三)转向传动机构

转向传动机构的功用是将转向器输出的力和运动传给转向桥两侧的万向节，使两侧转向轮偏转，并使两转向轮偏转角按一定的关系变化，以保证汽车转向时车轮与地面的相对滑动尽可能小，吸收车轮传到转向盘的反冲力。

1. 转向传动机构的布置

根据转向器位置和前悬架类型不同，转向传动机构的布置分为与独立悬架配用的转向传动机构和与非独立悬架配用的转向传动机构。

(1)与独立悬架配用的转向传动机构

当转向轮为独立悬架时，每个转向轮都需要相对于车架作独立运动，因而转向桥必须是断开式的。与此相应，转向传动机构中的转向梯形也必须分成两段(图 7-5a)或三段(图 7-5b)，并且由在平行于路面的平面中摆动的转向摇臂直接带动或通过转向纵拉杆带动。

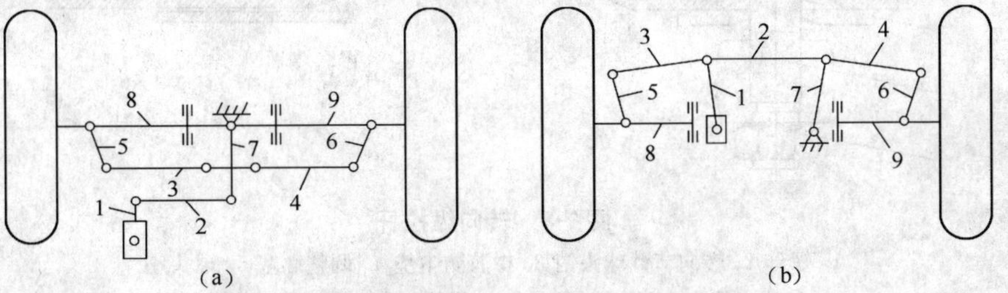

图 7-5　与独立悬架配用的转向传动机构

1. 转向摇臂 2. 转向纵拉杆 3、4. 左、右转向横拉杆 5、6. 左右梯形臂 7. 摇杆 8、9. 悬架左、右摆臂

(2)与非独立悬架配用的转向传动机构

与非独立悬架配用的转向传动机构(图 7-6)主要包括转向摇臂 2、转向纵拉杆 3、转向节臂 4 和转向梯形臂 5。

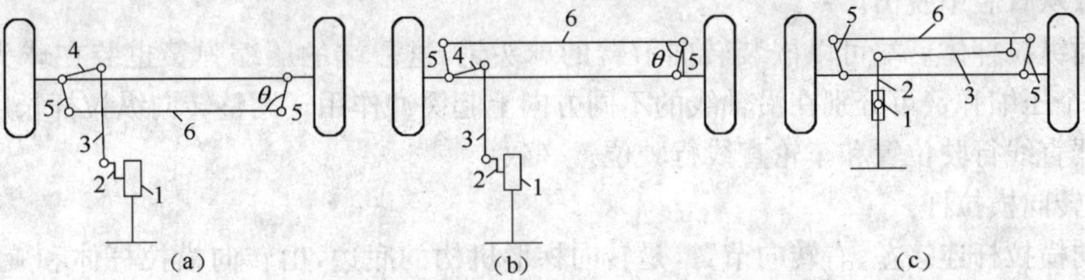

图 7-6　与非独立悬架配用的转向传动机构

1. 转向器 2. 转向摇臂 3. 转向纵拉杆 4. 转向节臂 5. 转向梯形臂 6. 转向横拉杆

在前桥仅为转向桥的情况下，由转向横拉杆 6 和左、右梯形臂 5 组成的转向梯形，一般布置在前桥之后(图 7 6a)。在发动机位置较低或转向驱动桥的情况下(如越野车的前桥)，转向梯形一般布置在前桥之前，并且横拉杆向下弯曲，以避免运动干涉，如图 7-6b、c 所示。

2. 转向传动机构的组成

(1)转向摇臂

图 7-7 所示为转向摇臂，它是转向器传动副与纵拉杆的传动件。摇臂大端用锥形三角细花键与转向器中摇臂轴的外端连接，并用螺母固定；其小端带有球头销，以便与转向纵拉杆作空间铰链连接。

为了保证转向器摇臂轴在中间位置时，从转向摇臂起的所有传动机构也应处于中间位置，摇臂与摇臂轴上一般有安装记号。

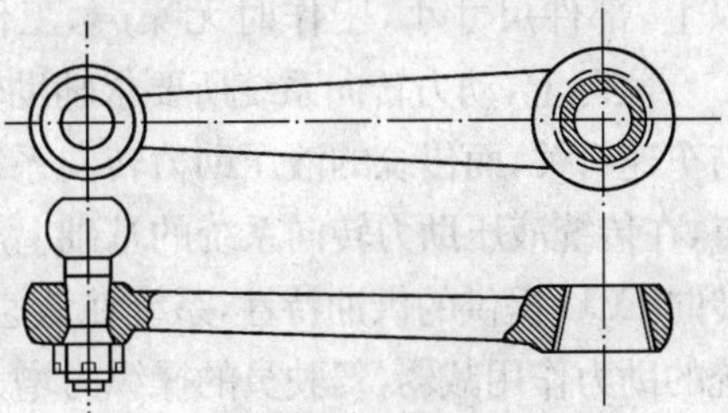

图 7-7　转向摇臂

(2)转向纵拉杆

如图 7-8 所示，转向纵拉杆是转向摇臂与转向节臂之间的传动部件。在转向轮偏转而且因悬架弹性变形相对于车架跳动时，纵拉杆与摇臂及转向节臂的相对运动都是空间运动。为了不发生运动干涉，三者之间的连接件都是球形铰链。

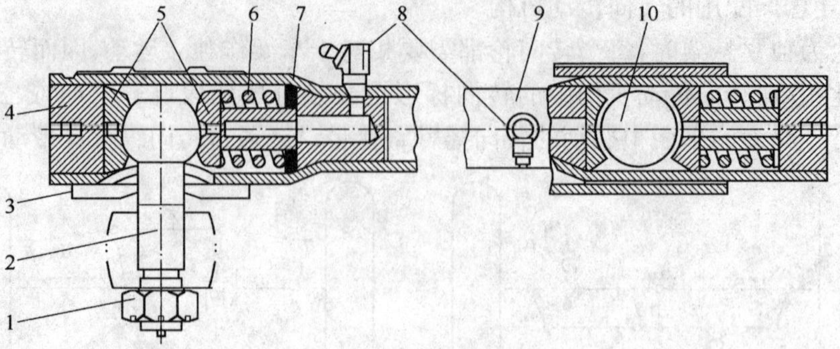

图 7-8 转向纵拉杆

1. 螺母 2. 转向节臂球头销 3. 橡胶防尘垫 4. 调整螺塞 5. 球头座
6. 压缩弹簧 7. 弹簧座 8. 油嘴 9. 纵拉杆体 10. 转向摇臂球头销

转向纵拉杆前端带有球头销，球头销尾端用螺母固定于转向节臂的端部。压缩弹簧随时补偿球头与座的磨损，保证二者无间隙，并可缓和经车轮和万向节传来的路面冲击。当球头销作用在内球头座上的冲击力超过压缩弹簧预紧力时，弹簧便进一步变形而吸收冲击能量。弹簧变形增量受到弹簧座自由端的限制，这就可以防止弹簧超载，并保证在弹簧折断的情况下球头销不致从管腔中脱出。

转向纵拉杆体后端可以嵌装转向节臂的球头销，这一端的压缩弹簧也装在球头座后方。这样，两个压缩弹簧可分别在沿轴线的不同方向上起缓冲作用。调整转向纵拉杆长度，可以保证转向器直线行驶位置和车轮直线行驶位置一致。

(3)转向横拉杆

转向横拉杆连接左、右转向节臂，是转向梯形机构的底边，由转向横拉杆体和旋装在两端的横拉杆接头组成。横拉杆体两端有正反螺纹，旋松夹紧螺栓后转动横拉杆体，即可改变转向横拉杆的总长度，从而调整转向轮前束。

(四)液压助力装置

动力转向系统根据助力能源形式的不同可以分为液压助力、气压助力和电动助力三种类型。电动助力转向系统是利用汽车上的直流电源驱动电动机对转向系统实施助力的。气压助力转向系统主要应用于一部分前轴最大轴载质量为 3～7t，并采用气压制动系统的货车和客车，气压系统的工作压力一般不高于 0.7MPa。液压助力转向系统的工作压力可高达 10MPa 以上，部件尺寸小，工作时无噪声，工作滞后时间短，而且能吸收来自不平路面的冲击。

实际上，动力转向系统所要求辅助转向力的大小不仅与转向盘的转角增量(或角速度)有关，还与车速有关，而传统的液压助力转向系统只能根据转向盘转角的变化提供助力。为了克服这一缺点，在传统液压助力转向系统的基础上加装电控系统，就形成了电控液压助力转向系统。根据动力转向 ECU 提供的供油特性，系统在低速行驶时助力作用大，驾驶员操纵轻便灵活；在高速转向时系统的助力作用减弱，驾驶员的操纵力增大，具有明显的“路感”，既保证转向操纵的舒适性和灵活性，又提高了高速行驶中转向的稳定性和安全感。这就是理想的助力特性。

1. 液压助力装置组成

汽车上广泛采用常流式液压助力装置，如图 7-9 所示。它一般由以下几部分组成：

(1)动力源

转向液压泵 3 将发动机输出的机械能传给液体形成液体的压力能。动力源通常安装在发

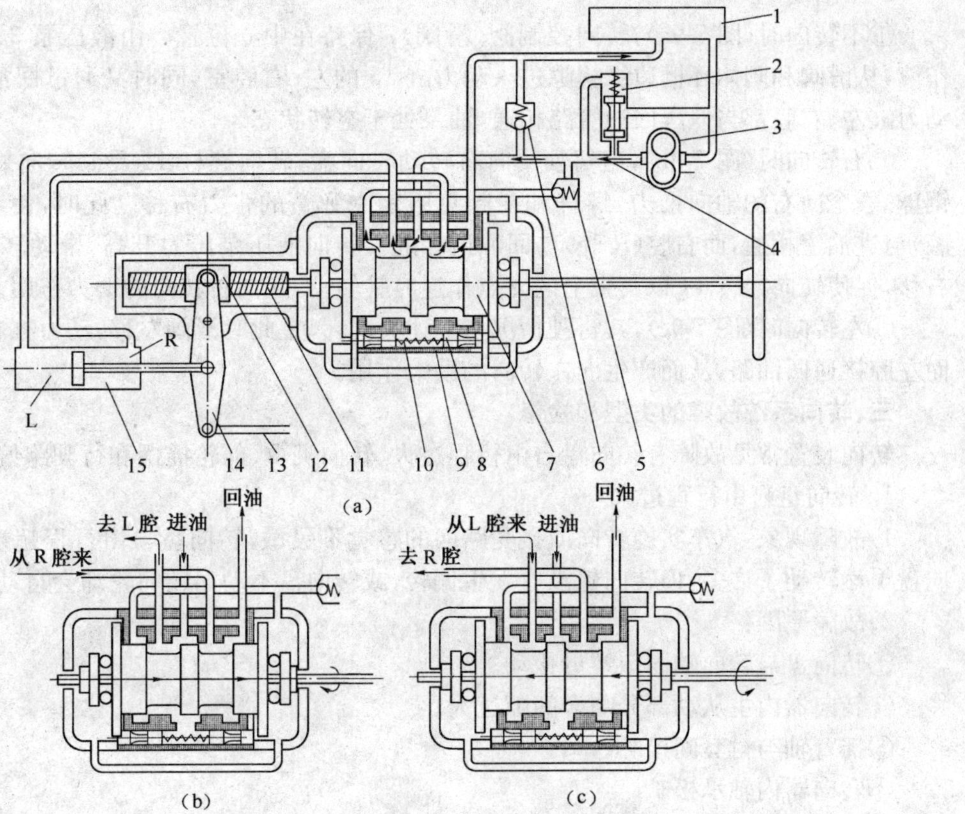

图7-9　常流式液压助力装置

1. 转向油罐 2. 流量控制阀 3. 转向液压泵 4. 量孔 5. 单向阀 6. 安全阀 7. 转向控制阀(滑阀) 8. 反作用柱塞 9. 阀体 10. 定中弹簧 11. 转向螺杆 12. 转向螺母 13. 转向纵拉杆 14. 转向摇臂 15. 转向动力缸

动机近旁，有齿轮泵、转子泵、叶片泵和柱塞泵。

(2)转向动力缸

转向动力缸用以将液体的压力能转化为机械能使机构工作。

(3)控制装置

控制装置包括转向控制阀(滑阀)7、安全阀6、流量控制阀2、单向阀5和转向限位阀等。通过这些控制阀来控制和调节液流的压力、流量及方向，以满足系统工作性能的要求，适应各种不同的工况。

流量控制阀2用来限定转向液压泵的最大流量。液压泵输出压力最高值由安全阀6限制。为使结构紧凑并减少管路及接头，一般将流量控制阀和安全阀都组装在转向液压泵内。

限位阀的作用是当转向轮转至极限位置时，将动力缸两腔沟通(不助力)，使转向器传动装置及液压泵卸载，保护整个转向系统。

单向阀5在助力装置正常工作的情况下总是关闭的。在助力装置失效而不得不靠人力进行转向时，单向阀5开启，使转向油液经单向阀流入转向动力缸的吸油腔填补真空，以免造成很大的附加转向阻力，保证人力转向可以顺利进行。

(4)辅助装置

辅助装置包括转向油罐1、滤清器、油管和接头等。

2. 工作原理

①不转向时(图 7-9a),转向控制阀(滑阀)7 保持在中立位置。由液压泵 3 输送出来的工作液,从滑阀和阀体环槽边缘缝隙进入动力缸 15 的左、右腔室,同时又通过回油管回到油罐,动力缸左、右腔都与低压回油管路相通,油泵处于空转状态。

②右转向时(图 7-9b),当驾驶员向右转动转向盘,转向螺杆 11 受到转向螺母(通过循环钢球)一个向右的轴向推力,螺杆和滑阀克服定中弹簧的张力右移。此时,使动力缸左腔(L 腔)与进油道相通,而右腔(R 腔)与回油道相通。转向液压泵压力升高,推动转向动力缸活塞右移,促使转向摇臂 14 以其壳上的支点作逆时针转动,起向右转向的助力作用。

③左转向时(图 7-9c),其行驶情况与上述类同,只是此时滑阀左移,动力缸右腔接通高压,而左腔接通回油路,从而产生向左转向的助力作用。

三、转向系统故障的类型和检修

转向装置常见故障有转向盘自由行程过大、转向沉重、前轮摇摆和行驶跑偏等。

1. 转向盘自由行程过大

1)故障现象:汽车实施转向或接受路面的感觉不灵敏,转向盘自由行程超过规定标准,转向盘虽然转动了许多,但转向轮没有发生偏转,或转向盘不动而转向轮却会自动偏转。

2)故障原因:

①转向盘与转向轴固定螺母松动。

②转向器内主从动部分啮合间隙过大。

③摇臂轴与衬套间松旷。

④转向器内轴承松旷。

⑤转向传动轴花键和十字轴轴承松旷。

⑥横、纵拉杆球节调整不当或磨损松旷。

⑦各紧固螺母松动。

⑧万向节主销与衬套磨损过甚。

⑨转向轮毂轴承松旷。

⑩转向桥钢板弹簧骑马螺栓松动等。

3)故障诊断:首先测量出转向盘的自由行程,然后将该值与标准值进行比较,若超过所规定的数值,则说明转向盘自由行程过大。

4)检查与排除:

①检查转向器。两人配合,一人在车上转动转向盘,另一人在车下观看摇臂,若转向盘已转动许多而摇臂并不摆动,说明故障在转向器部分。应按以下步骤进行:

a. 轻轻摆动转向盘,有松旷感觉,为转向盘与轴松旷。

b. 握住转向盘沿轴线方向推拉,有松旷感觉,为转向器主动(如蜗杆或螺杆)轴承松旷,应予以调整。

c. 左右转动转向盘有明显撞击声,为转向器主、从动部分啮合间隙过大(对带有万向十字轴的传动机构,应检查传动轴花键与万向节轴承等是否松旷)。

d. 分解转向器,检查转向器从动部分是否松旷。

②检查传动机构。两人配合,一人在车上转动转向盘,另一人在车下观察摇臂和转向轮。若摇臂已转动许多而前轮不偏转,则故障在传动机构。应按以下步骤进行:

a. 检查各紧固螺母和钢板弹簧骑马螺栓。

b. 检查横、纵拉杆,各球节是否松旷。

c. 架起前桥,扳动轮胎顶部,检查主销衬套间及轮毂轴承是否松旷。

2. 转向沉重

1)故障现象:汽车在运行中,驾驶员向左或右转动转向盘时,感到沉重吃力,且无回正感,当汽车以低速转弯行驶时,转动转向盘非常吃力,甚至打不动转向盘。

2)故障原因:

①转向轴弯曲变形或柱管凹陷过深互相碰擦。

②转向器内主动部分(螺杆或蜗轮)的轴承预紧力过大。

③转向器内主动部分与从动部分的啮合调整过紧或转向器内缺油。

④摇臂轴与衬套装配过紧。

⑤横、纵拉杆球节调整过紧或缺油。

⑥万向节推力轴承损坏或缺油。

⑦主销与衬套配合过紧或缺油。

⑧主销内倾、后倾角度变大或前束不符合要求。

⑨车架与前桥变形造成前轮定位不准,或前钢板弹簧挠度尺寸不符合要求。

⑩轮胎气压不足。

3)故障诊断:汽车转向是否沉重可根据转动转向盘的感觉加以判断。

4)检查与排除:

①支起前桥,若转向轻便,则故障在前轴、轮胎或其他部位:

a. 检查前轴、车架是否变形。

b. 检查前钢板弹簧是否良好,轮胎气压是否正常。

c. 检查前轮定位是否符合要求。

②支起前桥,若转向沉重,则故障在转向器或传动机构:

a. 拆除转向垂臂,若转向灵活,则故障在传动机构(检查各球头销装配调整是否正确,推力轴承是否损坏或缺油,拉杆是否弯曲变形,轮毂轴承是否过紧)。

b. 拆除转向垂臂,转向仍沉重,则故障在转向器本身(检查是否缺油,转向时有无碰擦声,转向器轴承预紧度是否过紧,主、从动部分啮合间隙是否过小等)。

c. 分解转向器,检查摇臂与衬套间隙是否过紧、有无机件损坏等。

3. 前轮摇摆

1)故障现象:汽车在一定速度下行驶时,两前轮各自绕主销产生角振动,通常称为前轮摆头。前轮左右摆动严重时,转向盘抖振强烈,手感发麻,甚至在驾驶室内能看到整个车头摆动,此时,前轮沿着一条弯曲的波形轨迹向前滚动。

2)故障原因:

①前轮定位失常。前轮定位参数的改变主要在于:前桥弯曲、车架变形、轮毂轴承和主销衬套松旷、轮辋变形或轮胎螺母松动等。

②转向机构松旷。转向机构中各球节的松旷可使转向机构的阻尼作用降低,前轮摇摆的幅度增大。

③前轮质量不平衡。前轮质量不平衡主要是由于前轮轮盘、轮毂和轮胎的加工精度不高,材料的密度不均匀,轮胎轮盘及轮辋装配不同心,轮胎磨损不均匀,外胎修补或翻新等。

④转向系刚度低,骑马螺栓或钢板销与衬套松旷,前悬挂运动干涉,道路不平,货物装载不

合理等影响。

3)故障诊断：

①检查前轮定位参数是否改变。

②检查转向机构是否松旷。

③检查前轮的动平衡是否符合要求。

④检查转向系的刚度和货物的装载。

4. 行驶跑偏

1)故障现象：汽车在平直路面上不能保持直线行驶，总是自动偏向道路某一边，必须用力握住转向盘，才能直线行驶。

2)故障原因：

①前桥或车架变形，前轮轮毂轴承和主销松旷，引起定位参数改变。

②前轮轮胎新旧或气压不一致。

③单边制动发咬，一边行驶阻力增大。

④左右钢板弹簧的片数或弹力不相等。

⑤前后桥轴线不平行。

⑥减振器失效。

3)故障诊断：

①在平坦地段检查轮胎磨损和气压。

②检查前桥、车架有无变形及钢板弹簧的片数。

③用皮尺检测两轴线是否平行及骑马螺栓是否松动。

④路试检查制动鼓和轮毂的温度。

5. 动力转向系统的故障

动力转向系统故障的特征有转向沉重，转向盘回位困难，前轮摆振，左、右转向轻重不同，动力转向装置有异响等。

(1)转向沉重

转向沉重的原因属于液压部分的有：油泵传动带打滑或损坏，油箱内油液不足或混进空气，液压系统中有空气，油泵磨损失效，滑阀磨损或因油液中有脏物卡住，动力缸密封元件损坏，滑阀在检修后调整不当等。属于机械部分的有：转向系统传动杆件弯曲，转向传动机件各活动关节配合过紧或润滑不良，前轴、转向蜗杆轴承预紧力太大，蜗轮蜗杆啮合过紧，轮胎气压过低等。

出现转向沉重的故障，可先检查油泵传动带是否过松，油箱油面是否过低并查看油液是否混浊，有无泡沫。如有泡沫，应检查所有油管接头是否松动，如有松动，应紧固并排出空气。经上述检查无效者，可按机械转向系“转向沉重”故障的方法检查。对转向杆系、轮胎气压等分别检查。如果确认是油泵或动力缸有故障，应先检查油泵的工作压力。如工作压力过低，可拆下限流阀清洗检查，并重新安装调整，如工作压力正常而机械转向部分又无故障，方可拆卸动力缸。

(2)转向盘回位困难

转向盘回位困难的主要原因是轮胎气压过低，前轮定位失准，独立悬架前桥的悬架变形，悬架球头销磨损，动力转向系统的液压控制阀调整不正确，液压控制阀粘住或有脏物卡住，液压控制阀定中弹簧过软或损坏等。

检查步骤是：先检查轮胎气压，如气压正常则支起车轮，查看前悬架摆臂是否变形，球头销是否符合要求，前轮定位是否符合要求，如无问题，则进一步检查液压控制阀。

(3)前轮摆振

前轮摆振原因可能是液压系统中有空气，转向助力器的扭杆损坏，转向器及转向传力机构配合间隙过大或有关部位螺母松动，钢板弹簧 U 形螺栓松动及转动件不平衡等。

排除方法是先检查液压系统是否有空气，然后参照机械转向系故障的检查方法逐项进行检查，如果不能排除，可检查动力缸，看扭杆是否损坏。

(4)左、右转向轻重不同

左、右转向轻重不同的原因可能是液压阀装配不当，动力缸活塞一侧有空气，限压阀内有一侧漏油或过早卸荷，前轮左、右轮胎气压不一致，前轮轴承一边紧一边松。检查时，先查看轮胎气压和前轮轴承松紧度，排除动力缸中的空气。必要时可检修液压阀和动力活塞。

(5)动力转向装置有异响

动力转向装置有异响的原因可能是机件固定螺钉松动，油箱油压不足或油箱通气孔堵塞，油泵传动带过松或损坏，液压系统中有空气，油泵过热，油泵管路堵塞，软管接头松动等。

发动现异响时，要仔细听异响所在部位，检查传动带是否过松，油箱是否缺油，油泵是否过热，固定动力转向装置各部件的螺钉有无松动，系统中有无空气，软管接头是否松动，液压管是否堵塞等。

四、转向系统的技术参数(以奥迪 100 为例)

1. 机械转向系

转向盘直径	ϕ380mm
转向系总传动比	26.6∶1
转向器角传动比	37.4∶1
最小转弯半径	5.8m
外轮最大转角	39.6°
内轮最大转角	33.5°
转向盘转动总圈数	4.98
转向盘自由行程	≤10°～15°

2. 动力转向系

最小转弯半径	5.7m 或 6.4m
转向盘直径	ϕ380mm
转向系总传动比	17.2∶1
转向器角传动比	53.143∶1
转向盘转动总圈数	3.5
转向盘自由行程	10°～15°
外轮最大转角	33.5°
内轮最大转角	39.6°
转向器油缸直径	ϕ28mm
转向叶轮泵最高液压	(12±1)MPa
转向叶轮泵最高转速	7000r/min

第二节 转向系统故障检修实例

一、转向系统故障检修的程序与方法

一般根据故障现象即可对转向系统常见故障作出判断。查找故障点时，通常按照先操纵机构，后传动机构，再转向机，最后检查助力系统的顺序进行。但需要注意的是有些系统的故障会直接或间接地反映到转向系统的故障现象上，如一侧车轮发咬，会直接引起行驶跑偏的故障现象。而行驶系统的某些故障点，可直接或间接地造成多个转向系统的故障现象。

二、转向系统故障检修实例

(一)桑塔纳轿车转向系统故障检修实例

1. 桑塔纳轿车转向盘自由转角过大

1)故障现象：一辆桑塔纳 2000GSi 型轿车，转向盘自由转角过大，转向迟缓。转向盘自由转角超过该车规定的角度 7.7°。

2)故障诊断与排除：将车辆停放在水平路面上，并使前轮处于直线行驶位置，转向盘自由转角测量仪安装在转向盘上，接通电源，按下"角测"按钮。向左转动转向盘至右侧车轮开始偏时为止，这时仪器显示出向左转的自由转角为 7.4°，将转向盘回正后继续向右转动转向盘至右侧车轮开始偏时为止，此时仪器显示出向右转的自由转角为 8.5°，该车转向盘自由转角为 15.9°，已超出标准值 1 倍。

一人在车上左右转动转向盘，一人在车下用手握住挠性万向节，当转向盘转过近 7°时，挠性万向节才开始转动，说明上转向轴与转向固定螺母可能松动或上转向轴与下转向轴之间可能有较大的松旷量。拆下喇叭按钮，轴向推拉转向盘，无间隙感觉，说明上转向轴与转向盘固定螺母没有松动。拆下挠性万向节，脱开上、下转向轴的连接，发现下转向轴上的两只减振橡胶套已老化损坏，只剩一个衬套在上面，换用新的减振橡胶套后，又检查了左右横拉杆球头，基本正常，再次检测转向盘自由转角为 7.2°。诊断结论为转向操纵机构严重松旷。更换下转向轴上的减振橡胶套，故障排除。

2. 桑塔纳轿车转向助力泵异响

1)故障现象：一辆 1997 年产上海桑塔纳 GLi 轿车，累计行驶 12.2 万 km，发动机在怠速运转时，转向助力泵发出"嗡嗡"响声，当左右转动转向盘时，异响加重。

2)故障诊断与排除：该车在一个月内更换了两个转向助力泵。换上第一个转向助力泵后约使用了 20 天，噪声便出现，第二个则只用了 7 天，同样的问题便又出现。据维修技术人员介绍，他们进货渠道正规，此配件已售出多台，均未出现过类似问题。

经拆检已换的泵体，未发现异常磨损。将车停驶在平坦路面，通过全面的目视检查发现，液压管路、泵体及转向盘无漏油现象，储液罐内液压油在上限与下限之间，传动带松紧适度，只是液压油呈黑色有变质现象。通过试车发现，左右转动转向盘，转向加力正常，在行驶中转向稳定且灵活，未出现转向时跑偏、沉重与发飘现象，且转向回位良好。

难道真的是泵内异常磨损产生的噪声？据车主讲换上新泵后，从未发现缺油漏油现象。而此泵只使用了不足 10 天，应不是泵内磨损所致。如果泵内压力阀与流量阀不良，将会使压力过低，表现为转向沉重；如果压力过高，则动力缸左右压差过大，行驶中会出现方向自动跑偏现象；如果转向分配阀工作不良或内部泄漏，会出现转向沉重；如果转向分配阀卡滞，会导致转向回位不良；如果分配阀芯与阀套配合间隙不良，也会发生跑偏与发飘现象。

经过以上测试与分析，显然不符合以上任何一种情况，看来转向系统各部件工作良好，更不存在不良磨损现象。

至此修理工作陷入困境，检修中发现的唯一异常之处就是液压油存在变质过脏现象。使发动机怠速运转，转动转向盘数次，待液压油温上升至正常工作温度(约 80℃)，旋掉储液缸罩盖，用手按住中间弹簧，起动发动机怠速运转。在观察油面时，除了发现液压油过脏，还发现液压油在流动过程中不时有气泡冒出液面，莫非是因气泡随液压油的流动进入泵体，在泵内受到挤压而产生气动噪声？若果真如此，那么气泡又是怎么产生的呢？经过深入分析，认为是储液缸内的滤芯堵塞导致上述现象。

为什么滤芯堵塞会产生如此大的噪声呢？液压油脏污会使滤芯堵塞，滤芯堵塞之后，会使滤芯内外两侧压差过大，因此会使油面处于不稳定状态。在油面变化的情况下，由于内侧处于过大负值，很容易就会使空气混入进油管，传至泵内受到挤压而产生气动噪声。

更换一个转向助力泵滤芯，并对转向液压系统进行彻底清洗，换上纯净的标准液压油，试车发现故障彻底排除。

实际上，在大众系列车型中，不仅滤芯堵塞会产生噪声，如果滤芯损坏或移位也会产生气动噪声。这是因为滤芯具有两个作用：一是过滤系统内的沉积物与杂质；二是在回油口压力过高时，消除脉动，防止产生气泡，以使油面平静。因此，当转向助力泵出现异常响声时，应该查看滤芯是否堵塞，并对液压油进行检查。

(二)捷达轿车转向系统故障检修实例

1. 捷达轿车转向器异响

1)故障现象：捷达 GTX 行驶里程 9.5 万 km。原地转动转向盘，每转动一下，都听到“哐”的一声。

2)故障诊断与排除：举升汽车，转动转向盘时使用听棒，听出异响出自转向器。拆下转向器两端的防尘套，从里面流出很多带铁锈的水。

转向器虽然有防尘套防护，但在破损的情况下冲洗发动机时，如将高压水直接冲向转向器，水会浸入防尘套进入转向器，极难排出。转向器齿轮、齿条因缺少润滑及被水腐蚀，就会锈蚀、磨损、松旷，甚至能使转向器卡住，此车曾出现过转不动转向盘的现象。更换转向器，异响消失。

2. 捷达轿车转向高压油管异响

1)故障现象：在转动捷达 GT 车转向盘的过程中，有“吱吱”异响。

2)故障诊断与排除：捷达 GT 车转向系统由转向助力泵，助力油罐，高、低压油管，助力转向器等组成。转动转向盘的过程中，用手摸助力泵和高压管，感觉高压油管振动很大，因为高压油管内设有阻尼结构，作用是平衡助力泵的油压不稳。更换高压油管后故障依旧，又更换助力泵，故障同前。

高压油管振动的原因有三条：①高压管阻尼器故障；②助力泵油压脉动过大；③助力泵回油受阻，因系统内压力过高，导致高压油管剧烈振动。

经检查，前两条已经筛除，剩下就是第三条。把助力油放掉，检查储油罐回油管接头，发现接头内径比正常的小，并且有一些塑料毛刺挡住去路。这是以前换件时用劣质产品留下的后遗症。更换储油罐，故障消失。

3. 捷达轿车转向开关不能自动回位

1)故障现象：捷达 GiX 的转向开关操作后不能自动回位。

2)故障诊断与排除：拆下转向盘后，发现转向灯开关的回位销折断并且脱落。询问车主得知，以前曾更换过转向开关，此后转向灯开关不能自动回位。

原来是因为上次拆下转向盘后，不慎将回位销折断。如果拆下转向盘后，将其正面朝下就不会碰坏回位销了。更换转向灯开关，故障消失。

（三）宝来轿车转向系统故障检修实例

1. 宝来1.8轿车向右打转向盘有异响

1）故障现象：宝来1.8轿车，行驶6万km。用户反映在向右打转向盘时出现异响，向左打转向盘没有异响。

2）故障诊断与排除：经试车，听到异响发出部位在右前轮，怀疑有松动现象，检查轮胎螺栓及轴头螺母的转矩，正常。此车曾出过事故，稳定杆和右侧大梁有摩擦痕迹，试更换稳定杆，异响有所减小，但还存在，可见右轮的某个机件仍存在位置错动。将右前轮制动钳、制动片拆下，发现ABS传感器与齿圈间隙过大，再检查左车轮ABS传感器与齿圈间隙正常。

询问用户得知，该车在其他汽修厂更换过右前轮带有ABS信号齿圈的轮毂，由此判断上次所换的备件有问题。再次更换右前轮的轮毂，试车，故障排除。

2. 宝来1.6L轿车转向时转向盘处有“沙沙”的声音

1）故障现象：一辆2005年款宝来1.6L轿车。转向时转向盘处有“沙沙”的声音。

2）故障诊断与排除：试车，很明显地听到一种塑料和塑料间刮磨的声音，左右转动转向盘时都有该声音，拆检并未发现转向盘上有摩擦的痕迹（注意此种转向盘与以前的转向盘有些区别，内部为塑料卡，拆卸时用平起子直接伸入，从下沿不要像从前那种斜向上，否则会造成转向盘橡胶损坏），轻轻转动回位环（螺旋线缆），可听到在转动时有“沙沙”的声音，于是拆下回位环，重新装上转向盘，再转动时就没有噪声了。因此换了一个新的回位环，可是仍有声音，即使消除了点润滑脂也没效果，后观察其他车发现，该车的转向盘与回位环的间隙要比其他车的小。重新拆下转向盘等部件后仔细检查，原来该车的变光开关总成没有装配到位，于是松开变光开关的锁止螺栓（4mm的内六角），向下推动变光开关总成，移动2～3mm，紧固，装复后声音消失。

（四）其他轿车转向系统故障检修实例

1. 大众POLO轿车转向沉重(1)

1）故障现象：一辆大众POLO轿车行驶到3万km时转向突然变得特别沉，仪表盘上动力转向故障灯被点亮，故障码显示：辅助转向控制单元有故障。但清除故障码后，仪表板上却出现多个故障警告灯闪烁报警的现象。

2）故障诊断与排除：POLO轿车的组合仪表、ABS、ASR和EPS同属于驱动系统，都在一条数据线上，由于动力转向控制单元有故障，使同一条数据线上其他控制单元均无法通信，于是出现同一块仪表板上全部故障警告灯闪烁报警的现象。更换辅助转向控制单元，重新编码后，故障排除。

2. 大众POLO轿车转向沉重(2)

1）故障现象：一辆使用EPS系统（电动助力转向系统）的大众POLO轿车，行驶过程中突然出现转向异常沉重的现象。

2）故障诊断与排除：无论是哪种电控动力转向系统，在行驶过程中转向突然变得特别沉重，故障都集中在电控部分。转向器的机械部分质量相对稳定，通常如果在出厂后前两个月内没有出现质量问题，使用中一般就不会出现问题。而且即使有故障，也不会突然出现转向异常沉重。行驶过程中转向突然变得特别沉，最常见的是电控动力转向系统的某个传感器进水导致短路故障,造成电控动力转向系统进入失效保护状态,停止工作,使助力部分退出控制,转向系统又退回到手动转向。其中传感器端子插接器防水是减少故障的关键。由于电动助力转向传感器大都装在转向器上,而转向器又位于发动机下侧,在汽车涉水或洗车时传感器端子极易进水。所以在涉水时不仅需要考虑排气管进水会熄火,还要考虑电器件端子进水的问题。如进水后尽快用吹风机的热风吹干,也不会造成故障。但大部分驾驶员不注意这些问题,就导致上述故障的出现。

检测时使用诊断仪调取故障码,然后用万用表直接检测传感器的输入电压和输出电压或电阻值进一步确认。调故障码为转向辅助参考电压对地短路。从外观检查传感器附近有水,在电动/液力式转向助力系统的传感器中动力转向传感器(G250)属于有源式传感器,其正常工作需要参考电压。POLO 动力转向传感器的 3 根导线中棕色为搭铁线,黑色和绿色分别为输入和输出电压线。断开传感器的搭铁线,打开点火开关,分别将输入和输出电压线与车身搭铁,电压都是 11.5V,由此可断定动力转向传感器内部短路。

更换因进水腐蚀导致内部短路的动力转向传感器,消除故障码,转向恢复正常。

3. 吉利轿车转向有噪声——助力泵高压软管损坏

1)故障现象:怠速时汽车原地转向感觉有“嗡嗡”的声音及共振。

2)故障诊断与排除:分析故障原因可能是转向泵系统漏油导致转向泵少油,造成助力泵的磨损,使助力泵在工作时发出声音。

首先检查转向泵机油,发现油位正常,但发现转向机油比较脏,于是先清洗转向机系统,调整助力泵带张紧度,检查转向球头和管道是否通畅,发现故障有好转但没完全排除,于是检查助力泵及转向泵,发现助力泵转向机良好,初步判断高压管内部有问题。更换高压软管,故障排除。

4. 吉利轿车转向突然失灵

1)故障现象:吉利自由舰行驶里程 1800km。在快速行驶时转向突然失灵,在速度放慢后转向依然很吃力。

2)故障诊断与排除:试车感觉故障确实存在,此车是由电动转向助力,先后更换了电动转向模块、电动转向管柱、转向器十字万向节,检查了转向器十字万向节的安装角度等,然后用千斤顶顶起左前轮检查,发现左前轮轮胎在空挡时转不动,因此故障在变速器差速器内部,拆检后发现差速器行星齿轮和行星齿轮轴咬死。更换差速器总成,故障排除。

5. 长城赛影乘用车转向沉重

1)故障现象:一辆长城赛影乘用车的车主反映,汽车在转弯时转动转向盘感到费力。

2)故障诊断与排除:从故障现象可知该车故障为转向沉重。该车转向系统为常见的液压助力齿轮齿条式结构,造成转向沉重的原因主要有机械和助力装置两部分,机械部分原因有各配合间隙过小、系统内杆件变形造成的运动不协调、前轮定位失常、轮胎气压过低等;助力装置原因有液压油不足、滤清器堵塞、油路压力过低、油泵损坏等。

外观检查轮胎气压基本正常,打开发动机舱盖,检查转向储油罐,发现无油,查找漏油点,发现高压油管有漏油的裂纹。外观检查机械杆系,没有发现明显异常。更换高压油管,添加液压油后进行排气作业。使两转向轮悬空,起动发动机怠速运转,将转向盘从一边的极限位置转到另一边的极限位置,如此反复操作,使转向齿条在全行程内往复运动,逐渐排除油路中的空气,直到在储油罐中看不到气泡为止。最后补加液压油至规定高度。诊断结论为油管破裂,液压油泄漏,造成助力装置失效。更换油管,添加液压油,进行排气作业,故障排除。

6. 北京福田汽车行驶跑偏

1)故障现象:一辆北京福田汽车不能保持直线行驶状态,始终向右跑偏。

2)故障诊断与排除：该车转向系统为整体式液压助力结构，循环球式转向机与液压助力缸、液压控制阀结合成一体，前悬架为钢板弹簧式非独立悬架。

汽车始终向右跑偏的原因主要有四种：一是右侧车轮的行驶半径小于左侧车轮的行驶半径，如右侧车轮气压偏低、磨损严重，钢板弹簧松动、断裂，车架及前桥变形等造成右侧前后桥的轴距小于左侧的轴距；二是右侧车轮的行驶阻力大于左侧车轮，如右侧车轮有制动发咬、轮毂轴承过紧现象；三是整体式转向机内的上下助力腔压差过大，在行驶中液压助力装置始终向右助力，如控制阀不在中间位置或回位不及时、油泵上的流量控制阀卡滞使泵油量过大、油路堵塞等；四是前轮定位失常。

外观检查轮胎、钢板、车架等均无明显异常。测量左右轴距，其差值不到 2mm，右侧前后车轮无发咬现象，说明故障原因可能在液压助力装置。检查转向储油罐，发现滤清器已掉落，液压油发黑且杂质较多，于是判断该车可能是因液压油过脏，造成控制阀卡滞或油路堵塞。首先换用一只新的含有滤清器的储油罐，并将液压系统的液压油放尽后对系统进行清洗，清洗结束，加足液压油，进行排气作业后上路试验，跑偏情况有所改善，但向右跑偏的现象依然明显。

将车辆停放在水平地面上，在两前轮下放入两个转向角检测仪。转向盘在中间位置时，两前轮处于直线行驶状态，检测仪指针指向 0°，起动发动机，怠速运转时，即发现转向盘向右转，但消除自由转角后转向盘即停止转动，这期间前轮并没有发生偏转。发动机转速提高后，用手向右轻击车轮，车轮随即向右偏转，但却不能自动返回原来的直线行驶状态，向左轻击车轮时，车轮并不偏转。通过以上的检查，说明控制阀很可能不在中间位置或阀体有卡滞现象。为证明这一假设，在高压油管上串接一只油压测试器，测量左右转向至极限位置时的油压，发现向右转向时油压大于向左转向时的压力。分解整体式转向机时，发现滑阀在阀体内运动不自如，换用一只新的转向机，再次上路试验，跑偏现象消失。诊断故障原因为控制阀卡滞，使转向轮始终具有向右偏转的趋势，造成行驶跑偏。更换转向机，故障排除。

7. 华晨宝马轿车转向沉重

1)故障现象：一辆华晨宝马轿车，在行驶过程中会出现转向沉重的故障，但如果将发动机熄火后重新起动，转向就会变得轻松。

2)故障诊断与排除：首先检查转向液压油油位，正常。起动发动机原地转动转向盘，感觉并不沉重。用元征 X-431 进行检测，发现该系统无故障记忆。

该车动力转向系统的控制原理是当轿车在原地转向时，车身控制单元向转向液压控制电磁阀发出一个脉冲信号。当轿车行驶时，车身控制单元根据车速的变化发出不同频率的脉冲信号，以保证轿车的行驶稳定性和安全性。

在车身控制单元上找到通向转向液压控制电磁阀的两根导线，在这两根导线上分别引出导线接到万用表，然后对该车进行路试。当轿车在原地或低速行驶时，万用表上有脉冲信号显示，而且驾驶人也感觉到转向不沉重。当轿车行驶到 60～70km/h 时，脉冲信号突然消失了。当驾驶人让该车减速，直至车速下降到 20km/h 时，脉冲信号一直没有，驾驶人同时也感到转向沉重。至此故障原因已经很清楚了，是转向液压控制电磁阀没有接收到来自车身控制单元的脉冲信号，导致转向沉重的。经过分析认为假如车速信号异常，也会导致上述故障发生的。检查车速信号，发现仪表显示的车速和实际车速相符，另外由车身控制单元控制的中央门锁工作正常(当轿车行驶车速超过 20km/h 时，中央门锁会自动锁上)，由此断定车身控制单元有故障。更换车身控制单元，故障排除。

第八章 制动系统故障检修

第一节 制动系统故障检修概述

一、制动系统的功用和工作原理

(一)制动系统的功用

汽车制动系的功用是使行驶中的汽车减速甚至停车,使下坡行驶的汽车速度保持稳定,使已停驶的汽车保持不动。

(二)制动系统的工作原理

图 8-1 所示为制动系工作原理。一个以内圆面为工作表面的金属制动鼓 8 固定在车轮轮毂上,随车轮一起旋转。在固定不动的制动底板 11 上,有两个支承销 12,支承着两个弧形制动蹄 10 的下端,制动蹄的外圆面上有摩擦片 9。制动底板上还装有液压制动轮缸 6,用油管 5 与装在车架上的液压制动主缸 4 相通。主缸活塞 3 可由驾驶员通过制动踏板机构来实现。

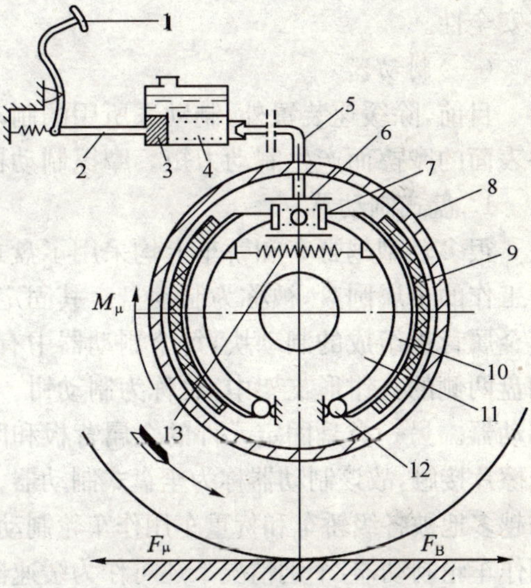

图 8-1 制动系工作原理

1. 制动踏板 2. 推杆 3. 主缸活塞 4. 制动主缸 5. 油管 6. 制动轮缸 7. 轮缸活塞 8. 制动鼓 9. 摩擦片 10. 制动蹄 11. 制动底板 12. 支承销 13. 制动蹄回位弹簧

制动系不工作时,制动鼓的内圆面与制动蹄摩擦片的外圆面之间保持一定的间隙(称为制动器间隙),使车轮和制动鼓可以自由旋转。要使行驶中的汽车减速或停车,驾驶员应踩下制动踏板 1,通过推杆 2 和主缸活塞 3,使主缸内的油液在一定压力下流入轮缸,并通过两个轮缸活塞 7 推使两制动蹄绕支承销转动,上端向两边分开而以其摩擦片压紧在制动鼓的内圆面上。这样,不旋转的制动蹄就对旋转着的制动鼓作用一个摩擦力矩 M_μ,其方向与车轮旋转方向相反。制动鼓将该力矩传到车轮后,由于车轮与路面间有附着作用,车轮对路面作用一个向前的周缘力 F,同时路面也对车轮作用着一个向后的反作用力,即制动力 F_B。制动力 F_B 由车轮经车桥和悬架传给车架及车身,迫使整个汽车产生一定的减速度。制动力越大,则汽车减速度也越大。放开制动踏板时,回位弹簧 13 即将制动蹄拉回原位,摩擦力矩 M_μ 及制动力 F_B 消失,制动作用即行终止。

显然,阻碍汽车运动的制动力 F_B 不仅取决于制动力矩 M_B,还取决于轮胎与路面间的附着条件。如果完全丧失附着,则这种制动系事实上不可能产生制动汽车的效果。在讨论制动系的结构问题时,一般都假定具备良好的附着条件。

二、制动系统的组成

制动系一般由供能装置、控制装置、传动装置和制动器四部分组成,较为完善的制动系统还具有制动力调节装置、报警装置和压力保护装置等附加装置。

制动系按功能不同可分为行车制动系、驻车制动系、应急制动系和辅助制动系。每辆车必须具备行车制动系统和驻车制动系统。按制动能源不同又可分为人力制动系、动力制动系和伺服制动系。人力制动系的制动能源仅仅是驾驶员的肌体;动力制动系统的特点是驾驶员的肌体仅作为控制能源,而不是制动能源;伺服制动系是兼用人力和发动机动力进行制动的制动系,正常情况下,制动能量大部分由动力伺服系统供给,而在动力伺服系统失效时,还可全靠驾驶员供给(即由伺服制动转变成人力制动)。

按制动能量的传输方式不同,行车制动系统又可分为气压式、液压式、组合式、机械式和电磁式等。目前,轿车及轻型越野车的行车制动系都采用液压伺服制动系,贷车及客车多采用气压式动力制动系。

目前所有汽车行车制动都采用双回路制动系统,如货车的两前轮共用一条制动回路,两后轮共用另一条制动回路,当一个回路失效时,另一个回路仍能工作,这样有效提高了汽车的行车安全性。

(一)制动器

目前,除缓速装置外,制动系所用的制动器全都是摩擦制动器,即利用固定元件与旋转元件表面的摩擦而产生制动力矩。摩擦制动器分盘式和鼓式两大类。

1. 盘式制动器

很多轻型越野车和轿车上均采用了盘式制动器。盘式制动器摩擦副中的旋转元件是以端面工作的金属圆盘,被称为制动盘。其固定元件分为两类。一类是工作面积不大的摩擦块与其金属背板组成的制动块,每个制动器中有2～4个。这些制动块及其促动装置都装在横跨制动盘两侧的夹钳形支架中,总称为制动钳。这种由制动盘和制动钳组成的制动器,称为钳盘式制动器。另一类是固定元件的金属背板和摩擦片,也呈圆盘形,制动盘的全部工作面可同时与摩擦片接触,故该制动器称为全盘式制动器。钳盘式制动器过去只用作中央制动器,但目前则越来越多地被各级轿车和货重车用作车轮制动器。全盘式制动器只有少数汽车(主要是重型汽车)用作车轮制动器,个别情况下还可作为缓速器。钳盘式制动器可分为定钳盘式和浮钳盘式两类。

(1)定钳盘式制动器

图8-2所示为定钳盘式制动器。跨置在制动盘1上的制动钳体5固定安装在车桥6上,它既不能旋转,也不能沿制动盘轴线方向移动,其内的两个活塞2分别位于制动盘的两侧。制动时,制动液由制动主缸经进油口4进入钳体中两个相通的液压腔中(相当于制动轮缸的液压缸),将两侧的制动块3压向与车轮固定连接的制动盘,从而产生制动。

(2)浮钳盘式制动器

浮钳盘式制动器的制动钳一般设计得可以相对制动盘轴向滑动。其中,只在制动盘的内侧设置液压缸,而外侧的制动块则附装在钳体上。其工作原理如图8-3,制动钳支架3固定在万向节上,制动钳体1可沿导向销2轴向滑动。制动时,活塞8在液压力的作用下,将活动制动块6(带摩擦块磨损报警装置)推向制动盘4。与此同时,作用在制动钳体1上的反作用力P_2推动制动钳体沿导向销2右移,使固定在制动钳体上的固定制动块5压靠到制动盘上。于是,制动盘两侧的摩擦块在P_1和P_2的作用下夹紧制动盘,使之在制动盘上产生与运动方向相反的制动力矩,促使汽车制动。

2. 鼓式制动器

鼓式制动器多以内圆柱面为工作表面(内张型)。内张型鼓式制动器都采用带摩擦片的制动蹄作为固定元件，制动蹄一端承受促动力时，可绕其另一端的支点向外旋转，压靠到制动鼓内圆面上，产生摩擦力矩（制动力矩）。鼓式制动器根据制动蹄促动装置（对蹄端加力使其转动的装置）不同，可分为轮缸式制动器和凸轮式制动器等。

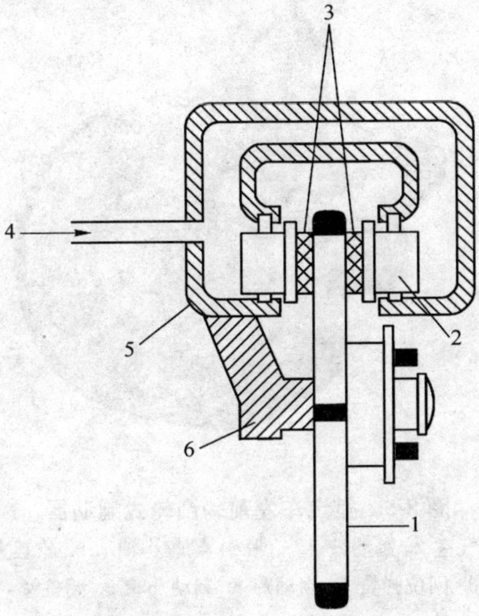

图 8-2　定钳盘式制动器

1. 制动盘 2. 活塞 3. 制动块
4. 进油口 5. 制动钳体 6. 车桥

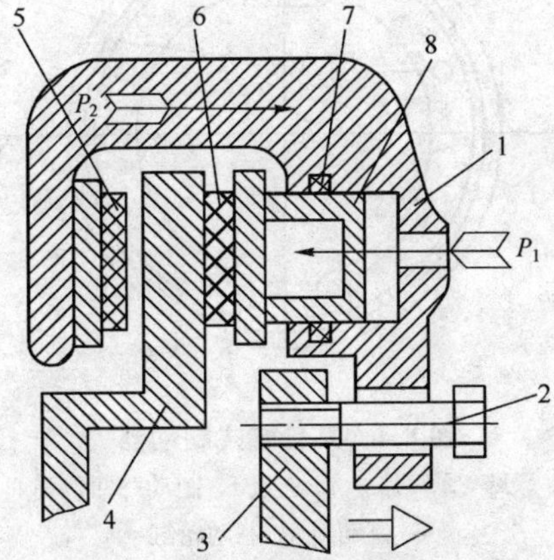

图 8-3　浮钳盘式制动器示意

1. 制动钳体 2. 导向销 3. 制动钳支架 4. 制动盘
5. 固定制动块 6. 活动制动块 7. 活塞密封圈 8. 活塞

(1)轮缸式制动器

图 8-4 所示为某轮缸式制动器。设汽车前进时制动旋转方向如图中箭头所示（这称为制动正向旋转）。两个制动蹄各有一个支点。制动时，领蹄 1 和从蹄 2 在促动力 F 的作用下，分别绕各自的支点 3 和 4 旋转到紧压在制动鼓 6 上，产生制动力。BJ2020N、上海桑塔纳轿车的后轮制动器均采用领从蹄式制动器。

(2)凸轮式制动器

气压制动系几乎都采用凸轮式制动器。

图 8-5 所示为某汽车左前轮凸轮式制动器。制动蹄 7 不制动时由回位弹簧 6 拉靠在制动凸轮 8 上。制动凸轮轴固定在制动底板的凸轮轴孔中，凸轮轴尾部花键轴插入制动 9 的花键孔中。调整臂可以相对凸轮轴转动，从而调整制动器蹄鼓间隙。

制动时，制动调整臂在制动气室 1 内膜片推动下，带动制动凸轮轴转动，推使两制动蹄压靠制动鼓，产生制动力。

(二)液压式制动系

液压式制动系是利用制动油液，将制动踏板力转换为油液压力，通过管路传至车轮制动器，再将油液压力转变为制动蹄张开的机械推力，在传力过程中对驾驶员的踏板力进行了增大变换，使传递到制动轮缸及制动蹄上的制动力大于踏板力。比例阀用来调节前、后轮制动力大小按一定比例变化。

液压式制动系由制动踏板、真空助力器、推杆、制动主缸、储油罐、制动轮缸、油管、制动开关、指示灯和比例阀等组成。

1. 制动主缸

现代轿车最常用的是串列双腔制动主缸，即两个单腔制动主缸串联在一起，形成双回路制动系统，如图 8-6 所示。

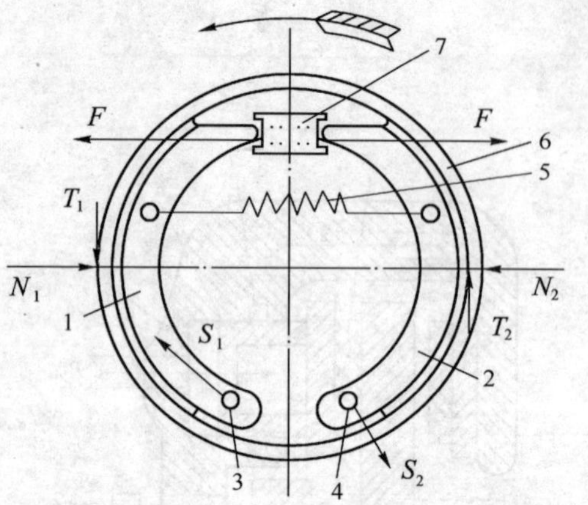

图 8-4 某轮缸式制动器

1. 领蹄 2. 从蹄 3、4. 支点 5. 制动蹄回位弹簧 6. 制动鼓 7. 制动轮缸

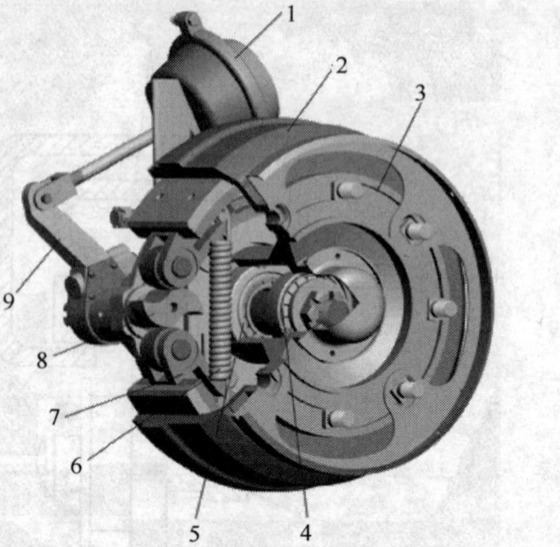

图 8-5 某汽车左前轮凸轮式制动器

1. 制动气室 2. 制动鼓 3. 轮毂 4. 轮毂小轴承 5. 轮毂大轴承 6. 回位弹簧 7. 制动蹄 8. 制动凸轮 9. 调整臂

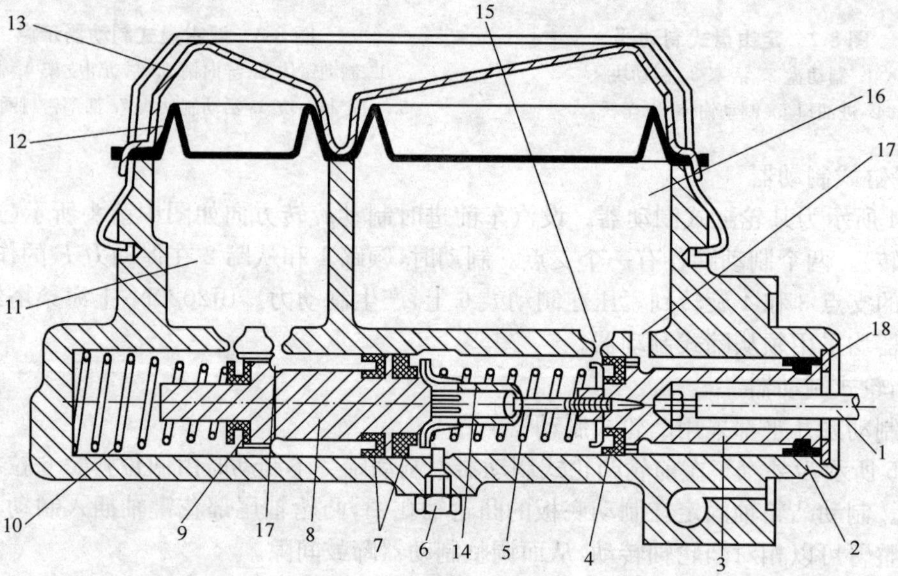

图 8-6 串列双腔制动主缸

1. 推杆 2. 缸体 3. 后腔(第一)活塞 4、9. 主皮碗 5、10. 回位弹簧 6. 活塞止动螺栓 7. 皮碗 8. 前腔(第二)活塞 11. 前腔贮油室 12. 贮油室膜片 13. 贮油室盖 14. 限位套 15. 旁通孔 16. 后腔贮油室 17. 补偿孔 18. 卡环

主缸以缸体 2 的凸缘借螺栓安装在真空助力器的前端，真空助力器推杆(亦即主缸推杆)1 伸入后腔第一活塞 3 的凹槽内。

在整体式缸体 2 上制有工作缸和贮油室。贮油室被分隔成前腔贮油室 11 和后腔贮油室 16，前小后大。在贮油室盖 13 内装有橡胶密封膜片 12。工作缸中串联着两个活塞 3 和 8，活塞 8 上的两刃口相反的皮碗 7 将工作缸分为前、后两个独立的工作腔室，每个腔室各有一对旁通孔 15 和补偿孔 17，可使各自的工作腔室与贮油室相通。前、后腔室各有一个出油口分别通过压力调节组合阀与后、前制动轮缸相通。回位弹簧 5 压住主皮碗 4，并将第一活塞 3 推靠在卡环 18 上。第二活塞 8 轴向浮动地支承在弹簧 10 和 5 上，而弹簧 10 的张力大于弹簧 5 的张力，故不制动时第二活塞被推靠在止动螺栓 6 上的原始位置。

主缸不工作时，在回位弹簧 5 和 10 的作用下，两活塞头部与皮碗正好位于补偿孔与旁通孔之间，使两孔均保持开放。此时，推杆 1 与活塞之间有一定的间隙，保证不制动时活塞在其回位弹簧的作用下能退回到与卡环接触的位置，使皮碗不致堵住旁通孔，以防止不能完全解除制动。

踏下踏板时，真空助力器的推杆 1 使第一活塞 3 前移，当其主皮碗盖住旁通孔之后，后腔即被封闭，液压开始建立。油液一方面被压入前制动轮缸，另一方面迫使前腔的第二活塞 8 前移，当第二活塞的主皮碗也盖住其旁通孔时，前腔亦建立液压，并向后制动轮缸输液。于是，制动主缸分别向前、后制动轮缸输送制动液，使汽车制动。

放松踏板时，主缸两活塞在各自的回位弹簧及液压作用下回位，前、后制动管路内液压解除。

双回路液压制动系中任一回路失效时，串列双腔制动主缸仍能保持另一回路正常工作。但此时制动警告灯发亮，还会出现以下现象：制动踏板明显下落，所需踏板行程加大，导致汽车制动距离明显增长，制动效能降低；失效管路的贮油室液面明显下降，停车踩制动踏板，有制动液滴落。

2. 真空助力器

真空助力是利用发动机进气管的真空和大气之间的压差起助力作用。其结构如图 8-7 所示。

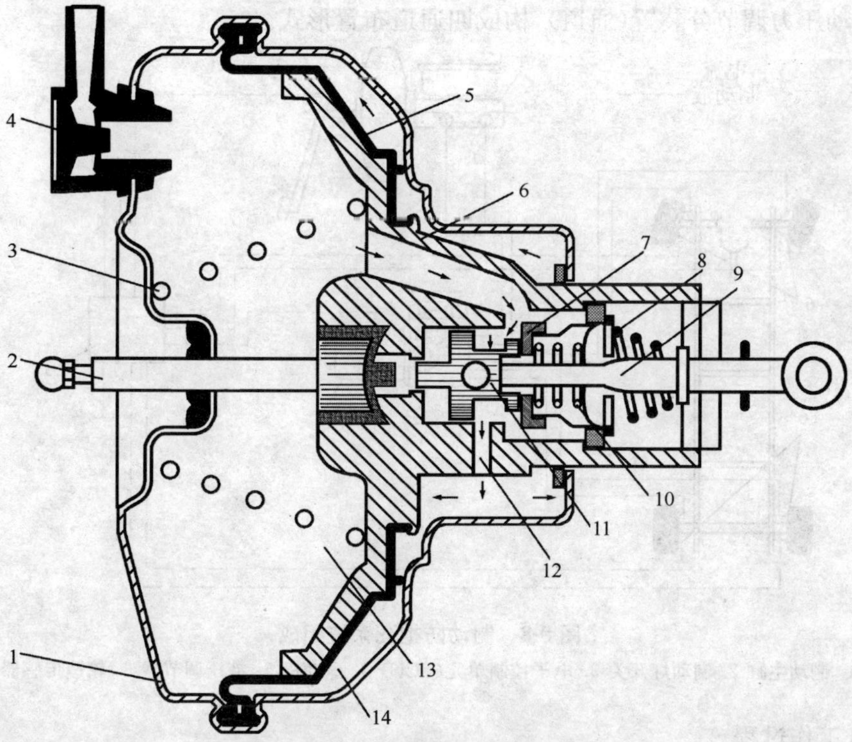

图 8-7　真空助力器结构

1. 助力器壳体 2. 主缸推杆 3. 膜片回位弹簧 4. 真空单向阀 5. 膜片 6. 膜片座 7. 橡胶阀门 8. 推杆弹簧 9. 控制阀推杆 10. 阀门弹簧 11. 控制阀柱塞 12. 真空通道 13. 伺服气室前腔 14. 伺服气室后腔

真空助力器的壳由螺栓固定在车身前围板上，并借控制阀推杆 9(亦即踏板推杆)与踏板机构连接。壳体由螺栓固定着制动主缸，主缸的第一活塞由助力器主缸推杆 2 驱动。推杆 2 中部与膜片座 6 固连在一起。伺服气室前腔 13 经真空单向阀通向发动机进气管。外界空气经过滤环和毛毡过滤环滤清后，进入伺服气室后腔。

不踩制动踏板时，弹簧 8 将推杆 9 连同柱塞 11 推到后极限位置；阀门 7 离开膜片座(真空阀开启)，且被弹簧 10 紧压在柱塞 11 上(大气阀关闭)。伺服气室两腔 13 和 14 经真空通道 12 连通，并与大气隔绝。在发动机开始工作，且真空单向阀 4 被吸开后，伺服气室前、后两腔内都产生一定的真空度。

制动时，推杆 9 前移的同时，阀门 7 也在弹簧 10 的作用下随同控制阀柱塞前移，直到与膜片座 6 上的真空阀座接触，即真空阀关闭，后腔同真空源隔绝。然后，推杆继续推动柱塞前移，直到柱塞后端面离开阀门 7 一定距离，即大气阀开启。于是，外界空气经过滤芯从膜片座后部进入，通过大气通道进入伺服气室后腔 14，使其中真空度降低。在伺服气室前、后腔压差作用下，通过膜片、膜片座及橡胶反作用盘给主缸推杆加力。

(三)制动防抱死系统

目前在某些轿车、大客车和重型货车上装备了防抱死制动系统(Antilock Braking System)，简称 ABS。目前，轿车及轻型越野车上较多装用液压制动防抱死装置。

1. ABS 组成及布置

ABS 是在普通制动系统的基础上加装车轮转速传感器、ABS 电控单元、制动压力调节装置及制动控制电路等(见图 8-8)。其制动回路采用 X 型布置形式。为了对四个车轮的制动压力进行独立控制，在每个车轮上各安装一个轮速传感器，并在通往各制动轮缸的制动管路中各设置一个制动压力调节分装置(通道)，构成四通道布置形式。

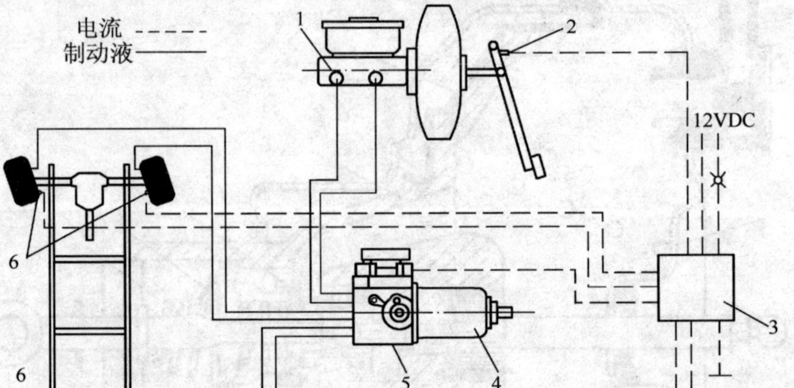

图 8-8 制动防抱死系统组成

1. 制动主缸 2. 制动灯开关 3. 电子控制单元(ECU) 4. 电动机 5. 液压调节器 6. 轮速传感器

2. ABS 工作过程

制动过程中，ECU 不断地从轮速传感器获取车轮速度信号，并随时对车轮速度作计算和比较，经 ECU 运算得出各车轮的滑移率，并根据滑移率控制各轮缸油压。当滑移率在 8%～

35%时,车辆的纵向附着力和侧向附着力都较高。将这一附着区域内汽车制动的有关参数预先输入到ABS的控制系统,ECU可随机地根据实际制动工况进行判断,给执行机构发出动作指令,使车轮的滑移率控制在这一最佳工作范围内,即各车轮制动到不抱死的极限状态。因此,汽车制动时,既不“跑偏”,又不“甩尾”。

由于四通道ABS可以最大程度地利用每个车轮的附着力进行制动,因此汽车的制动效能最好。但在附着系数分离(两侧车轮的附着系数不相等)的路面上制动时,若同一轴上两侧车轮的制动力不相等,会使汽车产生较大的偏转力矩而跑偏,因此ABS通常不对四车轮进行独立的制动力调节。

(1)常规制动(升压)过程

ABS未进入工作状态,电磁阀9不通电,柱塞8处于图示的最下方(图8-9a),主缸2与轮缸10的油路相通,主缸可随时控制制动油压的增减。此时回油泵不工作。

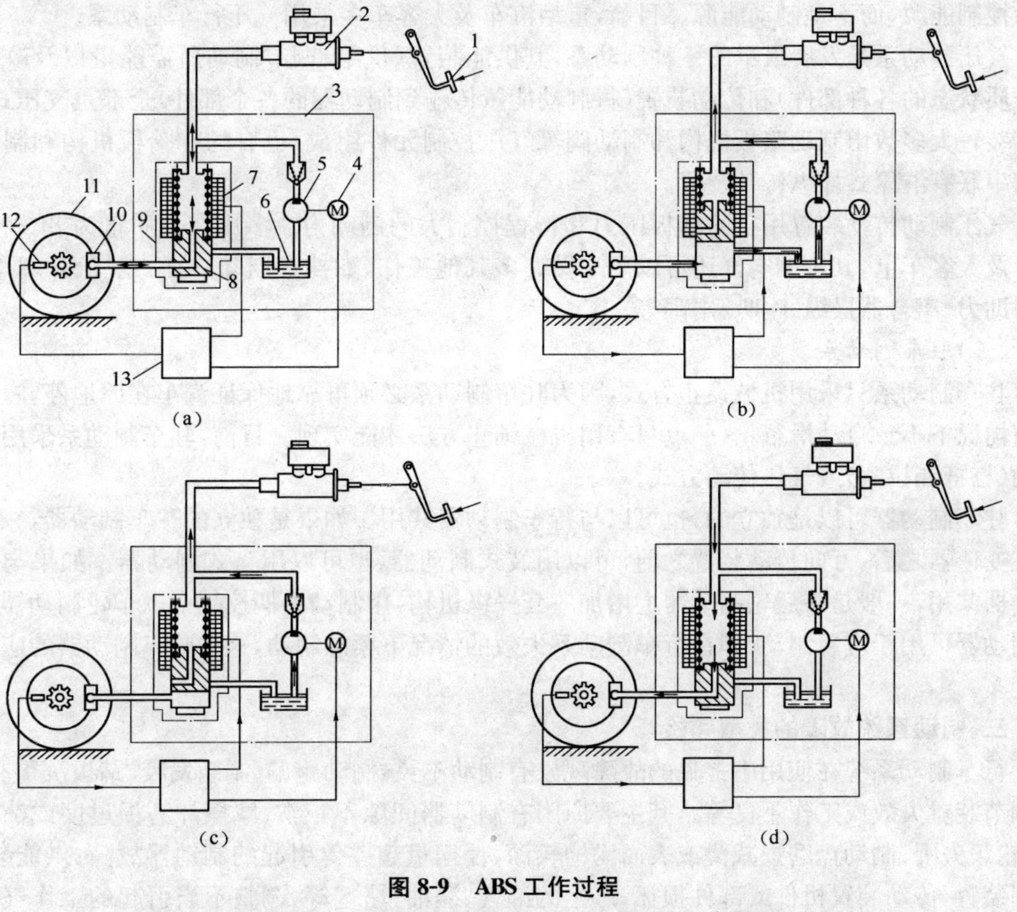

图8-9　ABS工作过程

(a)常规制动过程　(b)轮缸减压过程　(c)轮缸保压过程　(d)轮缸增压过程

1. 踏板 2. 主缸 3. 液压部件 4. 电动机 5. 液压泵 6. 储液器 7. 线圈 8. 柱塞 9. 电磁阀 10. 轮缸 11. 车轮 12. 轮速传感器 13. 电子控制单元

(2)轮缸减压过程

轮速传感器检测到车轮有抱死信号,感应交流电压增大,电磁阀通入较大电流。柱塞移至图示的最上方(图8-9b),主缸与轮缸的通路被截断。轮缸和储液器接通,轮缸压力下降。与此同时,驱动电动机起动,带动液压泵工作,把轮缸流回储液器的的制动液加压后送入主缸,为下一制动过程做好准备。

(3)轮缸保压过程

轮缸减压过程中,轮速传感器12产生的电压信号较弱,电磁阀通入较小电流(约为最大电流的1/2),柱塞降至图8-9c所示位置,所有油路被截断,保持轮缸压力。

(4)轮缸增压过程(图8-9d)

保压过程中,车轮转速趋于零,感应交流电压亦趋于零,电磁阀断电,柱塞下降到初始位置,主缸与轮缸油路再次相通,主缸的高压制动液重新进入轮缸,使轮缸油压回升。车轮又趋于接近抱死状态。

上述几个过程的压力调节是脉冲式的,其频率约为4～10次/s。

(四)气压制动系

气压行车制动系靠发动机的动力转化而成的气压形式的势能进行制动,驾驶员的肌体仅作为控制能源,而不是制动能源。目前,重型汽车及大客车多采用气压行车制动系。

气压制动系是发展最早的一种制动系,其供能装置(供给、调节制动所需能量以及改善传能介质状态的各种部件)和传动装置(将制动能量传输到制动器的各个部件)全部是气压式的,控制装置大多数由制动踏板机构和制动阀等气压控制元件组成,也有的在踏板机构和制动阀之间串联有液压式操纵传动装置。

气压制动传动装置用小的踏板压力和行程控制大的制动力。多用在总质量为8t以上的货车及大客车上,其压缩空气还可以用来做许多其他工作,如挂车制动、轮胎充气、开闭车门、转向助力、离合器操纵、喇叭、雨刮等。

(五)驻车制动系

驻车制动系只采用机械锁止方式,因为驻车制动系必须可靠地保证汽车在原地停驻,并在任何情况下不致自动滑行,这一点只有用机械锁止方法才能实现。目前,驻车制动系采用机械传动(杠杆和拉索)或气压传动方式。

驻车制动器可以是独立的,也可以与行车制动器共用。如果是独立的驻车制动器,一般布置在变速器之后,万向传动装置之前,可以用鼓式制动器,也可以用盘式制动器。如果与行车制动器共用,一般是在后轮制动器上增加一套操纵机构,用制动手柄控制。以车轮制动器为驻车制动器可用于应急制动,即在行车制动系失效的情况下紧急制动,这种驻车制动器的应用越来越多。

三、制动系统故障的类型和检修

行车制动系统在使用中常见的故障现象有制动不灵、制动跑偏、制动发咬、踏板沉重、制动力调节装置失效或工作不良等。其主要原因有制动器间隙不正常、摩擦片磨损过度或沾有油污、轮毂失圆、制动盘磨损减薄或表面沟槽较深、偏摆量超差等引起的制动器故障;供能装置、控制装置、传动装置机件或部件损坏,产生的漏气、漏油、堵塞等,调整不当引起的工作气(油)压失常等。装有ABS制动力调节装置的车辆,当电源电压过低、车轮转速传感器有故障、电子控制单元供电不足或搭铁不实、液压泵或电动机损坏、电磁阀或进出油阀等有故障时,ABS将不能工作或工作不良,从而失去制动力的调节功能。

(一)液压制动系统故障类型和检修

液压制动系统是将踏板力转换成液压能的形式来传递制动力的。其传动机构简单,制动器产生的制动力矩与踏板力呈线性关系。若轮胎与路面的附着力足够,则汽车所受到的制动力也与踏板力呈线性关系。这项性能称为制动踏板感(俗称路感),驾驶员由此可以直接感受到汽车制动装置的各种工况是否正常，及时发现故障。

液压制动系统主要由制动总泵、制动分泵和车轮制动器等组成，常见故障有制动不灵和制动发咬。

1. 制动不灵

1)故障现象：汽车行驶中，迅速将制动踏板踩到底，汽车不能立即减速停车，制动减速度小，制动距离过长。

2)故障原因：

①由制动总泵故障引起的原因。

a. 总泵内制动液不足，或补偿孔堵塞，或加液口通气孔堵塞。

b. 总泵皮碗、皮圈老化发胀、变形或被踏翻。

c. 总泵活塞与缸体磨损过大而松旷漏油，活塞回位弹簧过软或其自由长度不足。

d. 回油阀密封不良。

e. 出油阀弹簧过软、折断或油阀密封不良。

②由制动分泵故障引起的原因。

a. 分泵皮碗老化、发胀，活塞卡滞。

b. 分泵活塞与缸体磨损过大而松旷漏油。

c. 分泵活塞回位弹簧过软或折断。

③由制动器引起的原因。

a. 制动蹄片磨损严重，制动间隙过大，接触面积过小或接触面趋于摩擦片中间部位。

b. 制动鼓失圆、起沟槽或磨损过薄。

c. 制动蹄片表面有油、蹄片烧蚀硬化或铆钉外露等。

④其他原因。

a. 踏板自由行程过大。

b. 液压制动系统中渗入空气，或制动系温度过高，管路中制动液汽化，形成汽阻。

c. 油管凹瘪或接头松动漏油，制动软管老化破裂或堵塞。

3)诊断与排除：

液压制动装置制动不灵故障可根据踩抬制动踏板的反应来进行检查诊断。

①连续踩几次制动踏板，踏板总是能踏到底并无反力，对此可作如下检查：

a. 检查总泵贮液室内有无制动液，总泵进油孔和贮液室盖通气孔是否堵塞。

b. 检查制动管路是否有破裂或接头严重漏油现象。

c. 检查机械连接机构是否脱落。

d. 若以上检查完好，再检查总泵或分泵皮碗是否破损等。

②若连续踩几次制动踏板，踏板能升高，则进行下列检查：

a. 若踩动踏板后，踏板高度能升高，且制动效能有好转，应检查踏板自由行程和车轮制动器间隙。

b. 若踩住踏板，踏板缓慢下降，则检查制动管路是否有破裂或接头漏油，制动总泵或分泵皮碗密封是否良好，总泵或分泵活塞回位弹簧是否过软、折断；总泵回油阀和出油阀是否良好。

c. 若踩住制动踏板有弹性感，则说明液压制动管路内有空气或制动液受热汽化。

d. 当连续踩制动踏板，在松抬制动踏板时，总泵活塞未回到原位，再踩下制动踏板时，总泵推杆与活塞碰击发响，应拆检总泵。

③踩一次踏板高度适中，但感到“硬”而且制动效能差：

a. 若个别车轮制动效能不良，检查制动软管是否老化堵塞；若制动管路畅通，应检查车轮制动器。

b. 若各轮制动效能均不良，应检查总泵皮碗、皮圈是否发胀或活塞卡滞；若总泵完好，应进一步检查车轮制动器。

2. 制动发咬

1)故障现象：使用一次或几次制动后，汽车起步和加速困难；汽车行驶一定里程后，制动鼓有发热现象。

2)故障原因：液压制动装置产生制动发咬，其原因在制动器方面和其他方面与气压制动装置基本相同，不同的是操纵机构方面。

由制动总泵和分泵故障引起的原因有：

①总泵旁通孔或回油孔堵塞。

②制动液太脏或粘度过大，使得回油困难。

③总泵或分泵的皮碗或皮圈老化、变形、发胀。

④总泵活塞回位弹簧过软或折断、活塞卡滞。

3)故障诊断与排除：

先根据故障现象确定是全车发咬还是个别发咬，再作进一步的诊断。

①全车制动发咬。

a. 检查制动踏板有无自由行程。

b. 打开贮液室盖，连续踩动制动踏板，观察回油情况。若回油缓慢或不回油，应检查制动液是否太脏或粘度过大。

②个别轮发咬。

a. 先支起制动发咬的车轮，拧松分泵排气螺栓，若制动液急速喷出后制动蹄回动，检查制动油管是否堵塞。

b. 放液后，若制动蹄仍不能回动，检查制动器间隙是否过小。

c. 若上述检查均正常，则分解检查分泵活塞、皮碗和其他造成制动蹄回位不良的因素。

(二) 汽车防抱死系统故障类型和检修

汽车上防抱死制动系统都具有故障自检的能力，而无论系统中哪个部位被自检出故障，都将自动切断防抱死系统，恢复常规制动。当故障自检系统(以丰田 ESC 为例)自检出故障后，则制动警告灯亮，并且电子控制器上的自检指示灯闪动，用闪动的频率和次数来显示故障编码。

用电压表检查电路时，接通点火开关，所测的控制线路各部位的电压值应与各车型的标准值一致。否则为不正常，应予以进一步检修。用电阻表检查各接头之间的阻值时，应拆开电子控制器的电线连接。所测试部位正常时，其阻值应与各车型的标准值一致。

1. 紧急制动时车轮抱死

①若只在驾驶途中制动警告灯亮，应检查制动液量及电磁控制阀是否正常。

②制动警告灯若不亮，拉起驻车制动杆，制动警告灯仍不亮，应检查驻车制动开关、驻车制动开关线路、制动警告灯灯泡是否正常。

③若制动警告灯亮，但无诊断编码指示，应检查计算机 PL 接头和制动警告灯之间的线路

是否正常。

④打开点火开关，3s后检查电磁控制阀是否有“咔嗒”声（注意：不要踏制动踏板，如踏下制动踏板，就不会有这种声音）。若无声响，应检查计算机＋B接头以及车身之间的计算机K1接头和车身搭铁是否正常。若正常，应换另一计算机再试。

⑤若电磁控制阀有杂音，应检查正负接头之间的电压，如电压值低于12V，应检查或更换蓄电池。

⑥踏下制动踏板后，计算机STP和E接头之间的电压若不在8～14V间，应检查制动警告灯及线路。

⑦检查速度传感器和电磁控制阀的电线是否有搭铁现象。

⑧检查电磁控制阀是否正常。

⑨在路试中，若制动效果不佳，应检查轮胎的大小、胎压及磨损情况。

⑩检查后轮车速传感器和传动齿轮是否正常。

⑪检查前轮车速传感器和制动盘毂的齿面是否正确。

⑫检查制动泵是否有效。

2. 驾驶过程中或放开驻车制动器时制动警告灯亮

①仅在驾驶途中制动警告灯亮，要检查制动液量及电磁控制阀是否正常。

②若不仅在驾驶途中制动警告灯发亮，要检查制动液量及停车灯是否正常。

③放开驻车制动器，踏下制动踏板，制动警告灯不能立即熄灭，要根据故障码找出故障。若不出现故障码，应检查计算机。

④放开驻车制动器，踩下制动踏板，制动警告灯熄灭，但拆开计算机连接线时，制动警告灯不熄灭，应检查驻车制动器开关、制动液量开关、制动警告灯线路及传感器等是否正常。

⑤拆开计算机连接时，制动警告灯熄灭，若测得计算机B和E接头之间的电压在10V以下，要检查电源线路、接线、蓄电池等是否正常。

⑥若计算机B和E接头之间的电压正常，打开点火开关后，诊断灯在0.3s内即亮，故障部位就在制动警告灯开关和制动警告灯控制线路。

⑦若打开点火开关后诊断灯不能立即亮，应换另一台计算机再检查。

⑧路试中制动效果不佳，要检查轮胎的大小、胎压及磨损情况。

⑨检查后轮车速传感器和传感齿轮是否正常。

⑩检查前轮车速传感器和制动盘毂的齿面是否正常。

⑪检查制动泵是否有效。

3. 制动效果不佳或防抱死操作不正常

①检查轮胎的大小、胎压及磨损，不正常应修复或更换。

②检查蓄电池正、负接头之间是否存在12V电压。

③如制动踏板未踏下，计算机STP和车身之间有电压，应检查制动警告灯开关、制动警告灯开关线路是否正常。

④未踏下制动踏板，计算机STP和车身之间没有电压，要检查后轮车速传感器和传动齿轮是否正常。

⑤检查前轮车速传感器和制动盘毂的齿面是否正常。

⑥检查制动泵是否有效。

⑦换另一台计算机再试验。

(三)驻车制动系统故障类型和检修

1. 制动失灵

1)故障现象:拉紧驻车制动手柄,用二挡起步,发动机转速下降,并能顺利地起步。

2)故障原因:

①驻车制动拉杆调整过长。

②摩擦片与制动盘(鼓)间隙过大或接触面积过小。

③摩擦片表面沾有油污。

④摩擦片烧蚀硬化或铆钉外露。

⑤驻车制动器各销轴磨损过甚,间隙过大。

⑥制动盘(或制动鼓)磨损起槽而与摩擦片接触不良等。

3)诊断与排除:

①检查调整拉杆长度和摩擦片与制动盘(制动鼓)之间间隙以及制动蹄是否松动。

②若调整紧定无效,则进行分解检查。检查制动蹄片表面是否有油污,蹄片是否烧蚀硬化、磨损严重或铆钉外露;同时检查制动盘(鼓)有无变形、磨损起槽等。必要时,给予修复或更换。

2. 驻车制动杆不能固定

1)故障现象:驻车制动杆拉紧后,不能固定在所需制动位置上。

2)故障原因:

①棘爪拉杆弯曲或棘爪轴脱出。

②棘爪或弹簧折断。

③棘爪与扇齿磨损过甚而滑牙。

④拉杆变形而移动不灵。

⑤止退棘爪压紧弹簧或驱动棘爪压紧弹簧失效或折断,棘轮装置沾有油污等。

3)诊断与排除:

①检查拉杆有无变形,有变形予以校正。

②检查棘爪和扇齿磨损情况,必要时进行修复或更换。

③检查棘爪或弹簧有无折断,棘爪轴有无脱出等。

3. 制动发咬

1)故障现象:放松驻车制动杆后,汽车仍不能完全解除制动作用,汽车在行驶中,驻车制动盘(鼓)过热。

2)故障原因:

①蹄片与制动盘(鼓)间隙过小。

②制动盘翘曲(或制动鼓严重失圆),制动蹄偏斜。

③制动传动机构调整不当。

④回位弹簧松弛或折断。

⑤鼓式制动器凸轮被卡住。

3)诊断与排除:

①检查调整传动机构和摩擦片与制动盘(鼓)之间的间隙。

②检查回位弹簧是否松弛、折断或脱落。

③检查是否有变形发卡部件,制动蹄有无偏斜。

④检查制动盘是否翘曲不平等。

根据检查情况，进行调整、修复或更换。

四、制动系统的主要技术参数

桑塔纳制动盘标准厚度为 12mm，使用极限厚度为 10mm。制动盘跳动极限值为 0.10mm。

JV 制动鼓标准内径为 200mm，使用限度为 201mm。

制动鼓摆差不超过 0.2mm，径向跳动量不超过 0.05mm。

制动总泵零件的检查：

①检查总泵活塞与缸筒磨损情况。活塞与缸筒之间的间隙超过 0.15mm 时，总泵必须换新。如果缸筒壁有划痕，须更换总泵。

②总泵装配后应检查其密封性。试验时，可将总泵固定在试验架上，在出油管接头处接装压力表，在总泵内加足制动液，推动总泵活塞，使之产生 784～882kPa（80～90kg/cm^2）的压力，在 2～3min 内压力不降低为合格。

第二节　制动系统故障检修实例

一、制动系统故障检修的程序和方法

制动系统的故障一般通过故障现象不难作出判断，但在查找故障原因时，应根据不同的车辆采用不同的方法。对于液压制动系统而言，可通过踏板行程的大小和行程阻力，大致判断系统内是否存有空气；检查制动液的数量和质量，检查系统有无泄漏；检查助力器的工作情况；最后检查制动器。对装有 ABS 制动力调节装置的车辆，首先应调取故障码，并按诊断仪的指示排查故障。如无故障码显示，ABS 又不起作用，应重点检查液压调节器，如液压泵及电动机、电磁阀、继电器、进出油阀等。

更换 ABS 电子控制单元后，应重新进行编码。对装有 ABS 的液压制动系统，其液压系统的排气作业与没有 ABS 装置的液压系统不同，有特定的作业程序，并需用专门的仪器才能完成。

另外需要注意的是，汽车其他系统存在的故障，也会引起制动系统的故障现象，如汽车的行驶跑偏，通常会造成制动跑偏。悬架系统的某些故障，也会造成制动系统的故障现象，这一点在制动系统故障诊断时需要加以区别。

二、制动系统故障检修实例

（一）桑塔纳轿车制动系统故障检修实例

1. 桑塔纳轿车制动距离长

1）故障现象：一辆桑塔纳 2000GSi 型轿车，在行驶过程中，将制动踏板踩到底，汽车不能立即减速、停车，制动速度小，制动距离长。

2）故障诊断与排除：该车制动系统前轮采用盘式制动器，后轮采用鼓式制动器。由储油罐、制动主缸、轮缸、真空助力器等组成的液压伺服制动系统使制动器产生制动力；由 ABS 电子控制单元、液压控制器和液压泵等组成的防抱死装置，自动控制和调节制动力的大小，使车辆获得最佳的制动性能。制动距离过长的因素多与上述部件的工作性能不良有关。

将点火钥匙旋至 ON 挡，仪表板上的 ABS 警报灯不亮。制动警报灯亮，放松驻车制动手柄，制动警报灯熄灭。踩踏制动踏板，感觉踏板行程和阻力基本正常。打开发动机舱盖，检查制动液面高度正常，油质清洁。检查发动机舱内制动管路，无漏油痕迹。举起车辆，检查制动管路及后轮、前轮，均无漏油迹象和其他异常。I;2_E 结果说明液压系统和 ABS 装置基本正常，问题可能出在制动器上。通过后轮检视孔，观察到后制动器的摩擦片较薄，于是决定拆检鼓式制动器，发现后制动的摩擦片超过使用极限，制动鼓有失圆现象。检查前轮制动钳的摩擦块，其厚度小于 7mm，制动盘厚度小于 8mm，均超过了使用极限。更换后轮制动蹄，镗削制动鼓，更换前轮制动盘和摩擦块，装复后进行液压系统的排气，故障现象消失。

后轮制动器摩擦片、前轮制动盘、摩擦块超过了使用极限，后轮制动鼓失圆，是造成制动器制动力下降的主要原因。装有 ABS 防抱死装置的制动系统，此时虽然能使轮缸保持一定的工作压力（制动时车轮转速没有降到预定值，电子控制单元将使液压泵工作，以增加或保持轮缸压力），但制动器主要零件磨损超限、轮鼓失圆，使制动器的摩擦系数下降很多，造成制动器制动力不足。

2. 桑塔纳轿车制动踏板沉重

1）故障现象：一辆桑塔纳 2000GSi 型轿车行驶中，突然出现制动踏板沉重的现象，制动性能没有改变。

2）诊断与排除：为减轻驾驶人的疲劳强度，根据国家的有关技术标准，该车制动系统中设有助力装置，真空助力器与主缸串联在一起安装在车辆的前围上，真空助力器的推杆与踏板相连，制动时利用发动机进气管内的真空度与大气压的压差进行助力。踏板力的放大程度由真空度的大小而定，最大可放大 3 倍。踏板沉重很可能是助力器失效造成的，于是检查真空助力器的工作情况。发动机熄火后先连续踩抬制动踏板若干次，然后再将制动踏板踩到总行程的 1/3 处并保持不动，起动发动机以中速运转时，踏板位置没有稍下移的感觉，继续踩下踏板，依然沉重，且进气口处也听不到进气声，说明真空助力器有故障。换用一只新的真空助力器，踩踏制动踏板时的沉重感消失。

3. 桑塔纳轿车加速性能差，滑行距离短

1）故障现象：一辆桑塔纳 2000GSi 型轿车行驶中，发动机动力充足，但车辆提速迟缓。以 30km/h 的初速度开始滑行，距离不足 20m。制动后，抬起制动踏板，发动机有熄火现象。放松驻车制动，变速杆在空挡位置时，在平坦的路面上一人能推动车辆前行，但感觉阻力较大。运行几十公里后，前轮制动盘、后轮制动鼓温度较高。

2）故障诊断与排除：根据故障现象和维修经验，判断该车液压伺服制动系统或 ABS 装置可能有故障，造成所有车轮制动器解除制动困难。

仪表板上的 ABS 警报灯不亮。制动警报灯在解除驻车制动的情况下也不亮。检查制动踏板自由行程，发现踏板无自由行程，且踏板的回位弹簧也没有了，重新装复一只回位弹簧，并调整好踏板自由行程，进行道路试验，故障现象开始时没有出现，但连续几次制动后，故障现象又重复出现。检查自由行程，发现自由行程又偏大了，这说明制动主缸回油不畅。打开发动机舱盖，拆下主缸的储油罐盖，检查制动油液的清洁度，基本正常。一人在车内踩抬制动踏板，一人观察储油罐内的回油情况，发现放松踏板时，回油很慢，说明制动踏板无自由行程，主缸回油不畅，造成制动发咬，制动主缸有故障。更换制动主缸后，故障排除。

4. 桑塔纳轿车制动时车轮产生间歇拖印

1）故障现象：一辆桑塔纳 2000GSi 型轿车，维修过前悬架后，紧急制动时车辆有异常抖动，右前轮轮胎产生间歇性拖印，产生的拖印间隔距离约为 500mm，且制动踏板振动幅度较大。

2）故障诊断与排除：由于该车在维修前悬架前没有故障，在维修前悬架的过程中需要拆装前轮转速传感器的导线连接器，从而说明故障很可能是在维修过程中人为造成的。从故障现象看，属于右前轮 ABS 控制发生异常。从轮胎抱死拖印和减压滚动的印迹看，ABS 电控单元是具备防抱死控制功能的，但对右前轮的控制频率下降，即抱死制动距离比不抱死的制动距离长，由此判断右前轮转速传感器出现故障的可能性较大。因为 ABS 电子控制单元是依据转速传感器所提供的信号来进行控制的，当转速传感器不提供转速信号或信号太弱时，ABS 才判定车轮抱死，从而向液压控制单元发出放油减压的指令。当 ABS 电控单元又接收到轮速传感器的信号时，判定车轮未抱死，于是向液压控制单元发出停止放油并增压至抱死的指令。从以上的分析可以得出本车故障应从右轮转速传感器上找原因。经仔细检查，发现右轮转速传感器线束连接器塑料罩上有一个损坏的缺口，将导线连接器插到传感器上后有松动的感觉，更换右前轮转速传感器后进行道路试验，故障现象消失。

5. 桑塔纳俊杰轿车制动过硬且制动无力

1)故障现象：一辆自动挡桑塔纳俊杰轿车在行驶中制动无力、发硬，紧急制动时车辆停不下来，车辆无抱死现象，ABS 也无工作现象，以上故障已经维修过了都无法解决。

2)故障诊断与排除：对车辆进行系统检查，拆检了前后轮制动器，制动片都很好，对整车制动液也进行了更换，ABS 液压泵也与其他同型车辆对换，结果故障依旧。最后对制动真空助力泵进行了仔细的检查，发现外壳有一块凹的地方。车辆制动无力、踏板发硬一般很可能与真空助力器真空吸力过小有关，于是拔下助力器真空管，发现此车与其他车辆对比明显发动机真空吸力过小。因为此车行驶里程只有 3.5 万 km 左右，发动机起动正常，怠速平稳，在加速时发动机无异常现象。所以先用发动机真空表检测一下发动机的真空度，发动机在怠速时真空度只有 21kPa 左右，与正常值相差很大，但急加速时真空正常，通过检测每个气缸压力都维持在 810kPa 左右，与正常值对比相差很大。按照常理，这辆车 4 个气缸的压力同时这么低是不可能的，很可能是点火正时严重失准。于是对点火正时进行了检查，发现凸轮轴正时记号在左侧严重偏位 5 个齿。通过校正后，起动发动机，真空度有所上升，在 35kPa 左右。这时突然发现曲轴上的正时记号正好对准带轮正时罩上的正时标记，而此时 1 缸的活塞却停留在距气缸口上止点 12cm 处。于是拆下曲轴正时齿轮检查，发现齿轮定位槽损坏很严重，最后更换了曲轴及正时齿轮，至此故障彻底排除。

6. 桑塔纳轿车 ABS 不工作

1)故障现象：一辆上海桑塔纳 2000GSi 时代超人轿车，发生交通事故后在一修理厂维修，更换了 ABS 总泵及 ABS 计算机总成，但路试时发现 ABS 故障指示灯常亮，且紧急制动时四只车轮全部抱死。

2)故障诊断与排除：首先检查插头和线路，没有虚接和破损之处。用 V. A. G1552 故障诊断仪对 ABS 系统进行检测，发现有很多故障码，但大多数故障码用仪器清除后不再显示，只有故障码"00283"(左前轮速传感器 G47 故障)不能消除。

举升车辆，拆下左前轮轮速传感器，发现表面很脏，传感器触发叶轮上也有很多泥垢。判断是由于传感器过脏，使触发信号不能正确传送给 ABS 计算机，从而使计算机记录了故障码。清理干净并装复传感器后，该故障码不再出现，ABS 故障指示灯也不再点亮，但试车时发现 ABS 系统仍然不工作，紧急制动时四个车轮都有拖滞现象。

再次连接仪器，没有发现故障码。怀疑是制动系统的液压管路中有空气没有排干净，遂按规定方法进行排气，但故障依旧。

经仔细分析，认为可能是新换的 ABS 计算机有问题，遂连接仪器并进入"读取电脑版本号”功能，以查看电脑版本号是否正确。经查看发现该ABS计算机内部的编码为“00000”，显示更换计算机后未进行编码。找来一辆工作正常的时代超人轿车，查看其ABS计算机内部的编码为“04505”。利用仪器的“控制单元编码”功能，对该车的ABS计算机进行正确编码，再试车，故障排除。

现代汽车电控系统的故障排除对专用仪器的依赖性很高，对于有些车型的电控系统，其维修不是简单地更换新件就能解决问题的，很多时间需要用专用的设备进行设定或编码。

7. 桑塔纳2000GSi轿车紧急制动时车轮全部抱死

1)故障现象：一辆2000年生产的桑塔纳2000GSi轿车，行驶里程14.58万km。该车ABS指示灯点亮，紧急制动时车轮全部抱死。

2)故障诊断与排除：首先调取故障码。将金德K81多功能诊断仪连接在位于变速杆护套下方的诊断插座上，打开点火开关，操作诊断仪进入“防抱死制动系统”，选择“读取故障码”功能，按下确认键后，诊断仪屏幕显示“01276——液压泵V64信号超过容限”。记录故障码后选择“清除故障码”功能，发现该故障码不能被清除。选择“控制元件测试”功能，发 现该功能同样不能执行，即选择“控制元件测试”功能，按下确认键后，诊断仪屏幕显示“测试结束”，ABS指示灯不闪烁，也听不到液压泵工作的声音，连续几次均是如此。

根据故障码的提示对该故障进行分析，如果单纯地出现ABS液压泵损坏的情况，用诊断仪应能进行控制元件测试，也就是诊断仪与指示灯应有变化。会不会是电路接触不良呢？

查阅电路图得知，位于中央继电器盒顶部的29号熔丝即为液压泵熔丝(30A)。在关闭点火开关的情况下对其进行检查，结果发现熔丝完好。随后又对其旁边的熔丝(30号)，即ABS电磁阀熔丝(30A)进行检查，也无熔断现象。为了确定其连接是否良好，将这两个熔丝互换，然后打开点火开关，仪表板上的ABS指示灯点亮约3s后熄灭。试着用仪器清除故障码并执行“控制元件测试”功能，故障码能被清除，执行测试时ABS指示灯不停地闪烁，且能听到液压泵运转的声音，说明其控制系统正常。

检查蓄电池连接线(ABS液压泵和电磁阀的电源由蓄电池直接供给)，发现蓄电池负极接线因卡子损坏而有松动迹象，将其重新紧固后试车，ABS系统恢复正常。

8. 桑塔纳3000型轿车ABS故障灯时亮时灭

1)故障现象：一辆桑塔纳3000型轿车，发动机仪表盘上的ABS警报灯常亮。以20km/h速度路试，紧急制动时，ABS不起作用。以40～50km/h速度路试，紧急制动时，制动抱死。路试过程中，故障灯有时熄灭，有时汽车减速时，警报灯又亮起来。

2)故障诊断与排除：用V. A. G1552汽车故障测试仪检测，自检系统显示故障编码为00290，即左后轮故障。重复路试一次，再使用故障测试仪检测，故障编码不变，黄色的ABS警报灯有时亮时灭现象，制动踏板有脉冲感觉，制动距离基本正常。据此认为，ABS有时起作用，有时不起作用，这基本上说明ECU和机械部分正常，应该怀疑的是车轮转速传感器。据驾驶人介绍，该车曾在农村土路上行驶过，因雨天路滑，两只后轮陷在泥坑中，后来侧歪下路基，车底沾满泥水。由此推断，可能是转速传感器上有泥垢。先从外观开始检查，左后转速传感器的线束连接器无松动、无脱落，但转速传感器处塞满了泥垢。清洗传感器后重新插接安装，并使转速传感器铁心与车轮轴承之间间隙保持在0.05mm左右。然后转动左后轮，用数字万用表mV挡测量传感器的输出信号，约为280mV。重新安装完毕进行路试，ABS功能恢复正常。

9. 桑塔纳2000GSi轿车行驶中偶尔出现ABS警告灯点亮

1)故障现象：一辆2001年生产的桑塔纳2000GSi轿车，行驶中偶尔出现ABS警告灯点亮的现象。

2)故障诊断与排除:用诊断仪读取故障码,结果显示为“左前轮速传感器信号不良/SP”。清除故障码后,起动发动机进行路试,同时选择“读取动态数据流”功能,结果看到在车辆起步或在较颠簸的路面上行驶时,显示区的第一个数值几乎变为0,其他数值则相差不超过2km。由此判断,左前轮速传感器或其线路接触不良。

将车辆举起,然后对左前轮速传感器及其线路进行检查,发现该传感器线束插头上的锁片已经断裂,用手轻轻一拉插头即掉了下来。将该插头插好后用绝缘胶布对其紧固,经试车,故障排除。

10. 桑塔纳轿车在对车辆进行保养后ABS警告灯不熄灭

1)故障现象:一辆2000年生产的桑塔纳2000GSi轿车,在对车辆进行保养后,ABS警告灯不熄灭。

2)故障诊断与排除:据车主反映,该车此前一直正常,只是更换了右前轮轴承后,才出现ABS警告灯不熄灭的现象。根据这一情况,对右前轮轮速传感器进行检查,结果发现右前轮轮速传感器因倾斜而未安装到位,以致传感器与信号发生轮之间的间隙过大,正常情况下传感器与信号发生轮之间的间隙为:前轮1.10～1.97mm,后轮0.42～0.80mm。

将右前轮轮速传感器拆下重新固定,然后起动发动机,以高于20km/h的车速行驶并进行紧急制动,ABS警告灯熄灭,ABS工作恢复正常。

11. 桑塔纳2000GSi轿车ABS警告灯不熄灭,ABS不能正常工作

1)故障现象:一辆1998年款桑塔纳2000GSi(时代超人)轿车,ABS警告灯不熄灭,ABS不能正常工作。

2)故障诊断与排除:首先用检测仪读取故障码,检测仪显示“通信中断,可能遇到不可识别的通信协议”,连续几次均是如此。怀疑ABS熔丝(中央继电器盒12号位置)熔断或接触不良,但经检查发现该熔丝完好。根据以往的维修经验,对比较容易出现故障的轮速传感器及其电路进行检查,发现前轮轮速传感器表面有很多脏物,其他正常。将两传感器清洗后装复试车,故障依旧。

根据检查结果并结合故障码分析,判断系统电路中可能存在断路现象,遂决定对该系统的有关连接器逐一进行检查。当随手掀起蓄电池隔热套时,发现蓄电池两极柱严重氧化。

查阅电路图得知,ABS系统的搭铁线及电池阀、液压泵的电源线均是与蓄电池直接连接的,拆下蓄电池两极柱上的导线,分别进行彻底的清洗。装复试车,ABS警告灯可以正常熄灭。进行路试,ABS工作正常。

12. 桑塔纳轿车ABS警告灯与制动警告灯交替闪亮,紧急制动时车轮抱死

1)故障现象:一辆1998年生产的桑塔纳2000GSi(时代超人)轿车,ABS警告灯与制动系统警告灯交替闪亮,进行紧急制动时车轮抱死。

2)故障诊断与排除:据车主反映,该车此前曾因事故而更换了ABS控制单元总成,之后便出现上述现象。结合故障现象分析,初步判断可能是更换ABS控制单元后没有对其进行编码。ABS控制单元(ABS ECU)在车辆出厂时均进行了编码,如果更换ABS ECU,则必须借助仪器对其进行编码,这样ABS控制系统才能正常工作。

在变速杆护套下找到16针的OBD—Ⅱ诊断插座,与检测仪器连接好后,打开点火开关,进入“防抱死制动系统”。通过查询版本号,果然发现屏幕显示的控制单元的coding和wcs为“00000”,而MK20—Ⅰ型系统的coding为“04505”。选择“控制单元编码”功能,待屏幕显示

“输入编码”后，按数字键输入“04505”，确认后控制单元的编码即可完成。通过操作仪器重新选择“查询电脑版本号”功能，看到屏幕显示的 coding 号与输入的编码一致。关闭点火开关，然后再打开，ABS 警告灯点亮约 3s 后熄灭。进行路试，ABS 恢复正常功能。

13. 辐射造成的桑塔纳 ABS 系统故障

1)故障现象：一辆 2001 年产桑塔纳新秀轿车，装备 AFE 发动机，行驶里程为 9 万 km 时，出现 ABS 故障灯长亮且 ABS 不起作用的故障，车主来维修站检修。

2)故障诊断与排除：接车后，先用 V. A. G1552 检测，显示“右前轮速传感器”故障记录。根据经验，首先检查了右前轮车速传感器，清除了上面的灰尘，用清洗剂把齿圈清洗干净，又检查传感器线穿过发动机室的位置，没有发现破损之处。之后消除故障码试车，故障没有排除。再用 V. A. G1552 查询故障码，仍是“右前轮车速传感器”。看来这个传感器很可能有问题，用万用表测量其电阻为 131]，在正常范围内，但故障码显示“右前轮速传感器”，于是决定更换这个传感器，更换后试车，发现故障现象依旧。

读取数据流进行分析，除了右前轮的数据跳动较快之外，车速与其他轮没有差异。想想以前修过帕萨特 B5 轿车的 ABS 也遇到过这种情况，明明故障码是左前轮速传感器，换新的又不解决问题，调整轮速传感器与齿圈的距离也不起作用，几经折腾，最后换 ABS 液压阀总成后排除故障。由于检测仪器也不是万能的，当它不能准确描述故障原因时，这就要靠我们自己动脑动手解决问题。另外传感器传输的信号到 ABS 的 ECU 内有检波等细节处理，这些地方出现故障，检测仪器也会误判，因此决定更换 ABS 液压阀总成。经排气，用 V. A. G1552 键入功能地址 07 进行编码，输入 01901 后又进行故障查询，显示无故障码。试车中，ABS 故障灯又开始闪亮，查故障码又和以前一样，这就让人困惑了。总不会是 ABS 线束有故障吧？于是开始对线路检查，无论插头、搭铁线、熔丝和穿舱处，都没发现问题。经分析，故障码是“右前轮速传感器”，而连接传感器与 ECU 的是线束，会不会线束有问题？决定更换 ABS 线束总成试试，结果故障码和现象都没改变。

原本认为简单的问题看来一点也不简单，至此维修进入困境。此车的 ABS 系统主要就有这些部分，故障问题通过以上排除步骤都应解决，可这辆车竟如此意外。坐在车内思索解决的办法，打开点火钥匙，发现 ABS 故障灯亮一会儿就灭了。但着车后灯又亮起，想了想在路试中读取的数据流，键入功能地址 08 数据流观察，除了右前轮车速稍微跳动外，速度几乎一样，看不到什么差异。分析以上的故障排除过程，要么是更换的配件有问题，要么故障是其他方面造成的。经过验证，配件质量无问题。打开点火钥匙后，过一会儿 ABS 故障灯熄灭，说明 ABS 系统在自检中没发现故障，当起动后故障灯就亮了，此时车又没行驶，难道与发动机的运转有关系？用 V. A. G1552 进入发动机 01 地址，键入功能 02 查询，无故障码，键入 08 读数据流，一切都在正常范围内。会不会受到某种干扰造成此种情况？平时手机的信号不好就有这方面原因。

汽车发动机的干扰源主要有两种：发动机和高压点火系统。观察此车的点火高压线是新的，经询问车主证实，原来此车加速时发抖，跑不起来，在外维修中换了高压线总成，过了一天就出现 ABS 灯报警的现象。

至此维修有了眉目，很有可能是新换的点火高压线阻值过低，又由于“右前轮速传感器”的线束经过点火线圈并相隔很近，高压点火辐射频率影响了 ABS 系统，故每一次检测都显示“右前轮车速传感器”故障。经换一副新的点火高压线总成后，故障果然排除。此维修实例说明，随着现代车辆中科技的广泛应用，掌握工作原理和熟练使用检测仪器是必要的，但更加需要我们动脑来修车，也应该全面检查其他方面、全面分析。“望、闻、问、切”都用上，才能更好地解决问题。

（二）帕萨特轿车制动系统故障检修实例

1. 帕萨特轿车 ABS 故障灯亮

1)故障现象：一辆帕萨特 B5 1.8T 自动变速器轿车，行驶 6 万 km，行驶中 ABS 故障灯会间歇性亮起。

2)故障诊断与排除：用 V.A.G1552 调码，有一个故障码为左前轮速传感器故障，于是更换一只新的传感器。更换后试车，行驶十几千米，ABS 故障灯又亮了，怀疑轮速传感器脉冲轮脏，于是拆下来清洗，试车 ABS 仍然点亮。重新调整轮速传感器与脉冲轮间的间隙，一般为 0.2～0.3mm，调整完后试车，ABS 灯仍亮。

怀疑线路故障，拔下 ABS 总泵上控制单元插头，发现有一个针脚凹了下去，将此针拔出来，重新插上插头，用诊断仪清码试车，ABS 故障灯未再亮起，故障完全排除。翻阅资料查询发现，该凹下的针脚正好是左前轮速传感器的针脚。

2. 帕萨特轿车 ESP 警告灯亮

1)故障现象：一辆装备 ESP 系统的帕萨特 V6 2.8 轿车行驶里程为 53000km 左右。当车辆在市区频繁踩制动踏板行驶一段时间后，ABS 警告灯与 ESP 警告灯同时报警。用计算机检查 ABS 系统，故障码为 01435(制动压力传感器 G201)。据车主反映，一个月前曾在地区级维修站更换了制动压力传感器 G201，但仍存在上述故障，接着又更换 ABS 泵、制动灯开关，当时试车正常，但行驶大约 10min 后 ABS 与 ESP 警告灯又报警。

2)故障诊断与排除：接车后，首先对该车进行计算机检测，ABS 控制单元为“3U0 614 517B ABS/ESP”，故障码还是 01435(制动压力传感器)。清除故障码后试车，确如车主描述一样，车速保持在 30～40km/h，多次踩制动踏板后出现上述故障。再次用计算机查询，故障码还是 01435，证明此故障确实存在，不是偶发性的，但该传感器以及 ABS 泵总成都更换了，为什么还是此故障呢？是不是线路出现问题呢？查找线路图后，对 G201 线路进行测量。

拔下 G201 插头，打开点火开关，测量 1 号脚与 3 号脚的供电电压在 4.2V 左右；测量 2 号脚（信号线），根据制动力大小，其电压也随着变化，证明压力传感器是正常的；再次测量线路 G201 至计算机的插脚是否通断及与正极、负极是否短路，也都正常。

G201 压力传感器已经更换多次，但没有排除故障。制动压力传感器 G201 的作用是将制动回路内的当前压力信息发送给控制单元，控制单元由此计算出车轮制动力及作用于车辆上的纵向力，如果需要 ESP 进行干预，控制单元便会利用此数值计算侧向力。没有当前制动压力值时，系统无法正确计算出侧向力的大小，ESP 功能失灵。

从上述分析来看，G201 产生的是一个制动力反馈信号，而且导线测量是正常的，又没有显示线路故障码，因此肯定是一个由其他零件引起的故障。为什么在行驶过程中频繁踩制动踏板会导致故障的出现呢？怀疑是制动灯开关损坏，但制动灯开关也更换过。接下来只有进行制动灯开关检查，最直接的方法是踩制动踏板看制动灯工作是否正常。但这种方法只能检查制动灯开关和制动踏板开关 F47 是否正常。因此，还应检测 F47 的外转电路。打开点火开关，拔下 ABS 插头，测量 ABS 泵 37 号脚时发现，轻踩制动踏板还有电压，将制动踏板使劲踩到底时才没有电压。由此证明制动灯开关位置没有调整好，所以会产生 ESP 系统没有接收到驾驶员的操作信号，也就是说没有将驾驶员操纵制动踏板的信息及时反馈给控制单元。

将制动灯开关拆下，把制动灯开关顶端拉出，制动踏板不能动，直接安装制动灯开关（旋转60°左右),再次测量一切符合要求,装复ABS泵插头,进行匹配(注:因带有ESP系统的插头拔下,打开点火开关,ABS泵的编码将变为00000)。

连接计算机打开点火开关进入ABS系统,在进行设定前车辆转向盘必须在直线行驶位置进入11,输入09597后进入07,输入04297后再进入11,输入40168后进入04,选择001进行匹配,匹配成功后,会显OK字样,装复后进行试车,故障没有出现,问题排除。仅仅是一个小小的调整,就使ESP系统的故障得以排除。在检修汽车电子系统的过程中,只有真正掌握系统的原理后,才能明白每个传感器的作用,帮助我们快速查找故障原因。

3. 帕萨特B5轿车ABS警告灯点亮

1)故障现象:一辆2001年款上海帕萨特B5 1.8T轿车在行驶中ABS警告灯突然点亮,同时ABS失效,到站进行维修。

2)故障诊断与排除:经用V.A.G1551检测仪检查,发现有一个故障码为左前轮速传感器故障。拆下左前轮速传感器,发现前端有吸附的铁粉等杂物,同时左半轴上的ABS信号齿之间有泥污。将铁粉和泥污清理干净后,清除故障码并试车,车辆恢复正常。

车辆行驶了一周后,ABS警告灯居然又亮了,经检测故障码为左前轮速传感器故障,而且这一次还增加了1个故障码,即ABS泵故障。把V.A.G1551检测仪连接好后,清除故障码再路试。反复试验过程中,当故障灯再次亮起后,检查故障存储,还是反映左前轮速传感器或ABS泵异常。

对左前轮速传感器线路进行检查,发现传感器本身线束都正常,用V.A.G1551检测轮速信号也正常。在路试的过程中,ABS警告灯突然又亮了。再次检测,发现只剩1个故障码了,就是ABS泵故障。这时如果清除故障码,在车辆不行驶的情况下,ABS警告灯并不报警,只有在车辆行驶在颠簸的路面时才报警。如果试着用工具轻轻敲击ABS泵体,ABS警告灯也报警,且此时故障码无法清除,说明ABS泵存在硬故障。

经对其周边线路进行检查,发现都没有问题,确定就是ABS泵本身故障。为了彻底搞清ABS泵本身究竟有什么问题,笔者决定把ABS泵解体检查。ABS泵本身由两部分组成,一部分是电控部分,另一部分则是机械部分。解体后,发现电控部分线路板有几处已轻微脱焊了,最明显的就是ABS泵的主电源松焊。除此之外还有一处小的松脱的焊点,经测量确定是左前轮速传感器线路,现在终于找到了故障根源。

由于通向主电源和左前轮速传感器的控制单元内部线路出现轻微脱焊的情况,因此在颠簸的路面上控制单元受到振动,发生故障的概率就会增加,而在车辆静止或平整路面上发生故障的可能性相对较少。由于主电源和左前轮速传感器线路焊点的脱焊具有不稳定性,焊点脱焊的时间和位置(或同时脱焊)具有较大的偶然性,因此,有的时候只显示左前轮速传感器故障,有的时候又因为主电源线脱焊而显示ABS泵故障,或者显示两者同时有故障。由于此车以前左前部曾经发生过碰撞,造成ABS泵电控部分外壳下部损伤有裂纹,时间久了,有少量水渗透到电控部分的线路板上,造成线路板因长期腐蚀而脱焊,因而造成线路接触不良,这才是故障形成的最终原因。

将脱焊的地方焊实后,组装好ABS泵,试车后一切正常。过一周后电话回访,ABS系统正常,确定故障已经排除。

4. 帕萨特B5轿车仪表板上的ABS/ESP故障灯常亮

1)故障现象:一辆上海帕萨特B5轿车,用户反映该车仪表板上的ABS、ESP故障灯常亮,并称一星期前就因仪表板上的ABS/ESP故障灯常亮而更换过制动灯开关。

2)故障诊断与排除：维修人员连接故障诊断仪 V. A. G1552 对车辆的制动系统进行检测，发现了“00526 027——制动灯开关不可靠信号”的故障码。利用故障诊断仪进入数据流(08)中的 005 组观察数据的变化，当用脚轻轻踩制动踏板使得制动灯刚刚点亮时，设备显示制动压力为 1.4MPa，这个数据已经远远超出了维修手册要求的技术参数(0.2MPa 以下)。根据这个诊断结果，笔者重新拆下了制动灯开关，并按照安装规范重新进行了安装。再次观察数据流中 08-005 组第 3 区的数据，已经符合维修手册的技术要求。

清除故障码后再次起动发动机，仪表板上的 ABS/ESP 故障灯不再常亮。

这个故障提示我们：在进行维修时，必须严格按照厂家维修手册的要求去做。

制动灯开关的安装方法：

①安装前先将制动灯开关外壳旋转到图 3-6 所示位置，如果零件已经在此位置就不必进行此项操作，要注意旋转前应用手先将顶杆按到底。

②将顶杆拉到最长位置，并在顶杆处涂少许凡士林或润滑油(顶杆的拉出和顶进必须使制动灯开关保持在拆卸时的位置，如果硬拉，将损坏制动灯开关)。

③将制动灯开关放到制动踏板架的安装孔内，此时顶杆会被制动踏板顶回一部分，即根据制动踏板的高度被调节到合适的长度。

④用手将制动灯开关外壳顺时针旋转 45°。

⑤用脚踩几次制动踏板，检查一下制动灯是否能够正常工作。如果制动灯能够正常工作，安装完毕；如果制动灯不能正常工作，拆下制动灯开关，检查是否由于安装不规范导致制动灯不亮，并且检查相应的线路和熔丝。

5. 帕萨特 B5 轿车 ABS 指示灯常亮

1)故障现象：一辆帕萨特 B5 轿车 ABS 警报灯常亮，制动时四轮拖印整齐。

2)故障诊断与排除：从故障现象可知，该车 ABS 不起作用。用汽车故障诊断仪 V. A. G1552 调阅 ABS 控制单元中存储的故障码，显示 00532 和 65535，含义为供电电压低和控制单元损坏。ABS 要求提供的工作电压需大于 10V，当工作电压低于 10V 时，ABS 将停止工作，一旦工作电压达到 10V 以上，系统将自动恢复工作。现在警报灯常亮，又有 00532 故障码显示，所以首先检测供电电路。该车的 ABS 电子控制单元 J104 安装在液压控制器上，通过 25 针脚连接器与外部线束相连，其中 4 号针脚通过熔丝盒的 7 号熔丝与点火开关相连，9 号和 25 号针脚由继电器盒中的 53A 和 53B 一直供电，8 号和 24 号针脚在液压泵处共用一搭铁点，18 号针脚通过仪表线束搭铁。关闭点火开关后，脱开 J104 上的线束连接器，用万用表分别测量线束侧 4、9、25 号插孔与车身之间的电压，结果是：点火开关打开时，4 号针脚与车身之间的电压为 0V，9 号和 25 号针脚与车身之间的电压为 12.4V；发动机运转时，4 号针脚与车身之间的电压仍为 0V，9 号和 25 号针脚与车身之间的电压为 13.8V。检测结果说明两点，一是 9 号和 25 号针脚电压均在正常的 11～15V 之内，二是熔丝盒的 7 号熔丝可能损坏，检查熔丝盒中的 7 号熔丝，发现该熔丝已断。更换熔丝后，清除故障码，路试时故障现象依然存在。

重新调取故障码，仍显示 J104 损坏。为慎重起见，将另一台车的 J104 装到本车上，重新编码匹配后进行路试，结果故障现象消失。于是决定换用新的 J104，安装完毕后利用故障诊断仪进行编码匹配作业：打开点火开关，按 1 键选择“快速数据传递”，输入地址码 03，选择“制动电子系统”，按 Q 键确定，按“→”选择“功能选择”，键入 07 进入电子控制单元编码页面，键入帕萨特 B5 的 ABS 电子控制单元编码 03604，按 Q 键确定，返回后选择“功能选择”，键入 05，清除故障码，按 Q 键确定，再次返回后选择“功能选择”，键入 06，按 Q 键确定，退出系统。

故障排除。确定为ABS系统的电子控制单元损坏。

6. 帕萨特B5轿车制动不灵

1)故障现象:一辆上海大众帕萨特B5轿车,踩制动踏板时,感觉软而轻,几乎感觉不到阻力。行车中制动时,停车减速慢,制动距离长。询问车主得知,该车故障是在行驶中突然出现的。

2)故障诊断与排除:根据故障现象和维修经验,判断该车可能是液压油泄漏或液压系统中存有空气。打开发动机舱盖,检查制动储液罐,发现制动液液面很低。将车辆举起,检查前后车轮制动器液压管路,发现右后制动器软管破裂。更换该软管后,加足制动液,进行排气作业。

对于安装ABS防抱死制动系统的帕萨特B5轿车,必须依靠大众专用故障诊断仪来协助完成液压系统的排气作业。其基本排气程序如下:

连接好故障诊断仪,在基本设定里用001组到016组做完排气作业,017组表示排气结束。排气作业需要三人协同操作,一人负责踩制动踏板,操作仪器;一人负责添加制动液;一人负责旋松可紧固排气螺栓。排气作业前应先进入ABS防抱死制动系统,清除所有故障码,如有故障,应先将故障排除,在确保ABS防抱死制动系统无故障存在的情况下,才可以进行下面的操作。

①选择基本设定功能,输入001通道。

a. 按照提示:踩下制动踏板并且保持住,松开两前轮排气螺栓。

b. 踩下制动踏板10次,锁紧排气螺栓。

②选择基本设定功能,输入002通道。

a. 根据仪器提示操作。

b. 踩下制动踏板10次,锁紧排气螺栓。

③输入003通道,重复2)的①、②步骤。

④4至16步骤与3)相同。

⑤输入017通道,结束排气程序。

在排气作业时应注意,只能按照001组到017组的顺序递增操作,中间不能跳跃任一组。若感觉空气还没排干净,行车15km以后,重复1~17步骤。作业过程中要始终保持储液罐中制动液的液面高度。

诊断结论为制动液泄漏,更换破裂的制动软管,排除系统内的空气,故障排除。

(三)宝来轿车制动系统故障检修实例

1. 宝来轿车轮速传感器电线故障导致ABS灯报警

1)故障现象:行驶中ABS灯报警,下一次再起动,ABS控制单元自检后该灯又熄灭。

2)故障诊断与排除:查询ABS控制单元,故障码是00290,左后轮速传感器G46电路故障。拔下G46的插头,测量G46的电阻是1.1kΩ(规定值是1.0~1.3kΩ),测量传感器两条电线导通,两条电线之间绝缘良好,每条电线对地、对正极绝缘良好。初步判断是ABS控制单元故障,试更换ABS控制单元,但试车中却出现ABS灯持续报警,查询故障码仍是左后轮速传感器故障。

ABS警告灯由偶发报警发展成持续报警,这样对查找故障原因非常有利。用上面方法再测量一遍,结果与上一次不同,左后轮传感器的白色线与地之间存在15Ω电阻,故障原因找到了。用双手搓揉能看到的线束,白色线与地之间的15Ω电阻仍然存在。左后轮速传感器电线属于中央线束,这个线束非常大,连接着前后照明灯光、仪表盘、主继电器盒等,如拆下线束检查或更换线束需要拆装很多部件，修理费用非常高。

为满足用户节省费用的要求，将左后轮速传感器的白色线在计算机插头处和传感器插头处剪断，直接拉一条电线代替白色线，从发动机室穿入驾驶室，再从驾驶室的地板向下穿出接至左后轮速传感器插头。经试车和电话跟踪，ABS 灯再未出现报警现象。

2. 宝来轿车加装破坏线束导致 ABS 灯报警

1)故障现象：宝来 1.8，行驶里程 6500km。ABS 灯、制动系统警告灯同时报警。查询 ABS 控制单元无法进入，其他控制单元均可以进入。

2)故障诊断与排除：此种现象的原因有：①因熔丝、插头或线路故障使得 ABS 控制单元得不到 30 号线(长期火线)、15 号线(钥匙火线)电压；②ABS 控制单元的接地线不良；③ABS 控制单元本身有故障。

拔下 ABS 控制单元插头，测量 30 号线供电正常，负极接地线良好。当打开点火开关后测量 15 号线对地无电压，检查对 ABS 控制单元供给钥匙火线的 S9 号熔丝正常。于是查找线路，当拆下熔丝盒时发现，在熔丝盒后边的一根电线上后来加装了一根电线，加装处缠有胶布，解开胶布发现原车电线的绝缘皮被剥开，铜丝被折断，这根被折断铜丝的电线正是对 ABS 供电的 15 号线。

将折断的铜线拧在一起焊接，ABS 控制单元可以进入了，清除因断电而存储的故障码，ABS 灯报警解除。

3. 宝来轿车 ABS 故障灯时常亮起

1)故障现象：一辆宝来 1.8T 轿车，据车主反映 ASR 故障灯时常亮起，打开点火开关，有时故障灯能熄灭，有时不能熄灭。

2)故障诊断与排除：接车后，先查阅电路图。然后连接解码器 V.A.S5051，打开点火开关，输入 03 进入 ABS 控制单元，选功能 02 查询故障，存储器显示发动机控制系统有故障。

进入 01 发动机控制系统，选功能 02 查询故障存储器，显示故障码为 16486(空气流量计 G70 信号太小)。笔者怀疑是进气系统密封不严，检查进气系统密封性。使发动机怠速运转，连接 V.A.S5051 进入 01 发动机控制单元，选功能 08 测量数据块，输入 001 查看第 1 区，发动机怠速转速为 760r/min(转速略低)。将清洗剂喷在空气流量计、节气门、进气管及喷油器周围，发动机怠速转速无变化，说明进气系统不漏气。输入 002 查看第 4 区的进气量为 3.4g/s(进气量略少)。检查空气流量计与发动机控制单元间导线是否断路或短路。关闭点火开关，将检查盒 V.A.G1598/31 连接到控制单元线束上，不接发动机控制单元，拔下空气流量计的 5 孔插头，用万用表 V.A.G1526 测量空气流量计相关触点及插口的阻值为 1.1Ω，正常，导线之间电阻为无穷大，也正常。再检查空气流量计的供电情况。拔下空气流量计的 5 孔插头，用万用表 V.A.G1526 接到插头触点 2，测量与发动机搭铁间的电压为 12.65V，正常。

再测量发动机给空气流量计的供电情况。打开点火开关，用万用表 V.A.G1526 测量插头触点 4 与发动机搭铁电压为 4.9V，正常。读取数据流 003 时，发现节气门开度为 3.6%，然后参考维修资料得知该数据应为 0.2～4.0%，因为 3.6%接近数据范围的上限，故清洗节气门。连接 V.A.S5051，打开点火开关，进入“01 发动机控制单元”，选功能 04 做基本设定，进 060 通道，设定“OK”。车辆怠速运转，重读节气门开度为 0.8%，试车后故障排除。

4. 宝来轿车 ABS 警告灯常亮(1)

1)故障现象：一辆宝来 1.8T 轿车，ABS 警告灯常亮。

2)故障诊断与排除：利用 V.A.S5051 分别对发动机电控系统(地址 01)、自动变速器(地址02)及ABS控制系统(地址03)进行系统检查,结果只在ABS控制系统中有故障存储,故障码为01486(System Control Test Activated),无法清除,而此故障码的含义为ESP系统检测启动。ESP系统检测启动通常都是路试时检测ESP元件的可靠性的,包括转向盘转角传感器G85、横摆速率传感器G202及压力传感器G201,当出现这个故障码时,表明ESP系统检测没有完成。另外,ESP系统检测启动多是在更换ESP部件后才需要做的基本设定(03—04—093,这个码一般是不会自动出现的)。于是询问车主,得知车最早出现的故障是行驶中ESP(ASR)报警灯K155报警,到服务站检查,诊断是转向盘转角传感器G85机械故障,换新件后,ESP(ASR)灯熄灭,ABS灯却常亮了。根据获得的信息,首先对与ESP系统相关的部件进行了检测,读取数据,结果是各元件均是正常的,G85、G201、G200(横向加速传感器)都能做零点平衡。但是重新做路试设定时仍无法清除故障。对ABS控制单元断电,多次起动着车都未能使ABS灯熄灭。最后判定故障为ABS总成内部问题。更换ABS总成后故障未再出现。

需注意的是更换带有ESP功能的ABS控制单元总成,除需对ABS做基本设定外,还要对G85、G200、G201做零点平衡,方法如下:

G85的零点平衡:

①在平直路面上短距离试车,以不大于20km/h的速度行驶。

②检查转向盘是否正中(可通过读取数据004组1区是否为0.0°判断)。

③停车做基本设定03—04—060(此时ABS、ESP灯均点亮,06退出)。

G200的零点平衡:将车置于水平地面,打开点火开关ON,做基本设定03—04—063。

G201的零点平衡:不要踩踏板,进入03—08—005组检查1区是否在±700kPa,做基本设定03—04—066。

如果只是单独更换G85、G200、G201中任一部件,只需对此部件进行零点平衡即可。

另外在做设定时,需要登录才行(03—11—输入40168之后再做)。

5.宝来轿车ABS警告灯常亮(2)

1)故障现象:宝来1.8TAT轿车,使用中ABS灯常亮。

2)故障诊断与排除:用V.A.S5051分别查询发动机、自动变速器及ABS计算机,发现ABS计算机存储故障码1个:01486,ESP工作检查已起动,是永久故障,无法清除。

此故障码的含义为,ABS计算机检测ESP系统的相关元件,包括G85(转向盘转角传感器)、G200(侧向加速度传感器)、G201(制动压力传感器)、G202(横摆角速度传感器)等,当检测出问题就会存储故障码"ESP工作检查已起动"。这个故障码一般出现在更换ESP部件后,未做基本设定。询问车主得知,此车最早在行驶中ASR/ESP灯K155报警,到服务站检查,诊断是转向盘转角传感器G85机械故障,更换G85后,ASR/ESP灯熄灭,ABS灯却常亮了。

对ESP系统相关的元件进行读取数据、检测,各元件均正常,对G85、G200、G201都能做零点平衡,但路试又储存01486故障码。对ABS控制单元断电,多次起动着车都不能使ABS灯熄灭。最后判定ABS计算机有问题,更换后按照维修手册对ABS做基本设定,对G85、G200、G201做零点平衡,经试车故障排除。

6.宝来轿车侧翻事故修复后ABS警告灯常亮

1)故障现象:一辆2002年产宝来1.8L手动变速器轿车。该车为侧翻事故车,修复后发现ABS警告灯常亮。

2)故障诊断与排除:接车后,先用V.A.G1552进"03"地址码(ABS),测得故障码为00290,即左右ABS转速传感器G46电路故障,用万用表测两轮车速传感器阻值,相差不大,清洗传感器探头并装复后，该故障码无法清除。

用万用表分别测两后轮车速传感器插头电压，发现在关闭点火开关情况下，左后轮传感器的一根黑色线与负极有 10.2V 电压，断开 ABS 控制单元插头，测得左后轮传感器线无搭铁及断路情况，于是初步断定为 ABS 控制单元损坏。

换入新的 ABS 控制单元，测得 G46 传感器线路仍有 10.5V 电压。于是将 ABS 控制单元插头拔下，用 LED 灯测 37 号脚有弱电流(线束两头都断开)，难道是中部与其他常电源有相连处？这样的概率是很小的，考虑到是事故车，只得拆线检查，当拆到左后门边压条时，发现 G46 一根黑色线和一根绿白线被压条塑料卡子压破，两线有轻微的跨接，因此有如此弱电流。将线路重新包扎好，清除故障码，试车，一切正常。至此，该故障被排除。

7. 宝来轿车轮速传感器信号弱导致轻踩制动 ABS 就起作用

1)故障现象：宝来 1.8 轿车，行驶里程 4 万 km。车速低时轻踩制动踏板，感觉踏板反弹，意味 ABS 正在起作用，直到停车前制动踏板都在反弹。

2)故障诊断与排除：经检查 ABS 系统正常，轻踩制动车轮，没有抱死现象，怀疑轮速传感器误报，经拆检发现右前轮轮速传感器与齿圈之间的间隙不一致，在某一角度间隙偏大。

ABS 轮速传感器是磁感应式，向控制单元提供交变电信号，信号强度等于磁场强度乘上磁场变化率(与车轮速度有关)。当传感器和齿圈的间隙过大，车速小于 20km/h 时，传感器输出的信号幅值变小，导致 ABS 控制单元不能识别，控制单元误认为右前轮抱死，所以 ABS 会起作用。更换带有齿圈的轮毂，故障排除。

8. 宝来轿车 ASR/ESP 警告灯常亮

1)故障现象：一辆 2004 年产的宝来 1.8T 手动挡轿车，行驶里程为 2.3 万 km。根据车主讲述，此车曾被朋友借用一天，送回后隔了一天，发现仪表 K155 警告灯点亮。

2)故障诊断与排除：连接 V.A.S5051 诊断仪，进入地址 03，查询故障码为 00778，故障码含义为转向盘转角传感器 G85 损坏。一般来说，转角传感器本身有损坏的可能性，但应不会太大。本着由简至繁的原则，首先决定对此车的转向系统进行基本检查。

在检查过程中，发现此车的转向拉杆有一侧已经弯曲变形。将弯曲的转向拉杆更换，并经四轮定位调试后，用仪器清除故障码，结果清除不掉。这时根据 V.A.S5051 更换转向盘转角传感器 G85 后进行零点平衡的方法，使用仪表直接进入 03—09—004 组 1 区，将转向盘转到 0.00 后，退出，进入 11 登录。输入 40168 后进行基本设定 04—060，然后退出。K155 警告灯熄灭。后经电话回访，车辆使用正常，故障彻底排除。

此车产生 00778 故障码的原因，是外力造成转向拉杆左右侧的单边前束不正确。在直线行驶过程中，转向盘转角传感器偏向一侧，偏离 G85 初始化的零点位置。ESP 控制单元根据转向盘转角传感器、横向加速度传感器反馈的数据始终不能正确对应，这时控制单元认为转向盘转角传感的位置存在问题，于是点亮 K155 警告灯，存储故障码 00778。

如果此车当时查不出转向拉杆弯曲，而直接更换 G85 并用仪器进行零点平衡，则 K155 警告灯也会熄灭。但行驶一段时间后，警告灯会再次点亮，造成返修。因此，如遇 00778 故障码，应首先检查转向系统本身是否有故障(如转向拉杆弯曲、两侧拉杆调整不当等)，以免造成不必要的麻烦。

9. 宝来轿车空气流量计损坏导致 ASR 灯报警(1)

1)故障现象：宝来 1.8T 轿车，行车中 ASR 灯点亮，按 ASR 按钮，该灯也不熄灭。停车熄火，打开点火开关，ASR 灯不亮了，但行驶几分钟，该灯又点亮。

2)故障诊断与排除：连接 V. A. G1551 查询制动系统计算机，储存一个故障码：01314，发动机控制单元部件损坏。查询发动机计算机，储存两个故障码：16486，空气流量计 C70 信号太小(偶发故障)；17963，增压压力超过最大值。

在光滑道路狠踩加速踏板时，ASR(也称 TCS)可能被触发。ASR 发挥作用时，ASR 灯点亮进行提示，ASR 作用完成后该灯自动熄灭，如果 ASR 常亮，则说明系统有故障。检查 ASR 灯报警应知道：①ASR 与 ABS 是两个作用不同但有联系的系统，ABS 灯报警同时失去 ASR 作用，而 ASR 灯报警时，ABS 仍正常工作；②当驱动车轮打滑时，ASR 系统通过减小发动机的动力输出和施加制动力，避免车轮打滑，所以当 ASR 灯点亮时，同时感到发动机加速无力；③因 ASR 系统与发动机密切相关，当发动机出现电控系统某元件损坏、工作不正常等引起发动机动力不足的故障时，都会造成 ASR 灯点亮。

诊断 ASR 灯报警的步骤是：①查询发动机计算机是否储存故障码 16486(空气流量计信号太小)，查询 ABS 计算机是否储存故障码 01314(发动机控制单元存有故障)；②查询发动机编码是否正确，1.8/1.8T 装备手动变速器的应为 04500，装备自动变速器的应为 04530，如编码错误，会导致 ASR 灯报警；③检查节气门体是否脏污，可用 V. A. G1551 进入 01—08—003 读第 3 区，若超过 4%，说明节气门开度过大，必须进行清洗并做基本设定，大多数车经清洗节气门故障可排除；④空气滤清器太脏，导致空气流量计信号太小，需更换空气滤清器；⑤空气流量计过脏、损坏或插头接触不良，需清洗、更换空气流量计或更换线束；⑥空气流量计后面的进气歧管漏气。

检查该车发动机，发现计算机编码正确，节气门体不脏，试更换空气流量计，故障排除。

10. 宝来轿车空气流量计故障导致 ASR/ESP 灯报警(2)

1)故障现象：宝来 1.8AT 轿车，用户陈述在行驶中 ASR 灯总是点亮。

2)故障诊断与排除：首先试车，快速起步或急加速时 ASR 灯 K155 点亮，说明 ASR 系统正在工作。但 ASR 系统工作结束后，ASR 灯仍不熄灭，此时关闭 ASR 开关，该灯也不熄灭，只有关闭点火开关后重新起动发动机，ASR 灯才熄灭。查询发动机控制单元，存储故障码 1 个，18056 数据总线故障。读取数据块显示组 125“数据总线信号”，显示区 1、2、3 都显示“1”，说明发动机控制单元与自动变速器、ABS、组合仪表控制单元的通信正常。将故障码 18056 清除后试车，没有重新存储。读取数据块显示组 002 的第 2 显示区，发现发动机负荷为 28%(规定值为 10%～25%)。

发动机负荷这个百分数是控制单元根据吸入空气量、节气门开度、发动机转速计算出来的，空气流量计有故障会影响这个百分比，这个数值不正确可能会引起 ASR 灯报警。

试更换空气流量计，读数据块 002 组第 2 区发现发动机负荷变为 18%，试车发现 ASR 灯不再报警。将车交给车主，经电话跟踪，上述故障一直未发生。

11. 宝来轿车 ASR 警告灯常亮

1)故障现象：宝来 1.8T 轿车在正常行驶过程中，出现 ASR 警告灯点亮故障。关闭点火开关后，再次起动，警告灯熄灭。行驶几天或更长时间，警告灯再次点亮。

2)故障诊断与排除：ASR 是 ABS 系统的组成部分，发动机 ECU 与 ABS 之间通过 CAN 总线相连，进行数据传输。ASR 的作用是通过发动机管理系统干预和制动车轮，防止驱动轮打滑。

利用 V. A. G1552 进入 ABS 系统读取故障码，有一“识别发动机控制单元故障”记录。读取发动机系统故障码为“空气流量传感器 G70 信号过低(偶发故障)”，这说明 ASR 警告灯点亮的原因在于发动机控制系统，而不是 ABS 系统。

本着由简到繁的原则，将其他车上性能正常的 G70 空气流量传感器换到故障车上，进行路试，监测 G70 信号变化，经长时间监测发现，G70 信号值在放松加速踏板进入怠速工况时，有过数值低于 2.0g/s 的现象，达到 0.8～1.8g/s，但此时无故障码存储，行驶正常。标准范围值是 2.0～5.09g/s，其他正常车辆热车怠速时空气流量传感器值为 2.2～2.4g/s。因故障再现需几天或更长时间，说明 G70 信号过低只有超过一定值或一定次数，故障码才能被记录存储，既然装上正常的空气流量传动器，显示值也不在标准范围内，说明故障根本原因不在空气流量传感器本身。

出现此类故障的车有一共性，即行驶里程不长，均在 1.5 万～3 万 km，怀疑是因保养不及时、不到位造成的。曾先后更换了空气滤清器、汽油滤清器及火花塞，故障依旧。最后在拆检节气门体时，发现节气门体结了一层厚厚的油泥，彻底清洗节气门体，暖机后重做基本设定，空气流量传感器稳定在 2.2～2.4g/s，试运行两周，跟踪回访证实 ASR 灯不再点亮，故障彻底排除。

通过对几辆同类故障车辆进行清洗节气门体前后的怠速数据对比，发现节气门体油污造成 ASR 警告灯亮的故障也是有规律可循的，即 ASR 灯亮伴有 G70 信号过低故障码，同时数据中点火角明显偏大。

数据分析如下：

空气流量传感器：故障车 1.8～2.2g/s，正常车 2.2～2.4g/s。

负荷百分比：故障车 14.2%～15.1%，正常车 16%～18.7%。

喷油脉宽：故障车 1.7～2.0ms，正常车 2.0～2.3ms。

点火提前角：故障车 12～18V.0T，正常车 6～12V.0T。

宝来 1.8T 轿车装有涡轮增压装置，由于增压器内部油封磨损，进气管中易存少量机油（曾遇过行驶里程 4.8 万 km 的 1.8T 宝来轿车，从其冷凝器倒出近 1L 机油的情况），时间一长造成节气门体过脏，致使进气截面积减少，进气量少。因系统为闭环控制，为保持怠速稳定，控制单元将节气门开度调大，保证怠速工况下进气量，但此时实际进气量未随节气门开度增大而增大，控制单元将该节气门开度下存储的进气量与实际进气量比较，认为空气流量传感器信号偏低，当达到一定次数或数值后，报空气流量传感器信号过低故障，同时控制单元根据喷油脉宽判定负荷减小，加大点火提前角。

12. 宝来轿车 ABS/ASR 故障灯闪烁

1）故障现象：一辆宝来 1.8T 轿车的 ABS 和 ASR（电控防滑装置）的故障灯亮，同时制动警告灯也不停地闪烁。

2）故障诊断与排除：用 V.A.G1552 对 ABS 和 ASR 系统进行诊断，发现 V.A.G1552 不能进入诊断系统。V.A.G1552 进不了这两个系统，检查故障就比较困难。但是进不去 ABS 和 ASR 系统，也许可以进其他系统。试着用 V.A.G1552 进入发动机系统，成功了。发现该系统内有一个故障码 18057，即数据总成缺少来自 ABS 控制单元的信息。

初步分析，造成此故障的主要原因有两个：一是 ABS 和 ASR 系统电源线或搭铁不良；二是 ABS 和 ASR 系统控制单元故障。先检查蓄电池上的 7 个主熔丝，分别是：S178/S179（30A）——ABS 制动系统熔丝；S180（30A）——空调风扇熔丝；S162（50A）——二次空气泵熔丝；S163（50A）——燃油泵继电器供电熔丝；S164（40A）——组合仪表熔丝；S176（110A）——内部装备供电线熔丝；S177（110A）——发电机熔丝。检查发现，蓄电池主熔丝外部的一个插接头松动，而ABS制动系统的电源线正好从熔丝经此至ABS制动系统控制单元。将插接头固定牢固，故障排除。

宝来的各控制单元之间通过两根CAN总线电缆连接，总线的作用是数据传输和分配系统，这种结构与其他车型控制单元之间通过多根电缆连接或某些控制单元间不相互连接不同。各控制单元通过两根电缆可以使数据按顺序传给相应的控制单元，控制单元通过总线进行通信，以交换数据。该例故障即是如此，ABS和ASR控制单元因工作电源中断，用V. A. G1552无法将其故障信息读出，而此时通过CAN总线，可以从发动机控制单元中读出信息，最终将故障排除。在排除此类故障时，要善于借助CAN总线的这一功能，快速诊断出故障。

13. 宝来1.8制动液位传感器导线故障导致制动灯报警

1)故障现象：行驶一段时间或者在颠簸路上，仪表盘的制动灯K118报警。

2)故障诊断与排除：首先检查驻车制动指示灯开关四，用万用表检查驻车制动杆抬起和放下的情况，开关能闭合和断开，排除19存在故障。再测量仪表通往四开关的导线，导线阻值符合规定值，电压供应也正常，说明线路无故障。K118制动灯还受制动液面触点开关F34控制，于是测量制动液面触点开关F34，正常。测量K118的2孔插头中火线的供电情况，火线只有零点几伏的电压，正常电压为12V。测量制动液位传感器F34的2孔插头中1针到仪表插头T32/29之间的导线阻值，电阻值为173.9Ω。插头T32/29到制动液位传感器的导线电阻不应该如此之大，所以才导致K118制动灯闪亮报警。

检查这条导线，找到折断处，经连接处理再测量这条导线电阻值为0.1Ω，在正常范围内，制动灯K118熄灭，故障排除。

14. 宝来轿车辅助制动真空泵长期不停动作

1)故障现象：一辆2004年宝来1.8L舒适型轿车，车主行车中发现车下传来异响。修理工试车发现辅助制动真空泵长期不停动作，偶尔也会停转几分钟。

2)故障诊断与排除：宝来装配了可控式真空泵，发动机控制单元根据发动机负荷、转速、节气门位置以及制动灯开关信号，计算出制动助力器的压力，然后与发动机控制单元中的进气歧管压力模型进行对比，决定是否开启真空泵。该车异响可能就是可控式真空泵的某个环节有了故障。

连接V. A. S5051，进入01地址，用02功能读取故障码，显示有3个不能清除的永久性故障码，分别为油箱通风阀N80故障、空气流量计G70故障和氧传感器加热器故障。

检查发现，该车自行加装了防盗器和倒车雷达，并且防盗喇叭被一个长长的螺钉固定在防火墙上，过长的螺钉刺进发动机电控单元的主线束丛中，并使其中一根线破皮搭铁。

查阅电路图得知，这根线是空气流量计、油箱通风阀和氧传感器加热线圈供电电源，3根线共用1个熔丝S243，经检查熔丝已熔断。

熔丝熔断之后，导致空气流量计、油箱通风阀和氧传感器加热线圈无工作电源。如果发动机电控单元接收不到负荷信号(空气流量计信号)，并且在和标准数据对比后，会认为制动器内真空压力不足，于是控制辅助制动真空泵工作，从而导致上述故障。

重新包扎整理线路，之后起动试车，故障码均能清除，且不再重现，辅助制动真空泵也不再频繁动作，故障彻底排除。

(四)捷达轿车制动系统故障检修实例

1. 捷达轿车ABS灯报警

1)故障现象：捷达AT轿车ABS灯报警。

2)故障分析与诊断:用 V. A. G1552 查询 ABS 系统故障码是 01276——电动机 V64 故障,偶发性。

分析此故障的原因有三条:①回流泵电动机熔丝熔断或接触不良,造成有时导通,有时断路。捷达非优化电路车的该熔丝安装在继电器盒的上方,优化线束车的该熔丝安装在蓄电池上方,代号 S178。②控制单元中驱动回流泵的电路故障。③回流泵电动机故障。首先检查第一条,发现继电器盒左上方的回流泵 30A 熔丝与熔丝座接触不良。将熔丝座清洁,更换熔丝后插牢,故障消失。

2. 捷达轿车前制动片异响

1)故障现象:捷达 CT 行驶里程 11 万 km。轻踩制动踏板减速,听到"吱吱"响。

2)故障诊断与排除:制动片"吱吱"异响的原因有两个:一是制动盘与摩擦片之间有砂粒,二是摩擦片材料中含有坚硬物质。当砂粒磨掉后,异响会自动消失,如果摩擦片含有坚硬物质,则是制动片质量问题,不仅轻踩制动踏板时出现异响,还会使制动盘早期磨损。检查发现两前轮制动盘有很深的划伤沟槽。更换两前制动盘、制动片,异响消失。

3. 捷达轿车后轮拖滞

1)故障现象:捷达 GiX 行驶里程 100km。左后轮制动蹄不回位,车轮转动困难,制动鼓发热。

2)故障诊断与排除:捷达车后轮制动片与鼓的间隙是自动调整的,制动鼓转动时,制动蹄向内缩,从而压动大头楔向上动作,使制动片与鼓的间隙变大。当踩下制动踏板时,制动蹄外涨,大头楔靠弹簧的作用向下动作,使制动蹄与鼓的间隙变小,这就是自动调整间隙过程。这辆车的故障原因,就是大头楔只往下动作而不往上动作,使制动片与制动鼓的间隙越来越小。

有些车可以反复拉两次驻车制动,使制动片向外张,当制动片与鼓接触后,挤动大头楔向上动作;松开驻车制动后,车轮就可转动自如了。但有些车后制动蹄过软变形,只有更换制动蹄才能解决问题。更换制动蹄,试车,故障排除。

4. 捷达轿车制动片磨损不均

1)故障现象:捷达 GTX 行驶 2 万 km 后,发现踩制动踏板有异响。

2)故障诊断与排除:在检查中发现,左轮制动片的厚度与右轮制动片厚度相差很多,左前轮片的厚度为 3mm,右前轮制动片的外片已经磨到了衬铁,而内片却与左前轮的厚度相同。可能是由于制动泵支架伸缩杆变形造成的。更换后制动泵支架及制动片后,故障消失。

5. 捷达轿车 ABS 灯报警

1)故障现象:捷达 GiX 行驶中 ABS 灯有时报警。

2)故障诊断与排除:用 V. A. G1552 查询 ABS 系统,故障码是 G47——左前车轮轮速传感器故障,并显示偶发。测量左前轮速传感器的电阻值正常,清洁左前轮速传感器,清除故障存储。路试中阅读数据块,观察四个轮速数值,当车辆颠簸时,发现左前轮速信号出现中断。

分析左前轮速信号中断的原因,有三条:①轮速传感器插头接触不良,信号线存在断路或者短路故障;②信号齿圈损坏,导致传感器与齿圈的间隙过大;③控制单元故障。将车辆举升,起动发动机挂挡运转,当抖动储液罐下方的 ABS 线束时,左前轮速信号出现时断时通。将线束保护层去掉,对故障点进行处理,故障排除。

6. 捷达轿车轻踩制动踏板有异响

1)故障现象:捷达 AT。轻踩制动踏板时,车下部发出"咔、咔"响声。

2)故障诊断与排除:经试车认为,异响是防抱死制动系统存在故障所致。感觉是防抱死制动提前起作用，是液压控制单元内部电磁阀错误工作造成的。用 V. A. G1551 查询 ABS 控制单元，没有故障码存储。阅读 ABS 系统数据块中各项数据，在行驶及发生故障时，各车轮的轮速均正常，其他数据也正常。于是从检查 ABS 系统的各部件入手，在检查到左前车轮转速传感器齿圈时，发现齿圈受过碰伤，有部分齿向内侧凹进。原来该车左前轮齿圈碰伤后向内侧凹进，导致传感器与齿圈间隙增大。在车辆较低车速轻微制动时，轮速传感器转到齿圈的碰伤部位，不能感应出轮速信号，ABS 控制单元便认为该车轮抱死，于是发出指令，使电磁阀及回流泵工作。ABS 电磁阀和回流泵不正常工作，使我们误认为车辆底盘发出异响。在车辆高速行驶时，由于 ABS 系统各部件工作频率很快，而且传感器在碰伤部位经过的时间变短，因此上述现象不明显。齿圈碰伤可能是安装时人为造成的，也可能是行车时有异物溅入齿圈所致。将左前轮换上新齿圈，故障消失。

7. 捷达轿车不能进入所有电控单元

1)故障现象：捷达 GiF 气囊报警灯报警，用 V. A. G1551 进行检测，发现不能进入安全气囊控制单元，同时发动机控制单元、防盗器及 ABS 控制单元均不能进入。

2)故障诊断与排除：用 V. A. G1551 进行检测时显示：诊断信号线不良，不能进入。将 1551 连接到另一台车上，能够顺利进入各系统，说明诊断仪本身和诊断线均正常。

所有控制单元都不能进入的原因有三条：①诊断仪或诊断线故障；②某个控制单元的自诊断电路或 K 线接口故障；③连接各控制单元到诊断座的 K 线故障。第一条原因已排除，第二条原因可以用断开控制单元的方法，鉴别有故障的控制单元。第三条原因可以将所有控制单元拔开，将诊断座的 K 线集中点断开，用万用表电阻挡测量每条 K 线是否有对地断路、对正极断路的故障。本着先拔容易拔的控制单元为原则，首先拔开发动机控制单元未见效，再拔开 ABS 控制单元，用 V. A. G1551 进入防盗器控制单元，然后插回发动机控制单元，则也能进入。此种现象说明 ABS 控制单元有故障。更换 ABS 控制单元，试车，故障消失。

（五）奇瑞轿车制动系统故障检修实例

1. 奇瑞 ABS 故障警告灯无法点亮

1)故障现象：该车配置单点燃油喷射发动机系统和手动变速器，行驶里程约为 12 万 km。打开或起动发动机之后，仪表板的 ABS 故障警告灯一直熄灭，在车辆行驶过程中进行紧急制动，ABS 系统不起作用。

2)故障诊断与排除：查看 ABS 系统的配置形式，是比较常见的 MK20 型 ABS 系统，可以选取大众车系的诊断菜单进行诊断。对 ABS 系统进行自诊断，结果没有故障码。为了检查 ABS 系统的自检功能是否正常，拔下右前轮车轮转速传感器的线束插头，重新进行自诊断，结果有一个故障码 00285，内容为右前轮转速传感器故障，说明 ABS 控制模块的自诊断功能是正常的。ABS 故障警告灯无法点亮应该与仪表板有关。拆下仪表板进行检查，发现电路板有烧损现象。将仪表板更换掉，清除故障码，起动发动机，ABS 故障警告灯不停地闪烁。重新进行自诊断，却没有故障码。

会不会是 ABS 控制模块编码错误呢？于是查看编码数据，结果为 00000，说明 ABS 控制模块没有编码。输入编码号 01901，确认后退出诊断仪，起动发动机，ABS 故障警告灯正常熄灭。进行路试，确认 ABS 系统恢复正常。

如果更换 ABS 控制模块之后没有进行编码或编码错误，那么 ABS 故障警告灯会异常点亮，但 ABS 控制模块有可能不记录故障码。因此在检测时要特别注意：如果故障码查询结果正常，而 ABS 故障警告灯处于闪烁状态，那么要重点检查 ABS 控制模块的编码数据，如果不能确定编码数据是否正常，应对编码表或与相同车型进行对比，然后输入正确的编码。

2. 奇瑞ABS故障警告灯间歇点亮

1)故障现象：车辆行驶中ABS故障警告灯间歇点亮。车辆停置一段时间后，故障症状会消失。故障反复出现，没有规律性。

2)故障诊断与排除：该车ABS系统具有EDS功能。使用诊断仪对ABS系统进行自诊断，结果有一个故障码01044，内容为ABS控制模块编码错误。查看ABS控制模块的编码，没有问题。清除故障码，ABS故障警告灯熄灭。进行路试，故障再次出现。查询故障信息，仍为故障码01044。拔下ABS控制模块的线束插头，检查电源线和搭铁线，没有发现异常现象。对中央电器盒进行检查，找到中央电器盒右侧的14针线束插头，该线束插头的11号端子与ABS控制模块的诊断线相连。将诊断线进行跨接，用绝缘胶布包扎好。接上诊断仪，打开点火开关，清除故障码。进行路试，故障消失。ABS控制模块的编码正常但会产生相关故障码，这种情况有可能是线路中的电磁干扰引起的。将诊断线重新进行连接，使之连接可靠，消除电磁干扰，故障就能够得到排除。

3. 奇瑞轿车ABS灯偶尔点亮

1)故障现象：奇瑞轿车在行驶中ABS灯亮起，但有时发动机熄火后再起动发动机，ABS灯又不亮了。

2)故障诊断与排除：打开点火开关，ABS灯点亮，几秒后正常熄灭，起动着车，ABS灯亮一下后又熄灭属正常现象。找了一段较为宽敞、平坦且车辆较少的路面，将车提速到50km/h时，将制动踏板踏到底，能明显感觉到制动踏板对脚的阵阵反弹，这属于ABS系统工作时正常的反应。下车看车轮无轮胎抱死拖印，说明ABS工作正常。看来该ABS故障属偶发性故障，借助诊断仪连接到熔丝盒右侧的诊断座上。该车装备的ABS系统为博世5.3版，与部分大众车系相同；如果诊断仪中无奇瑞ABS诊断程序时，可用大众诊断程序替代。进入系统后，读取故障码，右前车速传感器断路或短路，故障码被清除掉后，再检测系统，正常无故障码。会不会是传感器插头没插牢？该车前轮车速传感器线束共有两个插头，一个在传感器端，一个在控制单元端，线路较短，中间无任何插头。把两个插头做了清洗处理后装回，询问车主是否途中涉过深水，车主反映确实走过一段泥水路，由此分析有可能是涉水时插头进水短路或传感器脏污而信号不好，经过长时间行驶，插头中的水分蒸发，故障也就消失了。

让车主再驾车行驶，看故障灯是否还会亮，等亮了再检测一下。用诊断仪调出数据流，通过路试观察各个车轮车速传感器的信号数值，发现右前轮数值有时比其他车轮车速数值小，但ABS灯并不点亮，看来这属于正常范围。路试一段时间，ABS系统依然正常，可疑之处都检查完了，只有传感器及传感器齿圈没有清洗。用千斤顶把右前轮顶起来，将轮胎拆下，传感器也不算太脏，齿圈也无变形，不会有问题。就在装轮胎时，发现从车身到悬架的ABS线已被车轮磨破，两根线均已漏出铜线，向右打死转向时，车轮会再次和线束碰到一起，难免会使两根磨损的线束短路，记下故障码，直行时则不会点亮。将线用防水胶布包扎好后，重新固定好，左右来回打死转向确认无摩擦后交车。该问题至今没再出现。

4. 奇瑞QQ ABS故障警告灯常亮

1)故障现象：起动发动机之后，仪表板的ABS故障警告灯一直点亮，车辆行驶时ABS系统失效。

2)故障诊断与排除：使用诊断仪对ABS系统进行自诊断，结果没有故障码。查看点火开关电压、制动灯开关和车轮转速传感器等信号都正常。拔下ABS控制模块的线束插头，检查

ABS故障警告灯线路,没有发现短路问题。咨询车主,得知该车前期因车轮抱死故障进行过检修,更换了ABS液压单元,并且对制动管路进行排气,结果出现ABS故障警告灯常亮的故障现象。笔者怀疑新的ABS控制模块没有进行编码,于是查看控制模块版本信息,结果编码为00000。对ABS控制模块进行编码,输入N01901,按确定键,起动发动机,ABS故障警告灯熄灭。进行路试,ABS系统恢复正常。该车ABS系统失效与ABS控制模块性能不良有关,但更换后没有对新的ABS控制模块进行编码,结果导致ABS故障警告灯常亮。此类故障有共同的特征,就是ABS控制模块没有故障码,但ABS故障警告灯一直点亮或闪亮,因此要特别注意检查编码是否正确。

5. 奇瑞轿车ABS灯常亮

1)故障现象:一辆奇瑞SQR7160SL轿车,行驶3万km。车辆行驶中ABS灯突然点亮,且空调和刮水器无法工作。

2)故障诊断与排除:可能原因:①线路故障;②中央电器盒故障;③其他原因。用奇瑞专用诊断仪进入不了ABS系统,用电压表测试发现ABS诊断接口没有电压,检查线路也没有发现有异常,于是检查中央电器盒,也没有发现异常。检查电路图时发现引起该故障的可能是18号卸荷继电器内部损坏,于是更换一只新的18号继电器,故障排除。

6. 奇瑞风云轿车ABS灯突然亮起

1)故障现象:一辆奇瑞风云SQR7160EX轿车行驶了7万km,经常出现ABS灯突然亮起的现象,且该现象既出现在车速较高时,也出现在车速较低时。

2)故障诊断与排除:奇瑞风云轿车所用的ABS系统由德国西门子公司生产,可靠性较高。根据车主反映的情况,笔者首先用X—431解码器查看了存在的故障码。读出的故障码有3个:①ABS总泵工作电压超出公差范围;②31号线电压超出公差范围。③右前轮转速信号异常。

根据经验,认为“31号线电压超出公差范围”的故障不难排除,因为只有ABS控制单元的接地线接地不良才会产生此故障。取下该线后经过除锈处理,故障排除。再对故障“右前轮转速信号异常”进行分析。车轮转速传感器可能出现的故障有:①传感器内部短路、断路或接触不良。②传感器齿圈上的齿有缺损或脏污;③传感器固定不牢或磁极与齿圈之间有异物。如果是短路或断路等故障,故障码可以直接显示,所以不可能是该故障引起。于是对右前轮进行清洁处理,以便清除异物或脏污。再根据故障“ABS总泵工作电压超出公差范围”的故障码,把与ABS系统相关的插件重新插接,然后消除ABS系统存储的故障码,进行路试后没有发现故障,于是将该车交与用户。

可是两天后车主再次返回维修站,并告知维修人员,故障依然存在。再次读取故障码,发现经过上次维修,只剩“ABS总泵工作电压超出公差范围”一个故障,其他故障已经消除。

回顾上次的维修过程,所有的插件都检查过了。经维修人员再次检查也没有任何新的发现,于是笔者怀疑是ABS控制单元的故障,但是用X-431进行动作测试,一切正常,此时已经陷入僵局。

为了能够解决问题,只有让故障再次出现。笔者将故障车连接X-431上路测试动态数据变化情况,在几次制动以后故障码出现了,但相关的数据正常,立即将车辆停下消除故障码,做动作测试。此时X-431显示ABS总泵没有反应,总泵与控制系统是一个整体,如果总泵不工作,系统里没有油压,ABS将不能执行动作测试。查看ABS控制总成,其总泵电动机的电源线是从控制器内引出的,在电动机旁边有个插件,取下插件,其铜针与插件上的铜套都有些锈迹,简单处理以后,对插件内的铜套施压,以便使其充分接触。最后再做动作测试,一切正常,试车也没有再出现此故障。

7. 奇瑞QQ轿车后轮抱死

1)故障现象:一辆奇瑞QQ SQB7110轿车在行驶过程中发动机无力,后轮没有转动,只是被拖着打滑。

2)故障诊断与排除:起初怀疑是洗车后没有把水甩干,而且车辆放很久才起动的缘故。因为此机构的制动鼓进水之后容易出现蹄片发涨的现象,导致后轮抱死,于是卸下轮胎,发现两后轮确实都抱死。调整蹄片的间隙,检查了里面的弹簧都是到位的。检查之后,工作人员又询问车主是否前不久洗过车,而后又没有行驶并停放很久。车主反映确实两天前洗车后就放在车库里没有动过,于是就让车主把车开走了。

大约过了4h后,这个用户再次打来救急电话说车辆又出现了同样的问题。再次拆下轮胎,发现轮毂内只有间隙不对,除此之外没有看见任何其他的故障。可是间隙是在4h前调好的,怎么会发生变化呢?检查蹄片发现自调机构的U形叉一端有缺口。观察此机构发现,这个U形叉有缺口的一面应该与拨片接触,以便将拨片卡在缺口上。观察没有拆蹄片一边的相同位置,发现故障所在部位的拨片并不是卡在缺口的位置上。U形叉带有缺口的这一端已经被装反,拨片没有固定的卡口,而是掉在U形叉与蹄片之间的缝隙中且被卡死了,导致自调机构不能自调间隙,所以其间隙越来越小,最终造成了后轮抱死。

为了验证这一判断,首先按正确的装配方式装好被解体的一边,而对另一边只调好间隙。之后踩制动踏板,同时拉驻车制动反复操作,几分钟后没按正确方式装配的一边就抱死了,终于找到并验证了后轮抱死的原因。于是把另一边也按照正确的装配方式装配好。仔细询问驾驶员后,了解到在几天前该车曾在一个路边小维修站中换过制动蹄片,该故障的真正“导火索”竟然是人工造成的。

8. 奇瑞东方之子ABS控制器内部短路导致搭铁

1)故障现象:一辆奇瑞东方之子轿车全车多数的控制器(ABS、ECU、TCU、ISU等)无法进入诊断,只有安全气囊系统可以诊断。

2)故障诊断与排除:这个故障是在无意中发现的。当时由于发动机电喷系统的故障指示灯亮,用诊断仪检查时,诊断仪总是进不了诊断程序,以为是ECU诊断通信线有问题,按照电路图用万用表检查ECU 62号脚和诊断口的7号脚之间是否存在连接不良,检查结果一切正常。尝试用诊断仪进入ISU系统看是否能通信,结果也是不能通信;然后发现该车除安全气囊系统外,其他的控制系统都不能诊断,然而检查这些系统的通信线与诊断口的7号脚都连接正常。

由于所有的系统都不能用诊断仪进入,因此只有用万用表进行检查,从电路图可以看出所有的诊断通信线都是由控制器直接到OBDⅡ诊断口7号脚,显然这些通信线都应该不会是搭铁线,会不会是诊断口的7号线对地搭铁引起诊断仪不能进入诊断程序呢?

带着这个疑问把万用表一端接在诊断口的7号脚,另一端直接对车身搭铁,此时万用表指示电阻很小,表明诊断口7号脚搭铁,顺着这根线检查,没有发现任何磨破和搭铁的地方。初步怀疑可能是某个控制器内部与地短路,于是逐个断开控制器观察。当断开ABS控制器时,其他的控制器可以进入诊断程序了,因此断定是ABS控制器内部短路导致搭铁,造成诊断仪不能与控制器通信。

更换ABS控制器总成,全车的控制器可以进入诊断程序了,故障不复存在。将ABS控制器分解检查，发现 ABS 控制器内部二极管烧坏，造成诊断系统短路。而造成控制器内部二极管烧坏的原因可能是：该车蓄电池亏电，用其他蓄电池帮助起动，在起动的瞬间导致 ABS 控制器内的二极管击穿。因此在此特别提醒维修人员：东方之子轿车杜绝用跨接蓄电池的方法帮助起动，如果蓄电池亏电，只有更换电池，而且蓄电池的正负极接线一定要紧固妥当后才能打开点火开关。

（六）马自达轿车制动系统故障检修实例

1. 马自达 6 轿车 ABS/DSC OFF 和牵引力控制灯常亮

1）故障现象：一辆 2004 年款一汽马自达 M6 轿车，因左前轮碰撞，更换了左万向节、下支臂和左前轮胎，修复好以后起动发动机，ABS、DSC OFF 和牵引力控制灯常亮不灭。

2）故障诊断与排除：牵引力控制系统主要是根据车速信号和车轮转速传感器信号判断驱动轮在路面上的运行状态。当驱动轮在路面打滑或有打滑趋势时，通过牵引力控制执行机构自动调节驱动轮制动器制动压力，并通过压力增长、压力保持、压力降低的调节过程降低车轮转速，防止车轮打滑；同时通过副节气门执行机构适当调节节气门开度和发动机转矩。或者通过发动机控制单元对发动机燃油喷射量进行控制，减小发动机转矩等。总之，牵引力控制系统肯定与 ABS 有关，而车身稳定系统更应该包括 ABS 和牵引力控制系统，这样才有可能保持车身的稳定性。

根据以上分析，问题都集中在 ABS 方面了，在没有诊断仪的情况下，只有先从最简单的查起。举升起车辆，查看一下 4 个转速传感器，发现其外表线路都良好，没有什么破损，而左前轮虽被撞过，但传感器外表完好无损。用万用表测量各传感器电阻，发现左前轮转速传感器电阻为无穷大，而其余 3 个都为 1kΩ 左右。看来，可能就是这个问题造成 ABS、DSC OFF 和牵引力控制灯常亮了。

为了万无一失，用万用表测量新传感器电阻，大约为 1kΩ，装车后起动着车，3 个灯全灭，可试车时车辆又出现故障了。其具体表现为：在 50km/h 以内任何速度制动，制动踏板反复制动严重。正常 ABS 泵工作应该只有轻微振动，而且在速度很慢时（小于 20km/h），ABS 应不起作用。另外，当速度超过 50km/h 时，3 个灯又马上全部亮起。熄火再起动着车，灯能熄灭，但行驶速度一超过 50km/h，灯又亮起。

分析了一下，更换掉传感器以后，起动着车，灯都能熄灭。证明 ABS 控制单元在车辆静态时检测各部分电路完全正常，所以才熄灭故障灯，而当车辆行驶时制动踏板的不正常振动，可能是某个传感器输入到控制单元的信号不正常，才造成控制单元的异常控制，一旦车速达到 50km/h，这种不正常信号超过极限，于是控制单元判定为故障，又点亮故障灯。

ABS 传感器主要是 4 个车轮转速传感器，而每个车轮转速传感器依靠对应的车轮一起旋转的齿圈来产生交变电压信号。如果齿圈不好，那么正常的传感器也产生不了正常的信号。

按这种思路，检查左前齿圈，发现有一点扭曲，所有的齿只有一半对着传感器感应面，且有两个齿少了一半，大概是这个问题造成的。用锉刀把少了一半的两个齿锉好，又把齿圈往里敲一点（马自达 6 齿圈可移动），使齿圈都刚好对正传感器感应面。装好后试车，在 100km/h 制动时，制动踏板有轻微振动，ABS、DSC OFF 和牵引力控制灯再也不会亮起，故障排除。

2. 马自达轿车 ABS 系统功能失效

1）故障现象：一辆 2003 年款海南马自达轿车，用户反映该车在行驶过程中仪表板上的 ABS 故障警告灯突然点亮，ABS 系统功能失效。

2）故障诊断与排除：接车后进行试车，着车后仪表板上的 ABS 故障警告灯熄灭，挂挡行驶后故障警告灯点亮。根据该车的故障现象,笔者决定先读取故障码。但由于此款车的 ABS 系统无诊断接口,无法读取故障码,因此只能根据经验逐步检查线路和元件。

首先检查了 ABS 系统的供电,打开位于发动机室右侧的熔丝/继电器盒和仪表板左下方的熔丝盒检查 ABS 系统的熔丝,结果相关熔丝均良好。接着笔者又检查了轮速传感器,依次断开 4 个轮速传感器的插头,用数字万用表逐一测量轮速传感器的电阻,结果电阻值均在 0.8～1.2kΩ,阻值正常;举起车辆转动车轮,测量轮速传感器的输出电压正常。根据上述检测结果,初步判定轮速传感器性能良好。既然轮速传感器正常,那么会不会是轮速传感器到 ABS 控制单元的连接线束存在问题呢?为此,笔者决定检查 ABS 系统控制单元与轮速传感器间线束的连接情况。该车 ABS 控制单元位于车辆后排座椅靠背的右后方,拆下座椅找到 ABS 控制单元后,根据系统的线路图,逐一对 4 个传感器与控制单元间的连接线束进行测量,当用万用表测量 ABS 控制单元线束插接器插头的第 8、9 脚间的电阻时,发现阻值为无穷大,而第 8、9 脚为左后轮速传感器的信号输入端子,由此证明左后轮速传感器与 ABS 控制单元间的连接线束存在断路的情况。于是打开行李箱,拆下左边内衬,发现里面的黄/绿和黄/蓝两根线均被内衬磨断,此线为左后轮速传感器通往 ABS 控制单元的信号线。将此线连接好后,试车,故障排除。

3. 马自达 M6 7200AT 轿车制动灯熔丝常断

1)故障现象:一辆马自达 M6 7200AT 轿车,行驶里程为 1.2 万 km,制动灯出现了故障。

2)故障诊断与排除:询问得知,车主为此去修理厂检修,发现问题是制动灯熔丝已断。更换熔丝后,制动灯恢复正常,但车主出去不到 10min 又回来,原来制动灯又不亮了,检查发现熔丝再次熔断。根据故障现象认为是制动灯线路某个地方磨破,偶尔短路,导致该车故障。原来该车曾经被别的车辆追尾,于是将检查的重点放在车辆尾部的相关制动线束处。仔细检查两尾灯线路,没发现有破损情况,用万用表电阻挡测量也未发现异常。

接着检查了左前驾驶舱熔丝盒电路,也无异常。再插上熔丝,制动灯又恢复正常。就在认为没发现问题的时候,手无意中搭在转向盘上转了一圈,却听到熔丝盒里发出"啪"的响声,熔丝又熔断了。经检查是用户自行加装的防盗器有一条加装在制动灯上的线束,在绕过转向柱时被磨破搭铁。经改动线路走向,故障得以完全排除。

4. 马自达 6 轿车 ABS 故障灯点亮

1)故障现象:一辆 2005 年产一汽马自达 M6 轿车,行驶里程 1000 多 km。车主反映当车速达到 120km/h 左右时,ABS 故障警告灯点亮。

2)故障诊断与排除:维修人员接车后,起动发动机,ABS 故障警告灯不熄灭。连接 WDS 故障诊断仪,故障码显示左前轮速传感器信号超差。用举升机举起车辆,底盘上有很多污泥,几乎看不到半轴上的轮速传感器和靶轮了。将轮速传感器和靶轮附近的污泥清除,并检查了各轮速传感器的阻值和插头。清除故障码后进行试车,当车速达到 130km/h 时,ABS 灯又点亮了,再次调取故障码,还是显示左前轮速传感器信号超差。清除故障码,用举升机举起车辆,使车轮离开地面,挂高速挡,用示波器观察左前轮速传感器的信号,当 ABS 灯再次点亮时,示波器上显示出振幅突变的波形。

询问车主后得知,该车刚买不久后 ABS 灯就点亮了,曾经更换过 ABS 线束、ABS 泵以及轮速传感器,但是都没有解决问题。因为轮速信号是轮速传感器与靶轮相对运动产生的,于是笔者检查左前轮速传感器的安装位置和靶轮是否有变形的现象,结果均正常。用手转动左侧传动轴的内球笼,感觉间隙偏大,有些松旷。取来新的左侧传动轴总成,经过比较发现新的靶轮直径比原车的稍大。更换左侧传动轴总成后，用手转动时感觉内球笼的间隙很小。进行路试，ABS灯再没有点亮。虽然故障排除了，但是笔者仍然有些疑惑。按照常理，原厂靶轮直径不应该出现尺寸不同的情况，但是该车却是个例外。而且虽然是新车，该车左侧内球笼却有些松旷，在高速行驶时，内球笼的振动使左前轮速传感器的信号超差，ABS计算机就会存储故障码。

（七）其他轿车制动系统故障检修实例

1. 吉利轿车底盘异响

1）故障现象：吉利自由舰行驶里程4.6万km。行驶在坑洼水泥路面时，底盘右前部发出“忽喽”的沉闷异响。

2）故障原因：

①前副车架前部固定螺栓、减振器与车身连接螺栓、制动器固定螺栓等有松动异响。

②前减振器漏油导致异响故障。

③摆臂前后弹性铰接和下球头销部位松旷。

④动力转向器带横拉杆两端球头销磨损松旷。

⑤前副车架横向稳定杆压板衬套松旷。

⑥制动器总成内部零部件松旷。

3）故障诊断与排除：

①先仔细检查预紧前部各零件螺栓，确认没有松动现象。

②再仔细检查预紧前减振器与车身连接螺栓，确认也没有松动现象，且减振器无漏油、异响。

③仔细检查确认左右摆臂前后弹性铰接无松旷，摆臂下球头销防尘罩完好，球头销未见磨损、松旷。

④仔细检查确认动力转向器横拉杆总成两端横拉杆球头销无异常磨损，防尘罩完好，未见异常。

⑤仔细检查确认前副车架横向稳定杆压板衬套无松旷现象。

⑥检查制动器总成，发现右制动钳固定导销处磨损严重，间隙不当。

确定为制动器总成内部零件松旷造成本故障，更换新的制动钳后，故障排除。

2. 吉利轿车制动踏板反弹

1）故障现象：吉利自由舰，行驶里程8.6万km。正常减速制动时，制动踏板往上反弹。

2）故障诊断与排除：汽车在行驶中正常减速制动时，制动踏板往上反弹，并伴有异响，但ABS指示灯不亮。故障原因有：

①传感器安装不当。

②传感器损坏。

③传感器或齿圈沾附异物。

④传感器线路有问题。

⑤齿圈损坏。

⑥车轮轴承损坏。

⑦ABS电子控制单元损坏等。

ABS一般只在紧急制动的情况下，即车轮将要抱死时才工作，而轻踩制动踏板时ABS不工作。用检测仪K61检查系统无故障码，上路试车时发现，当车速在60km/h时制动（不是紧急制动)，可以听到 ABS 泵工作的声音，而且制动踏板踩不下去，此时 ABS 警告灯也不亮，将 ABS ECU 连线拔掉再试车，一切正常，ABS 灯正常报警。将 ABS ECU 连线接上，用 K61 专用检测仪检测，没有故障码，检查数据流，四轮的转速信号都正常，也基本相同。询问车主得知，此车前几天在行驶中，右前轮突然发生过一声响声，之后就出现这种故障。将车举升检查右前轮，发现传感器感应齿圈有不同程度的划痕，有些齿已经凹了下去。

从端面看，齿圈不在同一平面上，传感器看不出有什么异常。估计该车在行驶中，有异物卡到传感器齿圈中使之变形。ABS ECU 检测到的是不规则的信号，所以正常制动时 ABS 就起作用了。更换感应齿圈和轮速传感器后试车，故障排除。

3. 赛欧轿车 ABS 灯亮

1)故障现象：一辆 2003 年款的赛欧，行驶里程为 7.5 万 km，据车主反映，ABS 灯亮。

2)故障诊断与排除：如果 ABS 模块检测该情况至少持续 0.2s，将设置故障码 41。用专用工具 TECH2 检查 ABS 系统，当前故障码为 41，定义为右前轮转速传感器开路。首先应该进行常规检查，检查所有相关系统的连接和插座，干净牢固，且没有安装损坏的痕迹，举升检查右前轮的相关部件，未见异常，所以应重点检查线路和传感器。

拆下 ABS 模块的线束插头，用万用表的电阻挡测量右前轮 ABS 线束插头 3 脚与 5 脚之间的电阻，为 1600 左右，与左前轮的电阻值相等，也符合在室温下的测量标准。用万用表的电阻挡分别测量右前轮 ABS 线束插头 3 脚、5 脚与蓄电池负极之间的电阻，电阻均为无穷大，说明右前轮 ABS 传感器的线路没有短路及断路的地方。为了进一步验证右前轮 ABS 传感器，举升车辆后用手转动车轮时，用万用表的交流挡测量 ABS 线束插头 3 脚与 5 脚之间的交流信号，没有交流信号。拆下右前轮传感器，检查右前轮传感器的表面，没有损坏的痕迹。用螺钉旋具在传感器的表面来回晃动模拟车辆的半轴，保持传感器与螺钉旋具之间的间隙为 0.5～1.0mm，此时万用表有交流信号，据此判断故障可能为右前轮传感器的齿圈损坏或传感器与齿圈之间的间隙不正确。观察右前半轴齿圈上的凹凸齿，未见异常。用厚薄规测量传感器与齿圈之间的间隙，左右一致。用磁力棒吸附左右前半轴上的齿圈，检查齿圈是否导磁，结果右前半轴上的传感器齿圈竟然不导磁。询问车主，得知该车曾更换过右前半轴，于是怀疑该车更换的半轴为假件。更换上海通用原厂配件，路试车辆，故障排除。

4. 赛欧轿车制动异常

1)故障现象：一辆 1.6L 赛欧轿车(带 ABS)，累计行驶 12 万 km。最近出现一次事故，在外地修理厂维修。维修单记录表明，该次事故更换了前保险杠、左右前照灯、中网、散热器和冷凝器等配件，事故修复后出现制动异常的现象。

2)故障诊断与排除：接到该车后首先进行维修前检查，发现新更换的零部件和维修部件都正常。接着试车，故障现象正如驾驶人所述：该车在正常起步后，速度达 10～20km/h 时轻踩制动踏板，制动踏板反弹并且转向盘发抖，感觉 ABS 已经起作用。众所周知，ABS 是不可能在如此低速下起作用的。

根据先易后难原则，首先对制动系统的机械部分进行检查。检查制动液液面，正常情况下制动液液面应该在制动液罐刻度 MAX(最上)与 MIN(最下)之间，但该车的制动液液面却显示在制动液罐的 MIN 刻度以下 20mm。分析认为制动液液面降低的主要原因有：一是经过长时间的使用，制动液正常蒸发，但该车一直是按照规范进行维护的，可以先行排除这一可能性；二是制动液管路或者制动轮缸漏油，经查看各部位也未发现明显漏油迹象；三是制动片磨损，随着制动摩擦片的磨损，制动轮缸活塞行程变大，制动液液位自然降低。把该车用举升机升起并拆下前后轮胎，查看制动摩擦片，发现前轮制动摩擦片磨损严重，而且前制动盘表面也明显高低不平。按客户要求，对前制动盘进行外加工，并换上新的制动摩擦片后试车，故障没有明显改善，更换两个前制动盘后试车，故障依旧。

考虑到车轮、悬架系统等的好坏也会影响制动系统能否正常工作，做了车轮动平衡和四轮定位等，结果所有数据都正常。连接故障检测仪，对ABS进行检测，没有调到故障码，读取该系统的数据流，查看ABS各个电子元件工作状况，发现当轿车在路面以10km/h速度行驶时，左后轮速传感器显示数值为0km/h，而加速到40km/h时，左后轮速传感器显示数值为10km/h的不正常现象。

再次把轿车升起，用万用表电阻挡测量左后轮速传感器和其他轮速传感器的电阻，结果均为1.4kΩ左右。该车ABS装配磁电式轮速传感器，看来轮速传感器本身应该没有问题，对于磁电式的传感器，还可以用万用表交流电压挡测量传感器工作电压，以此来判断传感器及其信号齿圈的工作状况。用手匀速转动车轮，测得左后轮速传感器的信号电压为40～60mV，而其他三只轮速传感器的电压为500～600mV，拆下左后轮速传感器固定螺栓，正确调整该传感器与信号齿圈的间隙后试车，上述故障排除。

5. 赛欧轿车发动机无法正常熄火

1）故障现象：一辆2004年款别克赛欧轿车（采用手动变速器），累计行驶7.5万km，因发动机无法正常熄火而报修。驾驶员反映，该车是二手车，这几天总是无法熄火，但只要事先踩下制动踏板，发动机就可正常熄火了。其他一切正常。

2）故障诊断与排除：用TECH2检查发动机系统，显示无故障码储存。在点火线圈正极接柱上接测试灯，断开点火开关后，发动机依然运转，试灯仍点亮，怀疑点火开关有故障。拔下点火开关导线侧连接器后，该车发动机仍不熄火。检查点火开关15号线，电压接近11V，分析15号线在断开点火开关后仍然有电的原因，可能为常电源线短路所致。

查阅电路图，逐个拔下与15号线相连的熔丝，当拔下熔丝F22后，发动机立即熄火。但熔丝F22仅控制ABS，拔下ABS ECU导线侧连接器，该车发动机熄火恢复正常，但同时发现，该车ABS故障指示灯连接线被人为地与机油指示灯接在一起，看来ABS ECU早就损坏。

ABS ECU的端子17、18均连接常电源线，ABS ECU损坏后，常电源与端子15脚相通，再经F22熔丝流向点火开关的15号线，但踩下制动踏板后ABS ECU内部元件动作，切断端子17、18脚与端子15的连接，这就是事先踩下制动踏板后发动机可以正常熄火的原因。更换ABS ECU，恢复仪表线路后故障排除。

6. 君威轿车ABS灯报警

1）故障现象：一辆别克君威2.0L轿车，行驶6000km出现ABS灯报警。

2）故障诊断与排除：首先使用通用专用诊断仪TECH2调取故障码，故障码为：C1232——左前轮车速电路断路或短路。

由于是新车，首先检测各导线，并未发现有磨损现象，进而对各端子进行检查，发现接触良好，未有松动。

对左前轮转速传感器电路进行测量。断开左前轮转速传感器插头，量取车轮转速传感器电路电阻为1048Ω，在规定的800～1600Ω的范围内，故认定车速传感器应无故障。

由于电子制动控制模块（EBCM）价格较贵，且故障率极低，故进一步对线路进行检测：用万用表测量EBCM中的A10端子（浅蓝色）与左前车轮转速传感器A端子（白色）；EBCM中的A9端子（黄色）与左前车轮转速传感器B端子（黑色），经检查确认线路良好。

鉴于上述部件均无故障，故用新的电子制动控制模块(EBCM)试更换，固定好搭铁线路，再次接通点火装置，ABS灯熄灭。

更换新EBCM，需执行下述制动防抱死系统自动排气程序：

①当压力排放工具达205.8～245kPa时，在TECH2上选择自动排气程序。

②自动排气程序的第一部分使循环泵和前侧的排放阀工作2min。循环停止后，TECH2进入冷却方式，并显示3min定时器。定时器超时后，自动控制排气程序中止，不能超越。

③在下一步中，TECH2要求人员松开排放阀螺栓。然后TECH2使循环相应的排气阀和液压泵电动机工作60s。

④对于其他排气阀螺栓，TECH2将重复上述步骤3次。其放气顺序为：右后—左后—右前—左前。

⑤当排放阀工具仍然安装在车辆上，并且保持压力为205.8～245kPa时，TECH2将指示操作人员分别打开每个排放阀螺栓大约20s，这将使得制动器管路中的剩余空气被清除。此次排气的顺序为：右后—左后—右前—左前。

⑥完成自动排气程序后，TECH2将显示相应的信息。然后释放排气工具中的压力，断开与车辆的连接。

⑦检查制动总泵中的液面高度，使之达到合适高度。

⑧对车辆进行路试，确保制动系统在各情况下均正常可靠。

故障分析：车辆修复完后，对电子制动控制模块(EBCM)进行分解，发现EBCM的控制单元里有许多水，从而造成了左前轮车速电路断路或短路的故障。

7. 乐骋轿车在行驶中突然出现制动踏板踩不动故障

1)故障现象：一辆乐骋1.4L手动挡轿车行驶7000km。车主反映，该车在行驶过程中突然制动踏板踩不动，之后又自动恢复正常了，可是某天早上起动后，行驶没有多久又出现同样现象。

2)故障诊断：首先用TECH2读取数据流，发现怠速时的进气歧管绝对压力为33kPa，在正常范围，这说明进气歧管无漏气现象。将发动机熄火，用力踩制动踏板5次，将真空助力器内的空气全部释放掉，之后踩住制动踏板不松开，起动发动机，结果制动踏板向下移动了一段距离，这说明真空助力器工作正常，未发现异常。分析故障原因，可能是真空管路上的单向阀或真空助力器内部控制阀门偶尔卡滞，导致有时出现制动助力失效。

该车的真空单向阀不像其他车型安装在软管中间，可以很明显地看到，而是隐藏在黑色软管的内部，用手按动才可以感觉出来。将真空软管拆下，用嘴吹吸，发现单向功能正常。

由于是间歇性故障，故障很难再现。因是影响行驶安全的制动系统，所以决定紧急订货，更换真空助力器总成，并观察一段时间。

结果更换后，用户在行驶中又出现过两次制动踏板踩不动的现象。这两次，用户都是在冷车起动并行驶了20min以内时出现的，且不能确定是否是第一脚踩不动制动踏板，但回脚再踩就正常了。分析可能是单向阀有时卡滞失效，导致真空助力器内的真空度不足，助力器无法起到助力作用，又因为车主是女士，力气小，所以造成此现象。更换带单向阀的真空管，经长期观察，故障再也没有出现，问题彻底解决。

8. 伊兰特1.6L轿车行驶中有时ABS警告灯点亮

1)故障现象：2006年产伊兰特1.6L轿车为刚修复的事故车，行驶中有时ABS警告灯点亮，同时ABS系统不工作。当ABS警告灯自动熄灭后制动时，会感觉到ABS系统在工作，但制动时方向跑偏。

2)故障诊断与排除:连接故障诊断仪准备查询故障码,仪器显示无法进入 ABS 系统,但在测试其他系统时仪器均可进入。通过线路图分别检查了诊断座的 8 号端子与发动机控制单元 PCM 的 17 号端子,发动机控制单元 PCM 的 6、7 号端子和 ABS 控制单元的 10、11 号端子之间的连接状况,发现导线连接正常。

通过反复试车,发现在 ABS 警告灯熄灭时,诊断仪可进入 ABS 系统。此时 ABS 控制单元并未存储任何故障码。利用诊断仪查看动态数据流,未发现异常数据。根据该车的故障现象与上述的测试,综合分析认为该车故障可能是 ABS 控制单元的供电电源或搭铁线路不良引起的。

当 ABS 警告灯点亮时,首先将 ABS 总成导线插头拔掉,接好一个 12V/21W 的试灯,打开点火开关,试灯一端与蓄电池负极连接,另一端分别连接 ABS 导线插座的 9 号与 25 号端子的正极电源,此时试灯可以点亮。再将试灯的一端连接 9 号或 25 号端子,另一端分别连接 ABS 插头的 8 号与 24 号端子。由于 8 号与 24 号端子共用一个搭铁点,因此正常时试灯应点亮,而试验发现试灯并未点亮,由此看来 ABS 控制单元的搭铁不良。将散热器与冷凝器拆下,顺其线束查找,在散热器膨胀罐内侧发现固定该搭铁处的螺母紧固不良,经重新将搭铁点用砂纸打磨干净,并紧固搭铁螺母,装复相关的部件后试车,故障灯熄灭,ABS 可以正常工作,但紧急制动时方向跑偏。

经多次测试发现,只要 ABS 参加工作,行驶方向就会跑偏,如果将 ABS 控制单元插头拔掉不让 ABS 系统参加工作,制动时不会跑偏。该现象说明常规制动系统工作正常,主要原因可能是在制动时 ABS 控制单元收到某个车轮错误的轮速信号,或液压电磁阀总成油管装配错误。检查制动油管,发现 6 根油管都已经严重变形,并有修复的痕迹。经过核对发现,左前轮与右后轮油管装配错误。将油管正确装配后试车,制动系统完全恢复正常。

9. 现代途锐 SUV“自制动”

1)故障现象:一辆 2007 年产北京现代途胜 2.0 L 手动挡 SUV,行驶里程 2 万 km。据用户反映,该车在正常行驶中有时会出现“自制动”现象,严重时下坡路况甚至无法空挡滑行,此故障通常在热车后出现。

2)故障诊断与排除:该车配备 ABS 系统和 TCS 牵引力控制系统,首先使用故障诊断仪进行检测,各系统无故障码存储,发动机控制系统也正常,据此初步判断故障在机械或液压部分,也不排除电路原因造成 ABS 系统误动作的可能。接下来对制动系统进行基本检查,制动钳、制动总泵以及制动分泵动作灵活。无制动后释放迟滞现象,更换制动液并按要求排气,进行路试时偶尔还会出现自制动现象。由于机械及油路部分结构比较简单,检查后确认无问题,因此检查重点应该放在查找 ABS 系统误动作的原因上,特别是各车轮转速信号的误触发,这应该可以从 ABS 系统数据流中发现异常。

用举升机将车辆举起,挂挡使车轮转动。使用故障诊断仪观察 ABS 系统数据流。反复试车直到故障出现时,诊断仪显示的车速数据突然变为零,4 个轮速信号也变为零,偏摆率信号正常,此时发动机声音突然变化,车轮停止转动。由此判断,是输入 ABS 控制单元的车速信号不良引起故障。为进一步确认,对照电路图对输入 ABS 控制单元的车速信号线路进行检查,在检查中发现当摇动右前侧 A 柱下的插头时,车速数据时有时无,故障也同时出现,笔者认为由于此插头中车速传感器线路接触不良引起了故障。对照线路图将相应插头挑出检查,发现插头接触弹片被压变平失去弹性。有时抖动会造成接触不良,车速信号中断。将插头弹片向上挑起，重新处理后，插好插头试车。摇动插头1时，故障也不再出现，故障排除。

10. 丰田轿车ABS指示灯常亮

1)故障现象：一辆丰田LS400型轿车因前轮制动器损坏，在某修理厂更换了两个前轮制动器，在试车时发现黄色的ABS警告灯总是亮着，且车轮抱死制动，拖印整齐。

2)故障诊断与排除：ABS是一种制动力的调节装置，其作用是防止制动时车轮抱死拖滑。其工作原理是，ABS系统通过转速传感器对相应车轮的转速进行实时监测，当某一车轮出现抱死倾向时，系统立即响应，通过减小相应车轮的制动力来消除即将发生的抱死现象。踩下制动踏板时，制动液进入电磁液压阀，并进入车轮制动器的工作缸，制动器起作用，使汽车迅速减速，车轮开始边滚边滑并趋于抱死状态。当ABS电子控制单元接收到各轮转速传感器传来的相当于滑移率在8%～35%之间的信号时，ABS电子控制单元给电磁液压阀通以小电流，使电磁液压阀上移，关闭制动液通道，此时制动液压力保持不变。当ABS电子控制单元接到某一转速传感器传来的相当于滑移率超过35%的信号时，ABS电子控制单元给电磁液压阀通以较大电流，使电磁液压阀继续上移，并打开制动液回流通道，部分制动液回流进入回流泵及降压器。回流泵工作将制动液输入制动主管路，以平衡因制动踏板力增加带来的制动压力上升。

回流泵工作压力在22～25MPa，这时驾驶人脚上有制动踏板反弹的感觉。当车速因制动压力减少而上升时，ABS电子控制单元发出断电信号，电磁液压阀阀体在弹簧力的作用下下移，制动管路接通，制动液压力又增大。如此反复，直至停车。ABS系统的配置，既可有效避免紧急制动时车轮抱死(打滑)现象的发生，同时还可以保持车辆制动过程中的转向操作性，从而大大增强了行车安全性。从以上的分析可以看出，安装有ABS系统的车辆在制动时不会产生制动拖印，显然该车的ABS在制动时不起作用，所以应重点对该系统进行检查。

首先将发动机舱内右侧减振器旁边的ABS系统维修专用连接器接头(白色的)脱开，把点火开关钥匙置于ON位置，打开发动机舱内的故障诊断插座盖，依据盖上的图示，用跨接线连接TC脚和E1脚，观察并记下仪表板上的ABS灯的闪烁情况，读取故障码为31和32，分别为右前轮和左前轮转速传感器信号故障。

分别检查左右两前轮的转速传感器线束，没有发现异常，检测传感器电阻值均为1.1Ω，符合标准。检查右前轮传感器与齿环的间隙时，发现没有齿环，检查左前轮也没有齿环，仔细检查新更换的制动器总成，发现两个制动器均是不带齿环的老式制动器。换用新式制动器，调整传感器与齿环的间隙为0.8mm。清除故障码后，故障现象消失。原来老式制动器与新式的制动器在外形上看是一样的，只是一个无齿环，一个有齿环，如不注意换上了一个无齿环的制动器或漏装了齿环，也就相当于拆除了ABS系统，制动系统只能以常规方式工作。

11. 本田雅阁轿车ABS指示灯异常报警

1)故障现象：一辆广州产本田雅阁轿车，将点火开关置于ON位置，ABS灯亮，起动发动机，ABS灯熄灭，同时ABS防抱死制动系统中油泵电动机旋转。过2min左右，油泵电动机停止工作，ABS灯又点亮，直到发动机熄火。

2)故障诊断与排除：本田雅阁的ABS防抱死制动系统由电子控制单元、液压调节器、转速传感器、ABS警告灯及诊断插座等组成。其中，液压调节器由油泵、蓄压器、3个进油电磁阀、3个回油电磁阀、4个滑动活塞、压力开关及储液室等组成。油泵产生的高压并不直接加在制动工作缸的活塞上，制动工作缸内制动液油压的调节是通过液压调节器中滑动活塞的移动来实现的，而滑动活塞的移动则是由ABS电子控制单元控制电磁阀动作，使高压油进入或停止进入滑动活塞组，或是滑动活塞内的高压油回到储液室来实现。ABS电子控制单元则是根据来自车轮转速传感器的信号来确定车轮有无抱死，然后给液压调节器中的电磁阀发出指令，进行防抱死控制；当油压不足时，ABS电子控制单元同时指令油泵运转。ABS电子控制单元还通过制动开关、驻车制动开关和压力开关来监视ABS系统是否正常，并能进行自我诊断。

检查制动液数量正常，油质清洁。调取故障码，无故障码输出。本车在每次起动后，ABS防抱死制动系统中油泵电动机都长时间运转，油泵电动机停转后，则ABS灯点亮，这说明初次起动时系统油压不足，所以油泵运转。熄火后再起动，油泵仍运转，说明前次油泵运转并没有建立足够的油压或油压建立后又迅速泄压，数次起动试验均是如此。拧开ABS防抱死制动系统中液压调节器上的放气螺栓，起动发动机，此时油泵运转，放气螺栓处只能流出高2～3cm的油柱，按油泵20MPa的工作油压，此时流出的油柱高度显然太低。观察储液室，当泵运转时，回油口不见回油，进油口反而有反流现象，说明问题很可能出在柱塞式油泵本身的进油阀或柱塞套筒上。拆下液压调节器总成，分解柱塞泵，发现进、出油阀的钢球及座均已损坏，柱塞上的橡胶圈也已老化，于是更换柱塞泵组件，直接通电给油泵电动机，拧开放气螺栓时喷出的油柱高达30cm。装车并进行排气作业后，进行路试，故障现象消失。

12. 哈飞赛马轿车制动踏板“顶脚”

1)故障现象：一辆哈飞赛马配备ABS制动系统。车主反映，在制动时有“顶脚”现象。经多家修理厂检修，都认为是正常现象，说明ABS在起作用。但车主认为以前没有这种现象，肯定存在故障，因此报修。

2)故障诊断与排除：接手该车后，试车，情况正如车主所述。检查ABS灯正常，故障出现时，ABS灯不亮。ABS根据车轮的转动情况，随时调节制动压力来防止车轮抱死滑移。

ABS是在原有常规制动装置的基础上增设传感器、电子控制器和执行器三大部分形成的。其工作也是在常规制动过程的基础上进行的，在制动过程中，当车轮还未趋于抱死时，其制动过程与常规过程完全相同，只有当车轮趋于抱死时，ABS才对制动压力进行调节。因此，维修ABS时，要分清是常规制动装置出现故障，还是ABS控制系统出现故障。

于是，拆下ABS执行器的插头，使ABS不作用，恢复常规制动。试制动，制动踏板“顶脚”现象不再发生。但是偶尔出现制动踏板过低，无制动现象。检查确认制动总泵有故障。更换制动总泵，按规定程序进行排空，故障依旧，可见故障出现在ABS控制系统上。

接上诊断仪检查ABS控制系统。读取故障码，显示系统正常。进入数据流测试，发现前、后轮转速有差异。正常来讲，在同一路面上行驶，前、后轮转速应大致相同。由于该车设有4个车辆速度传感器，分别向ABS计算机输入车轮的转速信号，ABS计算机根据车轮速度传感器等信号计算汽车的轮速、车速、加减速度和滑移率，并输出控制指令控制ABS执行器工作，使制动压力“升高”、“保持”或“降低”。因此可能是由于轮速信号有差异，导致ABS计算机发出错误指令，使ABS执行器的油泵回油过大，造成制动踏板受到反作用力，引起此故障。

检查轮胎状况和传感器气隙。首先检查轮胎，发现前、后轮轮胎规格不一致。更换同一规格的轮胎，故障彻底排除。最后询问车主，得知该车因前轮异响，只更换了前轮轮胎，换轮胎后出现了故障。

13. 华晨宝马轿车制动警告灯点亮

1)故障现象：一辆2004年产华晨宝马轿车，行驶中仪表板上有黄色警告灯点亮。

2)故障诊断与排除：维修人员检查后发现，仪表板上点亮的黄色指示灯是制动警告灯。根据经验，引起制动警告灯点亮的原因有制动液不足、制动摩擦片磨损到极限以及相关线路故障等。检查储液罐内制动液液面，发现液面偏低，升起车辆，未发现制动管路有任何泄漏的痕迹，因此制动液液面降低应该是制动片磨损所致。

拆下车轮，检查制动片的磨损情况，发现后轮的制动片已经磨损到了极限。更换了制动片，制动液液面也回到了正常位置，但是制动警告灯并不熄灭。查阅资料，宝马新 7 系轿车在更换完制动片后需要进行归零操作，具体操作方法如下：

①插入点火钥匙，不要踩制动踏板，按下点火钥匙左边的 start/stop engine 按钮。

②按住仪表左上方的归零按钮，约 8s 后松开，仪表左上方液晶显示屏显示：RETURN 回退；BR FLUID 8MTHS 制动液 8 个月；ENG OIL 30TKM 发动机油 3 万 km；FR BRAKE 40TKM 前制动片 4 万 km；VEH CHLK 50TKM 车身检查 5 万 km；MICROFIL 60TKM 过滤器 6 万 km；SPKPLUGS 60TKM 火花塞 6 万 km；COOLANT 32MTHS 冷却液 32 个月（注：当超过规定的里程数或日期时，中央液晶显示区会显示保养信息，进行保养信息归零时，归零主菜单会显示“!”提醒字样。例如，前制动片超过规定更换时间或未进行归零操作时，仪表上会显示“Fr brake 40Tkm!”）。

③按一下归零按钮（也可按下转向灯开关上的 B、C 两个按钮），选择“R BRAKE 40TKM”后，再按住归零按钮，直到仪表右上区屏幕显示“RETURN RESET R BRAKE”，此时按下归零按钮选择“RESET R BRAKE?”，并再次按住归零按钮并保持，直到屏幕显示“R BRAKE RESET OK”，制动警告灯归零程序即完成。

④当再次起动时，仪表会瞬间显示“售后服务 4 万 km”。

执行上述制动警告灯归零程序后，制动警告灯熄灭。维修电子控制系统方面的故障不一定非用诊断仪不可，因为诊断仪不是万能的，它也只能指出一个方向，只有掌握扎实的基础知识，才能在排除各种故障中事半功倍。

第九章　车身及附件故障检修

第一节　车身及附件概述

一、电动车窗

为了方便驾驶员和乘客，许多轿车采用了电动车窗，又称自动车窗，利用电动机来驱动升降器使车窗上下移动。

电动车窗主要由车窗玻璃升降器(又称换向器)、电动机、控制电路等组成。车窗玻璃升降器主要有蜗轮蜗杆式、齿轮齿扇式和齿轮齿条式等类型。桑塔纳 2000 型轿车所用的电动车窗玻璃升降器，其机械部分主要由蜗轮、蜗杆、绕线轮、钢丝绳、导轨、滑动支架等组成。

当电动车窗玻璃升降器中直流永磁电动机电路接通后，转轴输出转矩，经蜗轮蜗杆减速后，再由缓冲联轴器传递到转丝筒，带动转丝筒旋转，使钢丝绳拉动安装在玻璃支架上的滑动支架在导轨中上下运动，达到车窗玻璃升降的目的。

当桑塔纳 2000 型轿车点火开关置于 ON 时，可使用按键式组合开关方便地控制四扇车窗玻璃的升降。后排座位的乘客还可使用安装在左右门上的按键开关进行单独操作。当点火开关关闭时，延时继电器会工作 1min，在此期间车窗玻璃仍可开关，然后自动切断(地线)电动车窗玻璃开关电路。

齿轮齿扇式车窗玻璃升降器的齿扇上连有螺旋弹簧，当车窗上升时，弹簧伸展，放出能量，以减轻电动机负荷；当车窗下降时，弹簧压缩，吸收能量，从而使车窗无论是上升还是下降，电动机的负荷基本相同。

齿轮齿条式车窗玻璃升降器采用柔性齿条和小齿轮，车窗连在齿条的一端，电动机带动轴端小齿轮转动，使齿条移动，以带动车窗升降。

二、风窗玻璃清洁装置

为了保证在各种使用条件下，驾驶室的风窗玻璃表面干净、清洁，汽车上都装有风窗玻璃刮水器、风窗玻璃洗涤器，有些车辆还装有风窗玻璃除霜装置。

1. 风窗玻璃洗涤器

风窗玻璃洗涤器的功用是将清洁的水或洗涤液喷射到风窗玻璃上，在刮水器的作用下，清除风窗玻璃上的尘土和污物，使驾驶员有良好的视野。风窗玻璃洗涤器主要由洗涤器电动机、洗涤器水泵、储液罐、喷嘴、水管等组成。

洗涤器电动机一般采用永磁式电动机。接通洗涤器开关时，电动机旋转，通过万向节驱动水泵轴和水泵转子一同旋转，转子将储液罐中的洗涤液泵入出水软管，经水管到达风窗玻璃前端的喷嘴，喷向风窗玻璃。此时，风窗刮水器与洗涤器同步工作，将风窗玻璃上的污物刮洗干净。

2. 风窗玻璃刮水器

汽车在雨、雪天行驶时，雨水或雪花落在汽车风窗玻璃表面，挡住驾驶员的视线，给行车安全带来隐患，因此必须安装风窗玻璃刮水器。目前汽车上使用的风窗玻璃刮水器有电动式和气动式两种。

(1)电动风窗玻璃刮水器

电动风窗玻璃刮水器由电动机驱动。刮水器的左右刮水刷片被刮水刷臂压靠在风窗玻璃外表面上。电动机驱动减速机构旋转,并使驱动杆系作往复运动,带动刮水刷臂和刮水刷片左右摆动,清洁风窗玻璃。刮水器电动机有电磁式和永磁式两种。

电磁式刮水器电动机的磁极由铁心和励磁绕组组成,电动机的磁场是在励磁绕组通电时建立的,可以通过改变磁极磁通的方法改变电机的转速。电磁式刮水器电动机具有低速和高速两种工作速度。

刮水器的动作由刮水器开关控制。刮水器开关有0(空挡)、Ⅰ(低速挡)、Ⅱ(高速挡)三个挡位。刮水器的橡胶刮片具有自动停在风窗玻璃下部的适当位置的功能。

现代轿车的风窗玻璃刮水器和洗涤器的工作,由一个刮水器洗涤器组合开关控制。桑塔纳轿车的刮水器洗涤器组合开关有5个挡位:

刮水器高速工作:刮水器洗涤器组合开关的第1挡电动机以较高的转速运转,风窗上的刮片快速摆动。

刮水器低速工作:刮水器洗涤器组合开关的第2挡电动机以较低的转速运转,风窗上的刮片慢速摆动。

点动工作:刮水器洗涤器组合开关的第3挡为空挡,刮水器不工作。当按下组合开关的手柄时,刮水器的工作情况与手柄开关接通Ⅱ挡时相同,当松开手柄时,开关将自动回到空挡,可以实现点动刮水。

间歇刮水:刮水器洗涤器组合开关置于第4挡时,在刮水器继电器的控制下,刮水器间歇工作,每6s工作一次。

清洗玻璃:当驾驶员将刮水器洗涤器组合开关的手柄拨向转向盘方向时,接通组合开关的第5挡。蓄电池向洗涤器电动机供电,位于发动机盖上的4个喷嘴同时向挡风玻璃上喷洒洗涤液。与此同时,组合开关还接通刮水器继电器的电路,继电器工作使刮水器的刮片摆动3~4次。如果刮水器洗涤器开关停留在该挡位,洗涤器将继续喷洒洗涤液,刮水器也继续摆动。

自动复位:刮水器电动机上装有一个由凸轮驱动的一掷两位停机自动复位开关,用来保证在刮水器停止工作后,刮水器的刮片停在风窗玻璃下沿的合适位置。

目前,除驾驶员可根据降雨量的大小和行车速度通过手动变速开关控制刮水器刮水速度外,有些车辆还装有刮水速度自动控制装置,可根据降雨量的大小,驱动刮水器自动地调整刮水速度,保证驾驶员始终能得到最佳视线。

实现刮水速度自动控制需要借助于雨量传感器将雨量的大小转换成电信号。用来检测雨量大小的传感器有电阻传感器、压电传感器和光电传感器等。

(2)气动风窗玻璃刮水器

气动风窗玻璃刮水器由刮水器壳体、活塞、换向阀和空气量调节开关等组成。刮水器内的活塞将刮水器的内腔分为左、右两个腔室。刮水器工作时,换向阀使左右两个腔室交替地接压缩空气或大气,造成左右两腔室内压力变化,使活塞作往复运动,并通过齿条和齿扇带动刮水器刮片左右摆动。

3. 风窗玻璃除霜装置

在较冷的季节,有雨、雪、雾的天气,挡风玻璃上易结霜,另外由于车厢内外温差较大,车厢内的水蒸气也易凝结于挡风玻璃上而结霜,从而严重影响驾驶员的视线,因此汽车上应安装风窗玻璃除霜装置。

前、侧挡风玻璃上的霜层通常是在汽车空调系统的风道中，加设除霜器风门，利用空调系统中产生的暖气(或流动的空气)，达到清除结霜的目的。同时，由于在汽车行驶中，前、侧挡风玻璃上的风速较大，所以其上的霜层较易消除。对后挡风玻璃的除霜，常采用除霜热线。

除霜热线是把数条电热线(镍铬丝)均匀地粘在后窗玻璃内部，各线两端相接形成并联电路。当两端加上电压后，各电热线即会升温而加热玻璃，从而达到防止或清除结霜的目的。除霜热线电路的控制方式分手动和自动两种。自动除霜电路主要由除霜开关、除霜传感器、控制器和除霜热线等组成。自动除霜传感器安装在后窗挡风玻璃上，它可以感知后窗玻璃上是否结霜以及霜层的厚度，霜层越厚，传感器的电阻值越小。

当除霜开关置于“自动”位置时，如果霜层凝结到一定厚度，自动除霜传感器电阻值减小到某一设定值以下时，控制器就会使继电器的触点闭合，通过IC端子来的电源电压经继电器触点到除霜热线，经热线的另一端搭铁构成回路，加热除霜热线，同时点亮仪表板上的除霜指示灯，表示除霜热线正在进行除霜。

当后窗玻璃上的结霜逐渐减少至消失后，自动除霜传感器的电阻值增大，控制器便切断继电器的搭铁回路，除霜指示灯电路被切断，除霜热线停止工作，指示灯熄灭。

当除霜开关置于“手动”位置时，继电器磁化线圈可经由手动触点搭铁，继电器触点闭合，使除霜热线和指示灯通电工作。

当除霜开关置于“关”的位置时，控制电路不能接通除霜热线和指示灯电路，除霜热线和指示灯均停止工作。

三、中央控制电动门锁

现代汽车越来越多地采用中央控制电动门锁系统，以提高汽车使用的便利性和行车的安全性。中央控制电动门锁通常具有以下几个功能：

①中央控制。驾驶员可通过门锁开关同时打开各个车门，也可单独打开某个车门，当驾驶员锁住他的车门时，其他三个车门也同时锁住。

②速度控制。当行车速度达到一定时，各个车门能自行锁定，防止乘员误操作车内门把手而导致车门打开。

③单独控制。在除驾驶员车门以外的三个门设置有单独的弹簧锁开关，可独立地控制一个车门的打开和锁住。

目前已装车使用的中央控制电动门锁的种类繁多，但其组成的主要部件是门锁开关、门锁控制电路和门锁执行机构。

1. 门锁开关

所谓门锁开关，是指中央门锁开关，对中央控制电动门锁系统执行集中控制，开、关全部或单个车门。门锁开关种类很多，按照输入门锁指令方式来分，可分为机械式和电子式门锁开关。机械式通常采用键盘(或组合按钮)输入方式和拨盘输入方式，其操作方便、工作可靠，但因有机械触点，容易产生烧蚀，要注意经常维护。电子式又可分为触摸输入方式和遥控输入方式，遥控方式的联络信号可以是声、光、电和磁中任何一种，这种门锁开关实际由电子指令发射器和指令接收器组成。还有一种生物特征式门锁开关，是以车主的声、纹等人体生物特征作为指令输入，由计算机进行模式识别控制门锁。

2. 门锁执行机构

门锁执行机构是在门锁控制电路的控制及驱动下，执行门锁的锁定和开启的任务。门锁执行机构一般采用电磁驱动或电动机驱动，驱动门锁锁扣（锁头）作可逆移动，实现门锁的锁定及开启。

门锁执行机构有电磁式和电动机式两种。电磁式门锁执行机构的优点是结构简单、内部摩擦力小、动作敏捷、操作方便；缺点是耗电量大、铁心质量大且衔铁移动时有冲击声。电动机式门锁执行机构的优点是体积小、耗电少、动作迅速；不足之处是当门锁已经锁定或开启时，应即时切断电源，避免电动机长时间带电而烧坏。

3. 门锁控制器

无论是电磁式门锁执行机构，还是电动机式门锁执行机构，都是通过改变执行机构通电电流方向来控制锁扣连杆左、右移动，实现门锁的锁定或开启，因而门锁控制器应具有控制执行机构通电电流方向的功能。同时，由于门锁执行机构长期带电要消耗较大的电能，为了缩短工作时间，门锁控制器应具有定时功能，即当锁扣连杆移到位、门锁已锁定或开启时，应控制执行机构的通电电流自动中断。

目前门锁控制器的种类也很多，但按其控制原理大致可分为下述三种：晶体管式门锁控制器、电容式门锁控制器和车速感应式门锁控制器。

车速感应式门锁控制器通常设定敏感车速为10km/h，即当汽车行驶车速达10km/h以上时，各车门能自动地进入锁定状态，而无需人员干预。

当点火开关闭合时，若车门未全部关上，车门警告灯点亮。当车门全部关上时，车门警告灯熄灭。

第二节　车身及附件故障检修实例

一、宝来轿车车身及附件故障检修实例

1. 宝来轿车车身尾部横向摆动

1）故障现象：一辆宝来1.8轿车，车身尾部及左后翼子板由于交通事故被碰撞，经过钣金修理和漆工修理后外观已恢复，但在道路试验中，当车速大于60km/h时，车身尾部横向摆动。

2）故障诊断与排除：对该车用卷尺简易测量，前轮前束为0，后轮前束为－8mm，左右轴距相同。使用四轮定位仪测量，观察前轮定位数据正常，后轮定位数据如下：

后轮外倾角：左后轮－1.0°，右后轮－1.61°（标准－0.25°～－0.08°）。

后轮前束：左后轮－1.94°，右后轮0.08°（标准－0.25°～－0.08°）。

后轮总前束：－1.86°（标准0.16°～0.50°）。计算方法：两后轮前束数值相加。

后轮推进角：－1.01°（标准0°）。计算方法：当两后轮前束的符号相同（同为＋或同为－），则用大的数值减去小的数值，然后除以2；当两后轮前束的符号不同，则将两个数值取绝对值后相加，然后除以2，符号与大数值的相同。

通过对后轮定位和计算后轮推进角找到了原因，是由于左后轮前束不正确，导致后轮推进不正确，造成行驶中后轮给予车身一个向左侧推的横向力，所以引起车身尾部发生横向摆动现象。该车左后轮外倾角与前束不正确是由于交通事故引起的，使得后桥承重梁向内侧变形。钣金工进行四轮定位时对后轮定位的作用认识不够，只观察了前轮定位，而对显示屏上的后轮定位数据没有理睬。

将汽车在校正台上固定好，将后桥承重梁左边的纵臂向外拉，然后进行四轮定位测量。经两次拉动、测量，后轮定位恢复正常。再经道路试验，车辆行驶正常，车身尾部摆动现象消失。

2. 宝来轿车行驶中车身发抖

1)故障现象:一辆宝来 1.8T 手动挡轿车行驶到 40~50km/h 时车身开始发抖。

2)故障诊断与排除:试车时故障再现,根据经验,故障原因是轮胎不平衡,需要进行动平衡,但将四个轮做完动平衡后试车,故障仍然存在。于是怀疑可能是轮胎失圆,导致上下跳动,车身发抖,但换上另一辆新车的四条轮胎后,试车,故障还是没有排除,后来仔细检查传动轴,发现右侧内球笼有点松旷。更换右侧半轴总成后,故障排除。

3. 宝来轿车护板变形导致异响(1)

1)故障现象:一辆宝来 1.8MT 轿车,起步时车辆底部发出"嘣嘣"异响声。

2)故障诊断与排除:检查发现护板内表面有两处磨得很亮,再检查车上与这两处相对应的地方,发现副车架和发动机油底壳有两处摩擦碰撞痕迹。

故障原因是发动机底护板碰撞变形,与副车架及发动机油底壳贴在一起,当车辆起步时发动机上下抖动,导致二者之间碰撞产生异响。用锤子敲平发动机底护板后重新安装,异响消失。

4. 宝来轿车护板变形导致异响(2)

1)故障现象:宝来 1.8TAT 轿车,踩制动踏板,换入倒挡后,立刻听到底盘发出"嘣嘣"异响,松开制动踏板,起步后异响消失,其他情况下一切正常,该异响只出现在早晨冷车时,车热后异响消失。

2)故障诊断与排除:用 V. A. G1551 检查,发动机和自动变速器控制单元均无故障记忆。将车辆举升,拆下发动机底护板,发现固定在自动变速器油底壳上的小护板有一处碰撞痕迹,再检查大护板发现,在相对应的部位也有碰撞摩擦的痕迹。

通过询问车主得知车辆底部受到过撞击,底部大护板与自动变速器小护板变形,两者之间的间隙减小,冷车由于发动机抖动较大,挂倒挡后两护板相互碰撞产生异响。热车后由于发动机抖动减小,不会产生异响。用锤子校正护板,试车,故障消失。

5. 宝来 1.8MT 轿车发动机室板件振动导致异响

1)故障现象:一辆宝来 1.8MT 轿车,当发动机转速达到 1500r/min 时,出现明显的高频率振动异响。

2)故障诊断与排除:试车发现,异响来自发动机室的左侧,很像是一种塑料板高频率抖动发出的声音。经仔细检查发现,转速低于或高于 1700r/min 时,异响消失。

通过以上检查,说明故障是一种共振现象,于是决定通过拆装发动机室内的装饰板、护罩和隔热板等板件来改变这些板件的自振频率,消除共振。经过拆卸和重新安装,异响消失。

6. 宝来轿车废气再循环阀松动导致车内异响

1)故障现象:宝来 1.8L 轿车,行驶过程中发动机前部有异响。

2)故障诊断与排除:经试车发现,此车在行驶过程中发动机转速在 2000~2500r/min 时,发动机室内左侧会出现共振声;原地急加速,在 2000~3000r/min 时,也出现此种声音,就像有一个部件松动,没有固定住一样。若打开发动机室盖在外面听,由于外界噪声大还听不到,只有在车内关上车窗,很静的时候才能听到。此时怀疑是某个部件松旷引发振动,并通过车身传入车内。于是一个人在车内加速听声音,另一个人在外面用力按住发动机室内有可能松旷的部件,当按住 EGR 阀时,异响消失。经检查发现,该阀是用一个塑料卡子固定在车身上的,废气再循环阀与卡子之间产生了间隙,在发动机转速达到 2000r/min 以上时产生共振。重新固定好卡子后试车,异响消失。

二、其他轿车车身及附件故障检修实例

1. 桑塔纳 3000 行驶中异响

1)故障现象:一辆 2004 年款上海桑塔纳 3000 超越者轿车,进厂时车主报修行驶时仪表板有异响。

2)故障诊断与排除:接手车辆后,首先进行试车,发现当车辆在平直路面上行驶且车速超过 40km/h 后,在驾驶员侧仪表板附近,会出现一种类似"吱、吱"的异响。凭直觉和经验判断,该响声极有可能是仪表板附近的塑料部件因相互摩擦而发出响声,但是该响声却会随着车速的变化而变化,即车速越高,响声越大。通过对响声发出的位置仔细辩听,基本确定异响出现在仪表板附近。由于一时难以对产生异响的部件做出准确的判断,因此只能根据试车结果,对仪表板附近可能与异响有关的部件进行检查。在试车中发现只有当车速超过 40km/h 时响声才会出现,于是首先将组合仪表板拆下,然后进行试车,以确定该响声是否与组合仪表有关。结果进行路试时,响声依然出现。连续进行路试,以对异响的部位做进一步的确定,最后发现该响声好像来自组合开关内。但经过对组合开关的结构进行分析,似乎在组合开关内并没有产生此种异响的部件。而且在响声出现时,用手压住组合开关,响声并没有任何变化。

就在此时,无意中按了一下喇叭,竟然发现异响有短暂的消失。难道响声来自于转向盘?试着将转向盘上的喇叭按钮轻轻按下,响声不再出现,而当松手后,响声立即出现。鉴于此种情况,停车并将转向盘喇叭按钮拆下(此车并未安装安全气囊),然后进行仔细观察,发现连接喇叭按钮的 4 个支点均有摩擦过的痕迹,由此确定异响就是由于支点的相互摩擦而产生的。

根据检查结果,在转向盘喇叭按钮的 4 个支点上分别涂抹润滑脂,装复后试车,异响终于消失。后来得知,该车因事故而导致安全气囊爆破后,却并没有按要求修复,只更换了不带安全气囊的转向盘。由于更换后的转向盘质量并不过关,所以导致了异响的发生。重新更换转向盘并修复安全气囊后,故障排除。

2. 帕萨特 B5 轿车发动机与车身严重抖动

1)故障现象:一辆帕萨特,行驶里程为 145800km,怠速时或行驶中发动机与车身严重抖动。

2)故障诊断与排除:车主反映,这辆车已在其他厂家维修过多次,先后对喷油器、节气门进行过清洗,也更换过火花塞,但收效甚微。首先利用 V. A. G5051B 对车辆进行故障码调取,结果发动机电控系统霍尔传感器有故障,节气门控制单元基本设置有故障,清码后再次起动发动机运转,停机后再次提取故障码,结果霍尔传感器故障码依旧存在。仔细观察发现,发动机不但抖动,有时还会因转速偏低而熄灭,于是对车辆配气相位进行仔细检查,通过检查,点火正时记号正确,而当打开气门室罩盖对进排气凸轮轴张紧器进行检查时,发现排气凸轮轴与进气凸轮轴之间为 15 个链节,而正确的为 16 个链节。通过校正装复后试车,故障码不再出现,熄火现象也不再出现,然而抖动故障依旧存在。底盘也正常。

经过仔细回想诊断过程并且结合车辆出现的实际抖动现象,认为问题出在离合器双质量飞轮上。在征得用户同意,抬下变速器总成后,发现此车双质量飞轮中间副飞轮内孔衬套与离合器摩擦片花键外圆接触点已严重磨损。当用双手对副飞轮做内外摆检查时,其摆动量严重超差,从而形成在运转时的不平衡,造成发动机的抖动,从而影响车身,所以行驶很不舒适。

3. 捷达轿车行车时车门异响

1)故障现象:捷达 GiX,新内饰。在颠簸路面行驶,驾驶员的车门内部发出异响。

2)故障诊断与排除:拆下驾驶员的门内饰板,发现异响的原因有两个:①升降器的钢索和

内饰板距离很近，颠簸时两者发生干涉；②在车辆颠簸时，升降器开关的线路大插头也会与内饰板发生干涉。

通过询问车主得知，该车曾加装过防盗器，拆装内饰板和门锁电动机后安装不到位，造成以上干涉。

按以下步骤排除故障：①用海绵包裹插头；②将钢索重新安装；③将门锁电动机重新安装。经过试车，故障消失。

4. 夏利轿车跑偏故障

1)故障现象：一辆2005年款天津夏利(TJ7131U)轿车曾发生过追尾事故，造成车辆右前部多处损伤。在某汽修厂对所有变形悬架部件更换及损伤变形部位校正修复后，起初车辆在行驶时无任何异常现象。但经过一段时间使用后，车辆却出现了向右跑偏、轮胎及下支臂胶套非正常磨损等现象，而且日趋加重。后经车主与该汽修厂协商、交涉，对车辆进行了二次修理，但经过一段时间行驶后，又出现了上述故障现象。

2)故障诊断与排除：接车后，经对进行车辆初步检查与实测，发现该车从外观上看没有任何异常现象，但右侧轴距较左侧标准轴距短了9mm。为检查彻底，将车辆举升，使用电子测量仪对车身底盘进行全面检测，发现前横梁与右侧稳定杆托架连接处向后偏移变形了17mm。看来，该处变形，从而造成两侧轴距的偏差值过大，是导致车辆跑偏的重要原因之一。为此，通过校正架使用外力对变速部位进行扯拉校正。当车身下部各损伤控制点经过测量确认修复到位后，再次对轴距进行测量，却发现其仍不在正常位置，而是大于标准值。轴距数值的正确与否，与车身底盘的相关损伤区域是否修复到位、悬架系统的构件是否变形及可调整部件的相对位置有直接的关系。现在车身底盘尺寸经过扯拉与测量已确认修复到位，所有变形的悬架部件上次修复时也已换新，该车型轴距为一个不可调整的定值。那么，为何轴距现在仍不在其正常位置呢？其实检测工作至此，根据日常工作中所积累的经验，利用换算、推理与逻辑分析，已经完全可以将排查工作的重点放在车身悬架部件上。或者说已经可以得出悬架系统的某个部件存在变形的结论。将与轴距的变化有着密切关系的稳定杆进行拆卸，并与新稳定杆进行比对，结果发现该稳定杆右侧的设计弯曲处确实存在变形的现象。

那么稳定杆为什么会在更换新件后出现了变形呢？而且该车上次修复后，起初在行驶时没有任何异常现象，但为什么随着车辆的行驶却出现了向右跑偏、轮胎及下支臂胶套非正常磨损等故障呢？二者之间有着必然的联系吗？根据这些检测到的结果与日常工作中所积累的经验，不妨做出以下分析(后经询问得到证实)：该车在上次修复时，由于钣金维修人员不注重对变形部位的测量，当发现轴距不在正确位置时，没有及时对导致这一数值错误的根本原因进行客观诊断与分析，而是很随意地对下支臂球头向前拉伸，在牵扯引力的作用下，稳定杆的设计弯曲处将发生变形。当达到一定程度后，轴距及调整后的车轮定位参数值很可能为正常值，而且在路试时也有可能不会出现异常现象(对于这类变形量不大的拉伸，所造成的轮距变形量较小，可以忽略不计，一般也不会影响到车辆的稳定性)。但随着车辆行驶时路面对轮胎的阻力及具有刚性的稳定杆将“根据记忆”，慢慢需要“恢复原有状态”，那么在这一过程中，轴距将会慢慢缩短，前轮束角也在慢慢发生变化，下摆臂胶套也会由于与销柱间出现不同心现象，最终导致车辆出现了跑偏、轮胎及下支臂胶套磨损等故障，而且随着稳定杆变形部位回复量的增加，故障现象还会日趋严重。在二次修理时，由于维修人员仍然没有充分认识到问题的严重性，对故障产生的原因没有及时进行认真的诊断与分析，而是不负责任地又采取了同样的方法，最终导致了故障的再次发生。根据这一分析，在损伤部位已经修复到位的情况下，对稳定杆、轮胎及下支臂胶套等部件进行更换。再次测量轴距，发现已达到标准值范围。车辆在四轮定位后进行路试，经确认无任何问题，顺利出厂，至今无返修记录。

其实该故障的排除并不困难，技术含量也不多，只是根据所测到的结果，按部就班地对故障本质进行逐步诊断分析与排查。但通过这次故障的排除，常引起我们深入思考。可以说这种野蛮的操作现象在日常工作中比较常见，很多钣金维修人员在车身修复时，往往不注重对所存在的问题进行客观的诊断与分析，而是一味地对完好部件进行改动或是强行拉伸。更有甚者，在拉伸时还采取氧一乙炔加热的方法来消除应力，这种方法不但会使钢材出现疲劳现象，导致维修质量低下，而且部件加热处因淬火极易造成安全隐患。所以这些治标不治本的野蛮操作方法都是极不可取的，即使对于车身外部钣金件，在改动前也应十分小心谨慎，因为它往往可以说明车身的某些相关结构部件没有修复到位。所以车身修复时不要只注重一些小的细节，应树立一种全局观，全方位地对所存在的问题进行综合诊断与分析，找出问题的根本原因，科学准确地预测出它可能产生的后果。一些车身结构部件发生变形没有修复到位时，往往会从车身外观覆盖件的配合直接体现出来，很多钣金维修技师正是利用这点，对隐性的部位进行正确的判断。如在事故车修复时，前翼子板需要改孔向前或向后挪动，这时往往就可说明车身有些结构性部件没有修复到位，如果只采取简单的扩孔处理，那么车辆就很可能在修复后出现发飘或转向时发沉等故障。当然，对于上面所提到的前横梁处变形，也会造成车辆在修复后外观覆盖出现不协调的现象。外观无任何异常现象，也就说明维修人员肯定做了一些改动处理。后经笔者仔细的检查，发现一些隐蔽的部位，如前保险杠与纵梁的螺栓安装等处确实做了改动处理，只不过从外观上很难发现罢了。

另外，通过该故障的排除可以看到，车身测量工作的重要性仍然没有引起维修人员的足够重视。可以说，测量工作在事故车修复工作中占据着极其重要的地位，是顺利完成车身修复所必需的程序之一。

5. 赛欧 SL 轿车特殊的异响故障

1)故障现象：一辆 2002 年款别克赛欧 SL 轿车，行驶里程 8.45 万 km。该车在低速行驶时，不论路况好坏，前部都有连续的“喀喀”的金属碰擦声，但高速行驶时无响声。

2)故障诊断与排除：经初步检查，发现发动机底板能碰到机体和排气管，经校正底板后试车，故障现象依然存在。再次进行仔细检查，没有发现特别异常的现象，遂尝试着紧固底盘及悬架系统的螺钉，并处理了平衡杆胶套。鉴于该车的行驶里程较长，又更换了发动机支架垫，但仍没有解决问题。

试车时让一人在车外查听，结果发现声音是从前保险杠里传出来的，不仔细听还以为是底盘发出来的。拆下前保险杠，经检查发现冷凝器支架右边的螺钉松动，当汽车行驶时，冷凝器与散热器相碰发出响声。由于在高速行驶时风声盖住了此处的响声，所以只在低速行驶时能够听到。紧固该螺钉后试车，故障排除。

由于该车是首次来我处维修，对该车的状况不是很了解，开始检查时也没有注意到车架上的固定螺钉。而根据以往的经验，对于这种异响，通常是先从底盘入手，所以将相当大的精力用在了底盘的检查中。通过这例特殊的异响故障的排除，提醒我们在今后的工作中，遇到类似问题时，不能盲目地套用传统方法。